|之|江|法|学|文|库|

国家社科基金青年项目“环境监管双重制度困局的法治纾解研究”
(20CFX063)

环境监管双重制度困局的法治纾解

ENVIRONMENTAL INSTITUTIONAL DILEMMAS:
UNPACKING REGULATORY FAILURES AND CONSTRAINTS

何香柏／著

法律出版社 LAW PRESS · CHINA
北京

图书在版编目（CIP）数据

环境监管双重制度困局的法治纾解 / 何香柏著. 北京：法律出版社，2025（2025. 10 重印）. -- ISBN 978-7-5244-0018-9

Ⅰ. D922.680.4

中国国家版本馆 CIP 数据核字第 2025T41P32 号

环境监管双重制度困局的法治纾解
HUANJING JIANGUAN SHUANGCHONG ZHIDU KUNJU DE FAZHI SHUJIE

何香柏 著

责任编辑 朱铁佳 周恩惠
装帧设计 臧晓飞

出版发行 法律出版社
编辑统筹 司法实务出版分社
责任校对 李慧艳
责任印制 胡晓雅
经　　销 新华书店

开本 710 毫米×1000 毫米 1/16
印张 17.5 **字数** 265 千
版本 2025 年 4 月第 1 版
印次 2025 年 10 月第 2 次印刷
印刷 北京建宏印刷有限公司

地址：北京市丰台区莲花池西里 7 号（100073）
网址：www.lawpress.com.cn
投稿邮箱：info@lawpress.com.cn
举报盗版邮箱：jbwq@lawpress.com.cn
销售电话：010-83938349
客服电话：010-83938350
咨询电话：010-63939796

书号：ISBN 978-7-5244-0018-9
定价：62.00 元

凡购买本社图书，如有印装错误，我社负责退换。电话：010-83938349

目　录

第一章 引言

第一节 问题提出

自改革开放以来，与我国经济快速发展相伴而来的是严峻的环境挑战。严重的环境污染、不断退化的生态系统以及各种新型环境风险又进一步制约了经济社会的发展。环境问题逐渐进入我国最高决策层的政治议程，成为重大的政治议题和重大决策所关注的重要事项。与此同时，由于环境问题深刻影响了公众的财产权和健康权，公众的环保意识和环境维权意识不断增强，环境群体性事件时有爆发，相应的环境纠纷与环境诉讼亦不断增多。这些社会变化都直接推动了环境保护、环境法治发展成为我国一项重要的社会政治与法律议题。

近年来，我国环境立法无论在数量还是质量方面都有大幅度提升。《环境保护法》的修改、《大气污染防治法》等单行法的修改以及《长江保护法》《青藏高原生态保护法》的制定，都证明我国环境立法已经具备了相当的科学性、系统性以及完整性。与此相伴随的是生态环境监管部门的地位与权限变化，[1]无论是监管范围还是行政处罚权与行政强制权都有了极大扩充。然而，遗憾的是，我们仍然能看到社会中各种热点环境事

---

[1] 我国生态环境监管部门几经变迁，1988年5月~1998年3月为国家环境保护局，1998年3月~2004年为国家环境保护总局，2008年3月~2018年3月为环境保护部，2018年3月至今为生态环境部。本书表述中将不作刻意区分，仅依对应时间使用对应机构名称。

件层出不穷，中央环保督察查究的环境违法问题触目惊心，我国各地仍普遍存在环境执法偏差问题。例如，2017 年，甘肃祁连山国家级自然保护区生态环境破坏问题震惊全国，违法表现包括违法违规开发矿产资源，部分水电站违规审批、未批先建、手续不全，部分排污企业偷排偷放，生态环境突出问题整改不力，反映出地方政府环境监管的层层失守。[1] 这从侧面说明单纯依靠强化环境监管权并不必然解决环境执法的危机，合理划分政府间、部门间的监管职责并建立规范的权力运行机制才是关键。除此之外，气候变化、转基因生物安全、新化学物质的产生以及新科技的迅速发展极大地挑战了我国政府主导的环境监管的疆域与能力，传统的命令—控制式、自上而下式以及政府占据垄断性地位的监管模式面临触角有限的监管困境。环境监管不力与环境监管不能这一双重困境的共存、叠加与相互影响，成为转型时期我国环境监管面临的核心压力。然而，环境监管不力的法治纾解需要回归环境监管权力行使本身的形式理性，而环境监管不能的法治纾解需要超越监管权唯法治主义的单一面向，强调回应社会变革和应对转型风险的实用主义或功能主义。而如何在法治框架内实现法治形式主义与治理功能主义的平衡将是本书意欲讨论的话题。

我国环境立法与环境执法之间的差距早已众所周知，改革环境监管体制、强化与扩充环境监管权、完善环境司法都是我国在努力破解这一环境监管困境的努力。学界对环境监管的问题研究较多，主要聚焦于政府责任的缺陷与不足，例如，蔡守秋提出我国政府环境责任的缺陷主要体现在“重政府经济责任，轻政府环境责任”“重企业环境义务和追究企业环境责任，轻政府环境义务和追究政府环境责任”“重政府环境权力，轻政府环境义务”；[2] 王灿发针对管理体制上统一管理与部门分工负责管理之环境管理体制的问题及改革进行了研究；[3] 汪劲分析了党政干部的考核

---

[1] 参见新华社:《中共中央办公厅、国务院办公厅就甘肃祁连山国家级自然保护区生态环境问题发出通报》，载中华人民共和国中央人民政府网，https://www.gov.cn/xinwen/2017-07/20/content_5212107.htm。

[2] 蔡守秋:《论政府环境责任的缺陷与健全》，载《河北法学》2008 年第 3 期。

[3] 参见王灿发:《论我国环境管理体制立法存在的问题及其完善途径》，载《政法论坛》2003 年第 4 期。

机制以及财政“分灶吃饭”产生的监管困境;[1]吕忠梅讨论了因地方保护主义所产生的监管困境、监督者监督之法的立法缺陷以及执行困境。[2] 针对环境监管不能这一困境,也有诸多学者指出要对当前政府主导的环境监管模式进行反思与重构;[3]并提出应当向环境规制与治理转型,例如,张宝从规制缘起讨论环境行政权的配置,并在此基础上鼓励社会自我规制;[4]徐祥民对现行环境规制方式进行反思并提出未来发展路径;[5]谭冰霖、马允从国外经典理论或判例中引出对中国环境规制的借鉴;[6]高秦伟探讨了社会自我规制对行政法的挑战以及具体的规制工具选择。[7] 柯坚、蔡守秋、杜辉等人则探讨了环境监管的治理转向,主要包括从治理结构角度出发,反思治理主体中公众角色的缺失;从调整机制角度分析善治目标如何实现;从制度运行逻辑角度分析当下权威型环境治理模式的困境,以及作为替代方案的环境公共治理模式的优势。[8]

总结而言,我国关于环境监管的研究主要有以下几方面的特点及不足:(1)国内学界对环境监管不力的困境已有充分认识,但研究重点侧重于体制性困境,对监管权的规范行使这一问题研究不足,尤其缺乏对以司法监督为核心的监督体系的研究。这主要是因为我国环境法的发展史实际上是一部行政机关监管权扩张与强化的历史,关注的是政府如何对企业的环境利用行为进行威慑型执法与问责,缺乏对自身权力运作规范化与可问责性的关注。(2)学界对环境监管不能的困境已有初步研究,认为

---

〔1〕 参见汪劲:《中国环境法治失灵的因素分析——析执政因素对我国环境法治的影响》,载《上海交通大学学报(哲学社会科学版)》2012年第1期。

〔2〕 参见吕忠梅:《监管环境监管者:立法缺失及制度构建》,载《法商研究》2009年第5期。

〔3〕 参见黄锡生、邓禾:《行为与规制:建设“两型社会”法制保障研究》,科学出版社2010年版。

〔4〕 参见张宝:《环境规制的法律构造》,北京大学出版社2018年版。

〔5〕 参见徐祥民:《环境质量目标主义:关于环境法直接规制目标的思考》,载《中国法学》2015年第6期。

〔6〕 参见谭冰霖:《论第三代环境规制》,载《现代法学》2018年第1期。

〔7〕 参见高秦伟:《社会自我规制与行政法的任务》,载《中国法学》2015年第5期。

〔8〕 参见杜辉:《环境公共治理与环境法的更新》,中国社会科学出版社2018年版。

应当向环境规制或治理转变。然而,对于何为监管不能、环境监管的局限性何在,以及引入规制与治理的前提与原因等核心问题,学界的讨论不够充分,导致在理解上对监管不力与监管不能的混淆。同时,对环境监管、环境规制与环境治理的研究处于割裂状态,对三者的并存以及其相互间的连接、张力和互动缺乏分析,讨论多局限于西方理论在中国语境下的理论性复述,缺乏指导环境监管实践的现实意义。(3)学界对监管不力与监管不能的双重性,即这两种困局的共存、相互叠加和相互影响缺乏分析,难以应对环境监管实践的复杂性。

在域外研究方面,本书将主要关注美国学界的研究现状。这主要是因为,我国环境法的发展受到了美国环境法的影响,环评制度、排污权交易制度以及按日计罚制度都参考了美国环境法。美国关于环境监管的讨论则与我国有诸多不同。其更为关注政府环境监管职责的规范履行以及对监管模式的反思、改革与调适。这主要是因为,首先,美国环境法自诞生之初就以政府的环境保护义务为核心。例如,美国《国家环境政策法》在规定环评制度时要求联邦各个机构进行环评,而非针对单个可能影响环境的开发利用行为或项目。因此,美国环境法学界长久以来讨论的重点之一便是司法权如何制约环境监管权。其次,美国在 20 世纪 70 年代通过迅速的环境立法建立了全面的行政监管体系以后,市场经济的发展、放松规制的讨论都促使美国学界对以政府公权力为核心的监管体系进行反思与调整。因此,美国学界对于环境监管权的探讨主要集中于以下几个方面:(1)如何以司法制约环境监管权。美国学者极少抽象谈论环境监管权的行使规则,更倾向于在单行法或个案中研究环境监管权与司法权的关系。[1] 美国联邦最高法院在不同时期针对环境监管权的司法监督常在司法能动与司法克制之间,以及实质审查与形式审查之间摇摆,其判

---

〔1〕 See Richard J. Lazarus, *The National Environmental Policy Act in the U. S. Supreme Court: A Reappraisal and A Peek Behind the Curtains*, 100 The Georgetown Law Journal 1507(2012); Richard J. Lazarus, *Restoring What's Environmental About Environmental Law in the Supreme Court*, 47 The UCLA Law Review 703(2000).

决极大塑造了环境监管权的范围和行使程序。[1] (2)环境监管的规制与治理转向及相关争论。一些学者基于命令控制监管的固有缺陷,支持市场机制作为替代方案。[2] 部分学者则对经济激励机制提出了批评,认为其只是对现有规制模式的一种微调,其所追求的规制效率在现实世界中无法实现。[3] 也有学者认为西方社会已进入多元规制时代,真正的挑战是如何架构政府法律、规制和治理多种工具,以实现更高的有效性、效率和政治可接受度。[4] (3)如何破解环境监管执法难题。环境法学界以加里·贝克尔关于违法犯罪和威慑性惩罚的"最优性惩罚"模型为基础设计执法机制。詹姆斯·G.马奇和约翰·P.奥尔森在威慑理论之外提出了以适当性逻辑为基础的规范理论,认为法律的执行必须考虑企业的守法意愿和守法能力。[5] 约翰·布雷斯韦特等人则提出了回应性规制理论(responsive regulation),以解决执法难题。[6]

在总结我国学界关于环境监管的研究现状及焦点,并参考美国关于环境监管讨论的基础上,本书将主要探讨以下几个问题:(1)在环境监管体制改革以外,如何完善环境监管体系,提高监管权行使的规范化程度,

---

[1] See Richard Levy & Robert L. Glicksman, *Judicial Activism and Restraint in the Supreme Court's Environmental Law Decisions*, 4 Vanderbilt Law Review 343(1989).

[2] See Richard B. Stewart, *Breaking the Logjam: Environmental Protection that Will Work*, Yale University Press, 2010; 另参见[美]凯斯·R.桑斯坦:《权利革命之后:重塑规制国》,李洪雷、钟瑞华译,中国人民大学出版社2008年版。

[3] See Howard Latin, *Ideal Versus Real Regulatory Efficiency: Implementation of Uniform Standards and Fine-Tuning Regulatory Reforms*, 37 Stanford Law Review 1267(1984).

[4] See Gunningham Neil & Cameron Holley, *Next-Generation Environmental Regulation: Law, Regulation, and Governance*, 12 Annual Review of Law and Social Science 273 (2016); Arnold C. Anthony, *Fourth-Generation Environmental Law: Integrationist and Multimodal*, 35 William & Mary Environmental Law and Policy Review 771(2011); James B. Ruhl, *Transformative Environmental Governance*, 41 Annual Review of Environment and Resources 399(2016).

[5] See James G. March & Johan P. Olsen, *The Institutional Dynamics of International Political Orders*, 52 International Organization 943(1998).

[6] See Ian Ayres & John Braithwaite, *Responsive Regulation: Transcending the Deregulation Debate*, Oxford University Press, 1992.

从而破解环境监管不力的困境。这涉及重新思考环境监管的理论基础、重述政府环境监管义务的规范性规定、厘清环境监管权力行使的制度性因素以及完善以监督行政机关为核心的司法监督机制。(2)环境风险以及复杂性环境问题对我国现行以确定性为基础以及以政府公权力为核心的环境法律体系提出的挑战,包括对环境法之“环境污染与生态破坏”的问题二分、风险预防原则以及环境监管制度的挑战。在此基础上,环境监管法律体系如何回应不确定、复杂的环境风险。(3)监管不力与监管不能这一双重制度困局并非彼此孤立或对立,而是共同存在、相互叠加、相互影响。因此,关键问题是如何处理环境监管规范化与环境治理转向之间的张力,如何建立二者之间的连接,在追求环境法治的同时亦兼顾治理之效果与效率。

第二节 概念厘清

在我国实践中,监管、规制与治理常在不同的语境中被予以使用。监管的定义相对确定,意指政府权力对特定事务或领域的干预,通常表现为政府以设定强制性规范与标准并要求受规制对象予以服从的命令—控制模式。在环境领域,环境监管指的是政府及其部门,特别是生态环境主管部门通过行使法律赋予的环境行政权,包括事前的环境标准制定、环境影响评价(以下简称环评)审批、行政许可,事中的环境监测、执法检查以及事后对违法行为的行政命令、行政处罚与行政强制等,以实现对环境公共利益的保护。张宝提出了命令—控制型行政规制的“四阶构造”,即“订立命令和标准—设立行政许可—检查遵守状况—追究法律责任”四种不同阶段的监管措施,分别对应控制基础—准入机制—过程控制—实施保障四种功能。[1]

但对何为规制与治理,学界尚没有统一的定义。规制,系对英文“regulation”的翻译。不同的词典对其有不同的定义,如《韦氏英文大辞

---

〔1〕 参见张宝:《环境规制的法律构造》,北京大学出版社2018年版,第165页。

典》认为,规制是指由权威机构制定,管制某种行为的法律、规则或命令。《布莱克法律词典》则将规制解释为某种规则或限制其所支配的控制性行为或者过程,或由行政机构或地方政府颁布的具有法律效力的规则或命令。[1] 《元照英美法词典》对规制的解释包括三重含义:一是管理办法、规则、规章、条例,广义上指任何属于规范性行为的法律规定,狭义上通常指政府各部门根据法定权限发布的各种从属性法律;二是指管理、管制、监督管控;三是指内部章程和内部规章。[2] 可见,这些定义普遍认为规制包含规制主体、规制依据以及规制手段在内的一系列核心要素,只是在具体内容上有所差异。学者对规制也有不同的解释。例如,著名学者科林·斯科特认为规制是指政府为实现其社会或经济目标,通过建立系统性的监管体制所进行的一种资源调控和制度安排,是一种相对宽泛的包括设定行为规范,执行规范并通过特定手段纠正行为偏差的机制。[3] 美国学者巴拉卡教授认为,规制是政府对私人领域的干预,是我们不完美现实和人类局限性的副产品。[4] 史蒂芬·布雷耶则通过界定规制框架来解释规制:其一,规制者与受规制企业之间的关系是对抗性的;其二,规制机构本身是一个制度化的科层组织;其三,行政官员实施的规制策略具有高度相似性;其四,规制决定的作出要符合行政法的要求。[5] 安东尼·奥格斯则将规制定义为用来支撑社群体系而非市场体系的法律,以纠正市场失灵以满足集体或公共的利益。[6] 几位学者对规制的界定具有一定的相似性,均强调政府在规制规则设定与实施中的主导性地位,但是在规制所涵盖的内容上则有所不同。

在我国的学术讨论中,有学者认为规制与监管需要加以区分,有的学

[1] See Bryan A. Garner, *Black's Law Dictionary*(9th ed.), Thomson West, 1979, p. 1156.

[2] 参见薛波主编:《元照英美法词典》,北京大学出版社 2014 年版,第 1171 页。

[3] 参见 Colin Scott、石肖雪:《作为规制与治理工具的行政许可》,载《法学研究》2014 年第 2 期。

[4] See Barak Orbach, *What Is Regulation*?, 30 Yale Journal on Regulation Online 1(2012).

[5] 参见[美]史蒂芬·布雷耶:《规制及其改革》,李洪雷等译,北京大学出版社 2008 年版,第 8 页。

[6] 参见[英]安东尼·奥格斯:《规制:法律形式与经济学理论》,骆梅英译,中国人民大学出版社 2008 年版,第 2 页。

者则将它们替代性使用(如统称两者为政府规制或行政规制)。总结而言,可以分为狭义的规制与广义的规制。狭义的规制仅指以解决市场失灵为目的,基于规则对市场主体的经济活动及其产生的社会问题进行的干预和控制,是对政府占绝对性主导地位的政府失灵的一种回应。[1] 而广义的规制除了包括这种以激励市场主体行为为导向的市场规制模式以外,还包括政府监管。为了表述方便,本书将采取一个广义的规制概念,即不对监管与规制进行刻意区分,而是可以相互替代。

就"治理"而言,其含义也较为模糊,在某些语境下,其与"管理"常常代替使用,强调对某一问题的应对或解决。相对应地,环境治理有时会作为一种技术性术语使用,指的是对环境污染或生态破坏进行整治、恢复,使其达到特定环境质量要求或自然生态目标的技术措施和方法。但是当其被作为一种政府、社会、市场互动关系或运作模式而讨论时,治理(governance)强调的是一种互动关系或过程,具有不同于以传统政府公权力为中心的监管或者规制的特征。美国经济学家奥斯特罗姆提出了针对公共事务管理的多中心治理理论,认为针对"公地悲剧"或"囚徒困境"等公共事务治理难题,解决方法并非只有政府干预或市场产权两种非此即彼的方式,而是可以在"国家—市场"二元架构之上引入社会性主体。[2] 治理意味着对传统以命令—控制为核心的秩序行政的超越,其虽然承认政府在治理中的重要作用,但更侧重决策结构的开放与多元,强调多中心化、多主体的参与,倡导公私协力,允许社会自我规制,是监管与规制发展并成熟到一定阶段的产物。然而,规制与治理之间的界限也并不明显,有的研究中也将两者替代性使用。斯科特提出"规制治理"(regulatory governance)一词来描述规制和治理观念的融合。规制治理强调在政府监管和市场机制的基础上,从更加宏观的视角考察规制与治理关系,主张多元规制,强调治理主体的多元性和分散性,强调多元治理主体合作治理的必要性。因此,本书虽然并未试图在监管、规制与治理之间画一条泾渭分明的界线(这种划分事实上也是不可能的),但依然要充分认识到这三者的核心区

---

〔1〕 参见马英娟:《政府监管机构研究》,北京大学出版社 2007 年版,第 22 页。

〔2〕 参见[美]埃莉诺·奥斯特罗姆:《公共事物的治理之道:集体行动制度的演进》,余逊达译,上海三联书店 2000 年版,第 31 页。

别所在，进而为回应监管不力与监管不能的破解提供制度进路。

第三节 研究框架

针对以上三个大的问题，本书在充分总结与探讨现有研究资料与研究成果的基础上，采用规范分析与实证分析的方法对研究问题进行了深入分析，研究框架如下：

第二章主要探讨环境监管的任务变迁与制度逻辑。首先，一个历史的视角可以帮助我们理解环境监管的历史发展脉络以及背后的原因与逻辑，解释环境监管不力困境的历史原因。其次，我国环境监管具有多重职能面向，既要预防确定性的环境损害又要预防或减少不确定性的环境风险，因此具有秩序行政、风险行政以及复杂行政等多重任务。这一多重任务是我们叩问监管不力困境与监管不能困境的前提。就具有确定性的环境损害而言，环境监管仍然依赖于直接设定行为义务和法律责任的秩序行政；就不确定环境风险而言，环境监管需要转向法治框架下评估和预防风险的风险行政，以平衡风险规制的现实需求与行政权力的规范要求。同时，为了实现分散治理风险以及提高行政效率，政府须借助契约行政、公私协作的新型行政模式和社会治理模式实现环境治理目标。就环境监管权行使的制度逻辑而言，则存在科层制、问责制、规制以及公共治理等多重制度逻辑。其中最核心的便是科层制。环境监管的科层制是我们认识环境治理任务央地分配、实施以及问责的基础，也便于我们理解当下运动式执法、环境督察、环保约谈等手段被频繁使用的体制性原因。

第三章主要探讨了监管不力与监管不能这一双重制度困局。监管不力是指由于缺乏有效的监督机制，环境监管机构利益“寻租”、被监管俘获，甚至利用法律赋予的自由裁量权推脱监管职责，导致环境监管背离公平与效能的法律价值。监管不能指的是由于环境问题的复杂性以及监管机构的有限理性，环境监管权自身具有内在局限性，其在很多情况下是低效甚至无效的。这两种困局相互叠加、相互影响，共同影响了监管权的法治化和有效性。监管不力的制度性困境包括由于环境监管权在中央与地方以及不同职能部门之间过度分权所导致的碎片化、对威慑型执法的过度依赖以及环境司法在监督行政机关依法履职方面所呈现的规则缺陷与矛盾。监管不能的制度困局则主要表现为以确定性为基础的环境法无法回应复杂环境风险与环境问题的需要，其无论是在基本概念范畴，还是法律的基本原则以及基本制度设计上都没有涵盖或及时回应风险应对的法治诉求。此部分以气候变化与环评制度为例详细探讨了新型环境问题如何给建立在确定性基础上的传统环境监管制度带来法律挑战。

第四章重新思考了我国环境监管的理论基础，即政府要保护环境公共利益并对企业进行监督执法的权力渊源何在。学界主要有国家环境义务、公民环境权以及公众环境利益三种代表性观点。然而，这三种观点都具有不可忽视的内在缺陷，无法为环境监管的制度发展提供有效的理论供给。环境公共信托理论应当成为我们理解并建构有效的监管体系的理论基础，其在某种程度上可以重塑我们对环境监管的目的、权力结构与制度设计的认知。环境公共信托理论的优势在于以环境公共利益的保护为起点设计整体权力/权利结构，可以打破我国环境监管体系中以政府与企业的对抗性关系为核心的制度困境，从政府监管—企业守法二元结构走向政府监管—企业守法—环境公共利益保护三元机构。在此基础上，本部分对当前环境法中确认的政府环境负责制进行了规范层面的反思与质疑，包括法律规定的规范含义是否为政府履责提供了清晰的规范供给、受托主体是中央政府还是地方政府、受托义务是上级分配的环境保护目标还是地方政府的环境质量。同理，就政府环境职责的监督机制而言，政治责任与法律责任的交错与混淆也难以实现应有的监督效果。本部分提出应当以公共信托理论为基础对政府环境职责进行重新解释，即政府环境职责在内涵上既包括积极性权力也包括消极性责任，职责履行上要区分整体监管职责与具体监管职责，义务主体既有中央政府也有地方政府，受托事项应当从环境保护目标转向生态环境质量目标，问责方式上应当区分政治责任与法律责任。

第五章在第四章所探讨的环境公共信托理论的基础上进一步探讨如何对环境监管不能予以法治纾解。这将是本研究的重中之重。要实现环境监管权的规范化，首先，要实现监管从政策依赖到法治践行的转变，解决环境监管权的碎片化带来的职责履行困境，从过度分权走向适度集中，包括提高地方生态环境部门的独立性以及整体性。其次，厘清可能约束监管权行使的制度性因素,包括:(1)立法模式,即通过对政策性立法或管制性立法的分析判断立法机关对监管机构的授权范围;(2)监管机构的监管手段,即在诸多环境议题上,行政机关具有一定的选择监管手段的裁量权;(3)企业和环保团体的监督,企业试图将守法成本最小化,环保团体则试图保护生态环境和公共健康,二者之间的张力使监管机构必须在法治框架内调和这两种相冲突的利益。再次,对当前以威慑执法为基础的执法模式进行反思与优化也至关重要。其中的核心便是打破对企业的传统认知进行类型化分析,改变单一的对抗性关系,走向执法手段的多元化与执法关系的回应性。最后,环境监管的法治纾解必须要有强健的司法监督作为保障。无论是为了维护个人私益的行政诉讼还是维护公益的环境行政公益诉讼,核心焦点都是如何确保行政机关依法履职。因此,前者的主要问题在于明确利害关系人的判断标准并确立环境利益的法律保护机制,而后者则要拓宽行政公益诉讼的原告资格,打破由检察机关承担环境行政公益诉讼的现状,并且确立行政机关不依法履职的判断标准,为司法机关的监督提供相对一致的、可预期的判断标准。

第六章回应环境监管不能的法治纾解,包括对环境风险的回应以及对复杂性环境问题的回应。我国环境监管体系的建立以行为与后果之间因果关系的确定性为基础,但这并不意味着完全无法回应具有不确定的环境风险,也并不意味着我们需要完全推翻现有的监管体系。风险预防原则的模糊性意味着其含义和范围可以被解释与建构,以回应内生性环境风险与外生性环境风险;环评制度的开放性也意味着可以通过程序优化将环境风险予以内化,将风险考量变为政府在实施环境监管权时的职责范围。环境问题的复杂性和利益多元性要求转向环境治理体系,即治理主体从单一走向多元,治理结构从封闭走向开放。行政监管权在某些领域退出,并允许作为市场主体的企业通过交易规则获得一定的自我规制空间,允许利益相关者以及社会公众和第三方机构成为治理结构的一部分,通过信息共享、规制授权和合作商谈等方式与政府、企业形成一种良性的互补和互动。

第七章内容的焦点为厘清建立环境治理体系的规范困境与法治纾解路径。一个代际发展的视角可以帮助我们理解环境监管向环境治理转型的背后逻辑,也可以厘清我国当下面临监管不力与监管不能双重困境时需要避免的法治困境。环境治理与环境监管之间张力的核心主要是环境治理与以政府环境监管权为核心的环境法律体系的矛盾。一方面,从环境监管向环境治理的转向本质上是由传统的法治秩序向治理秩序转向,前者强调维护特定社会结构和秩序的形式理性,而后者强调回应社会变革和应对转型风险的实用主义或功能主义,这必然导致环境治理与我国传统环境法律体系之间产生某些内在张力。这些张力具体表现为治理依据与治理规则的不完善、治理主体的问责困境、政府在治理体系中的干预界限不清以及治理主体的保障机制缺乏。另一方面,我国在环境监管不力的背景下引入市场机制和公共治理机制,可能导致监督职责的逃避和推诿,甚至以监管不能为理由掩盖监管不力的事实。因此需要完善非政府治理主体的治理规则,包括环境法律系统的自我革新、厘清政府干预与非政府治理主体环境治理的关系、明确政府在环境治理中的角色并建立非政府治理主体的问责机制。

环境监管权的行使虽是一个经典的基础性研究话题,是我们解释、应用、反思以及更新环境法的核心,然而,在环境问题层出不穷而环境法律发展日新月异的背景下,环境监管成为一个老旧且过时的话题,在环境法新话题、新概念、新议题以及新制度中陷入无人问津的尘埃之中。在我国的环境立法、环境管理体制、环境监管权限以及环境司法发生巨大变化之后,本书对这一话题再次进行反思与梳理,试图重新理解其理论基础与运行逻辑,探讨监管不力与监管不能法治纾解的基本路径。

第二章 环境监管的任务变迁与制度逻辑

第一节 环境监管的历史发展:从边缘到核心

20 世纪 60 年代《寂静的春天》的出版以及美国《国家环境政策法》的颁布标志着现代环境意识的启蒙以及现代环境法的诞生。[1] 例如,美国《国家环境政策法》要求联邦政府及其各部门对其可能引发重大环境影响的行为,包括立法、规划、许可等进行环评。如果联邦行政部门未能进行环评或未能满足环评的程序要求,则不得实施某一开发利用行为。该法还设立了隶属于总统的环境质量委员会,负责就气候变化、环境正义、联邦可持续发展、公共土地、海洋和野生动物保护等领域向总统提出建议并制定政策。在之后的 20 世纪 70 年代,美国便进入环境立法的十年,制定了包括《清洁空气法》《清洁水法》《濒危物种保护法》《综合环境反应、赔偿和责任法》(又称《超级基金法案》)在内的诸多环境法律,形成了较为完整的环境规制法律体系,打破了依靠普通法来事后应对环境问题的困境。与此同时,世界各国政府开始制定综合性环境基本法与众多环境保护单行法,并通过建立监管机构来监测和控制污染物的排放。从 20 世纪六七十年代开始,日本也制定了大量应对环境公害的法律,如《公害对策基本法》《防止大气污染法》《噪声规制法》等。除此之外,从 20 世纪 70

[1] See Richard Lazarus, *The Making of Environmental Law*, University of Chicago Press, 2004, p. 43-44.

年代开始，各国通过环境立法开始设立专门负责环境保护职责的政府机构，逐步建立了完善的环境监督管理体制。例如，1970 年美国成立联邦环境保护署（EPA）并赋予其制定环境规章、执行法律以及对违法者处以行政制裁的权力，以维护自然环境和保护人类健康不受环境危害影响；1971 年日本政府成立环境厅；1974 年德国政府成立联邦环境署；1970 年英国政府成立环境部。在此环境保护立法的浪潮中，我国在立法、机构与制度建设方面起步并不晚，例如，我国在 1974 年就成立国务院环境保护领导小组并于 1988 年设立独立的国家环境保护局，为国务院直属机构。

在 1972 年之前，我国环境问题的解决主要依靠行政命令、通知、纪要和批文等。环境保护的概念在 1972 年联合国人类环境会议后被引进中国，我国逐渐开始向环境治理法治化转变。1978 年《宪法》明文将保护环境作为国家的一项基本职责，随后我国于 1979 年就颁布了一部综合性的《环境保护法（试行）》，标志着我国环境法治化建设的开始。该法吸取了西方发达国家“先污染、后治理”的惨痛教训，建立了环评、“三同时”等预防性制度，并根据“谁污染，谁治理”的原则规定了排污收费、限期治理等污染防治制度。在随后的 40 年里，我国环境法治化全面展开，形成了包括 30 余部环境法律、若干行政法规规章以及规范性文件在内的环境法律体系，在内容上既包括环境要素保护法（《大气污染防治法》《土壤污染防治法》等）、环境系统保护法（《长江保护法》《青藏高原生态保护法》），也包括制度性法律（《环境影响评价法》《环境税法》）和促进性法律（《清洁生产促进法》）。从法律体系确立了地方政府的环境质量负责制以及以生态环境主管部门为核心，其他环境监管部门分工协作的环境监管体制。环境监管制度也随之建立起来并逐步完善，既包括以行政管制为核心的命令—控制手段，如环境许可、排放标准、环评制度以及行政处罚等来对污染排放者和资源利用者的环境利用行为进行监管，也包括以激励企业自主保护环境的经济手段和市场机制，如环境税费、保险、环境基金、排放交易制度等。然而，在环境法律规范体系逐步完善的背后，却是环境监管权的行使依然不规范，且存在滥用权力或怠于履职情形的问题。追寻这一问题的根源，离不开对我国环境法历史发展的梳理。

1972 年的中国，“文化大革命”使各项工农业生产活动陷入混乱和停滞，没有基于大规模工业化而产生的环境污染和生态破坏，没有出现像促使西方国家环境保护意识兴起的“寂静的春天”那样的严重污染现象，[1]也没有出现像美国1970年“地球日”那样的与环境保护有关的群众运动。这一背景意味着我国环境法的诞生更多是基于当时特殊的国际与国内政治环境，而非源于解决环境问题的客观需要，亦非基于社会公众对于良好自然环境的社会需要，因而其相对而言也不具备法律得到遵守和执行的政治基础和社会基础。从内容上看，囿于当时的法治水平以及领导干部的法律意识和环保意识，《环境保护法（试行）》并未就各项环境管理制度与既存的企业管理制度如何衔接和执行作出规定，也没有对环保的财政投入机制作出规定。[2] 这导致当时的执法者和执法对象普遍将环保法认定为“软法”，为环境法律的执行困境埋下了隐患。

1979年，刚刚结束“文化大革命”的中国，面临的首要问题是如何快速恢复和发展经济。在我国自20世纪70年代末启动以市场为导向的经济体制改革以来，环境问题、环境保护以及环境法始终未能成为经济体制改革的内生问题。[3] 因此，当《环境保护法（试行）》在1989年进行修改时，环境保护不能影响经济发展的论调占据上风，为此未赋予环保部门过大的环境监管权。在此后的30年里，环境保护法的定位始终围绕如何为经济发展“保驾护航”，如何与经济发展相协调展开。这种执法权力的缺乏以及执法能力的不足，很大程度上决定了中国的环境法在很长的一段时期内存在的形式意义大于实质意义。环境法成为经济发展的“遮羞布”。在我国尚未出现因大规模工业化而产生的现代环境问题，以及政府决策者、企业和普通公众尚未意识到应对环境问题的紧迫性的背景下，“横空出世”的环境法从一开始就处于政府行政权力“自上而下”的推动之下，这就导致环境法的地位和执行具有很强的不确定性和不可持续性——其高度依赖于中央政府以及党中央对环境保护与经济发展关系的论述。

---

[1] 蕾切尔·卡森在其于1962年所著的《寂静的春天》中描述人类由于DDT等农药的泛滥使用，可能会面临一个没有鸟、蜜蜂和蝴蝶的世界。这本研究引发了美国乃至全球的环境保护事业的发展。

[2] 参见汪劲：《中国环境法治失灵的因素分析——析执政因素对我国环境法治的影响》，载《上海交通大学学报（哲学社会科学版）》2012年第1期。

[3] 参见张璐：《中国环境法的定位转换与行政监管转型》，载《中国地质大学学报（社会科学版）》2021年第2期。

此外，由于我国环境法是在没有强烈的客观需求的背景下产生的，这决定了我国环境法的主要理念、原则和制度受到国外特别是美国环境法的影响。[1] 环境领域的法律与制度借鉴较为普遍，环境问题的共同性、立法理念的共同性、环境法原则的相似性以及法律对策的共同性都意味着对相关环境法律制度的借鉴具有一定的合理性。[2] 但是我国在参考借鉴相关制度的过程中对制度本身及其本土性进行研究的内生动力不足，导致本来相关法律制度在我国的效果有限。例如，我国早在20世纪70年代就制定了我国的环评制度。但是环评制度在美国是为对政府，特别是联邦政府的行为进行限制而产生的制度，其背后的理念是政府要对环境保护负责，而我国环境法中规定的环评制度首先是要求建设单位要履行环评义务，是一种企业要对环境保护负责的理念。在优先追求经济发展的时代，要求企业而不是政府对环境保护负责的后果必然就是形成执法不力的困境。所有这些因素决定了我国环境法一开始处于不被监管者和监管对象所看重的地位，[3] 也注定环境法的执行必将是一条艰难的博弈和妥协之旅。

环境法的边缘地位在2013~2014年发生了极大的扭转。经过改革开放以来三四十年的发展，我国的经济发展进入新常态，从追求经济的快速增长转变为追求经济的高质量增长，其中包括自然资源的有效利用与保护、生态环境的保护以及能源的清洁与稳定等内容。同时，我国经济高速发展带来的环境问题日益明显，环境污染事件、生态破坏事件层出不穷。严重的环境污染和生态破坏问题也进一步制约了经济的高质量发展。此外，公众对环境保护、环境健康的关注也日益增长，甚至产生了诸多反对污染项目的群体性事件。在这样的背景下，更新环境法律体系的时机已然到来。

在我国环境法律体系不断完善的过程中，影响最大的当属环境政策、

---

[1] 参见李启家：《"环境法学的发展与改革"研讨会纪要》，载《清华法治论衡》2014年第3期。

[2] 参见郑少华：《可持续发展与第三次法律革命》，载《法学》1997年第11期。

[3] 参见李启家：《"环境法学的发展与改革"研讨会纪要》，载《清华法治论衡》2014年第3期。

环境保护议题的宪法化和环境保护基本法的修改。这些因素共同塑造了我国环境法律体系的基本图景。党的十八大把生态文明建设摆在了国家建设发展全局的高度，并将建成“美丽中国”设定为生态文明建设的总目标。2013年，党的十八届三中全会通过的《中共中央关于全面深化改革若干重大问题的决定》提出建立生态文明制度体系，由此展开了我国进行生态文明体制建设与改革的蓝图。该决定认为“建设生态文明，必须建立系统完整的生态文明制度体系，实行最严格的源头保护制度、损害赔偿制度、责任追究制度，完善环境治理和生态修复制度，用制度保护生态环境”。除此之外，中共中央、国务院《关于加快推进生态文明建设的意见》要求“加快建立系统完整的生态文明制度体系，引导、规范和约束各类开发、利用、保护自然资源的行为，用制度保护生态环境”。这些政治论述极为关键，不仅确立了环境保护这一命题在我国政治与法律体系中的重要地位，也是对过去30多年以来“运动式”环境执法的一种反思以及对以稳定性和可预期性为核心的法律制度的重视与回归。制度，尤其是法律制度，本身就意味着对政府公权力的一种约束，要求政府必须按照既定的规则与所赋予的权力履行职责。

2014年《环境保护法》的修改，将生态文明作为立法目的之一，确立了经济发展与环境保护相协调这一基调。该法亦规定了按日计罚、查封扣押、限制生产、停产整治四项强制措施，赋予环保部门更多的执法权，加重了企业的违法责任，成为“史上最严环保法”。除此之外，2014年《环境保护法》最重要的意义莫过于对政府环境质量责任制的加强。1979年《环境保护法》颁布之后所建立的环境法律体系，基本上都是以向政府及其职能部门授权为主要内容，以企事业单位为规制对象的“监管者监督之法”。[1] 但是由于对政府环境监管本身的权力制约和公众监督制度都较为缺乏，导致在实践中出现了政府尤其是地方政府环境监管不力、执法不顺、执法效果不佳、机制运行不畅的现象。[2] 在生态文明理念的指导下，

---

〔1〕 参见吕忠梅：《监管环境监管者：立法缺失及制度构建》，载《法商研究》2009年第5期。

〔2〕 参见吕忠梅：《监管环境监管者：立法缺失及制度构建》，载《法商研究》2009年第5期。

2014年《环境保护法》试图构建一个“政府主导、企业主责、公众参与”的多元共治新体制。其重申了政府的环境质量责任制,还规定了要对地方政府环境保护目标的完成情况进行考核,并向人大进行汇报的制度。同时,新法还以专章形式规定了公民的信息公开与公众参与,以及环保组织为了环境公共利益提起公益诉讼的权利。这些规定都有利于弥补“监管者监督之法”的缺陷,为向“监督监管者之法”转变提供规范性供给。

2018年“生态文明”写入《宪法》,明确生态文明建设为国务院的法定职责之一,为推进和深化环境监管体制改革奠定了宪法基础,我国的环境法治也迈向了宪法化的新阶段。虽然生态文明的提出和推进有极强的政治背景,但是写入宪法足以显示环境法治的深刻意义。正如有学者强调的,“围绕生态文明建设进行的宪法修改虽然是由政治决断所启动的,但政策理念一旦成为宪法条文,就成为指引国家宪法生活的最高规范,构成对国家公权力的宪法约束”。[1] 环境宪法必将深刻地影响我国环境法律体系的发展与实施。首先,宪法规定将影响相关法律的制定、修订与解释。例如,我国《民法典》具有鲜明的“绿色”烙印,不仅确立了民事活动的“绿色原则”,更是在侵权责任部分明确规定了生态环境损害的相关制度规定。《民事诉讼法》与《行政诉讼法》的修改也体现了生态文明建设的要求。环境法自身更应当时刻关照宪法价值,主动对接《宪法》的环境条款,并将宪法作为法律解释的“补充性”或者“控制性因素”,使环境法规范的具体适用以及环境法律制度的完善符合宪法的整体秩序。[2] 其次,环境宪法通过约束各类国家公权力,包括立法权、行政权与司法权来实现环境保护的国家目标。环境立法应当综合考虑环境利益,清除与环境宪法相违背的立法性规定,以更好地实现环境保护的国家目标;包括国务院在内的环境行政机关应当依法执行环境法律以及行政法规,将生态文明建设作为一项重要的法律职责去积极落实;司法机关也应根据《民事诉讼法》、《行政诉讼法》以及其他相关法律的规定,发挥司法权在救济环境权益、制约公权力以及公益诉讼中的司法判断与法律适用功能。

---

〔1〕 张翔:《环境宪法的新发展及其规范阐释》,载《法学家》2018年第3期。

〔2〕 参见张翔:《环境宪法的新发展及其规范阐释》,载《法学家》2018年第3期。

第二节　环境监管的职能面向：从秩序行政到风险行政、复杂行政

现代国家的行政任务随着社会的发展不断拓展。根据哈贝马斯的观点，国家形态或政府职能大致经历了三个阶段：以维持秩序为主要职能，通过法律的确定性制约行政权的法治国时代或秩序行政时代；以公正分配社会财富为主要职能，以福利行政或给付行政来克服社会问题的福利国家或福利行政时代；以风险预防来克服科技引发的不确定性风险的风险国家或风险行政时代。[1] 在此基础上，行政法的使命则从单纯保障私益不受侵犯拓展到促成公共福祉的增进，再拓展到对风险的预防与管理。在欧美国家，秩序行政、福利行政和风险行政这三个阶段有一个渐次发展的历史过程，但在我国，由于社会发展的不均衡性，这三种形态同生共存于同一时间空间，这也意味着我国政府的治理任务将更为复杂和具有挑战性。

就环境行政而言，既涉及从秩序行政到风险行政的转变，又要意识到这三种不同形态的环境行政将会长期存在。环境行政首先涉及消极行政或秩序行政，即公权力负有不侵害义务以及事后被动地应对环境侵害的义务，如政府负有（通过制定规则要求污染者）清除或治理污染的义务，以防止污染对私人健康和财产的损害；环境行政也涉及积极给付行政，如通过事前环评、行政许可、标准制定以及经济等手段主动保护和改善环境；环境行政还涉及风险行政，如政府需要基于科学不确定性对气候变化、新化学物质等环境风险进行风险预防与治理。[2] 对这三种环境行政按照后果的确定性与否进行划分，环境行政可以进一步概括为需要同时面向确定性的环境损害和不确定性的环境风险。一方面，就确定性的环境损

[1] 参见［德］哈贝马斯：《在事实与规范之间——关于法律和民主法治国的商谈理论》，童世骏译，生活·读书·新知三联书店 2003 年版，第 535~538 页。

[2] 参见王明远：《论我国环境公益诉讼的发展方向：基于行政权与司法权关系理论的分析》，载《中国法学》2016 年第 1 期。

害而言,当人类活动可能导致环境质量下降时,政府应当事前采取预测、分析和防范措施,以避免、减少由此带来的环境损害。因此,环境监管仍然依赖于直接设定行为义务和法律责任的秩序行政,依赖以命令与控制型监管手段为核心,以对抗、威慑和法律服从为基调的制度逻辑。但同时,环境公共物品的属性决定了政府不能只是消极防御,而应通过制定各种环境监管工具进行积极行政。另一方面,就不确定的环境风险而言,环境监管需要转向法治框架下评估和预防未来风险的风险行政,以平衡风险规制的现实需求与行政权力的规范要求,这意味着规制手段需要走向更大的开放性与自愿性。[1] 下面将对这两个方面进行详细分析。

在传统行政社会,政府的基本任务是保障公民的安全,对威胁公民生命、健康、财产的因素予以排除,以维持特定经济和社会秩序。[2] 秩序行政面临的主要是确定性的危险或损害(danger/harm),这种确定性主要指的是行政主体根据已有的科学技术、知识或者过往经验可以预测到即将发生的损害或者危险的概率,知道危险或损害的后果,明确某种行为和损害后果之间的因果关系。基于这种确定性和可预测性,我国建立了以危害防止为核心、以预防为基本原则的法律规范体系。立法机关往往通过法律提前设定好了行政机关的行为规则以及可以适用的罚则,要求行政机关不仅要对已经发生的损害进行排除或者救济,也要对尚未发生但有高度可能会造成权利侵害或法益减损的危险采取预防措施。在此基础上,行政权力的发动遵守极为严格的实体和程序方面的限制,遵循"法无授权不可为"的基本原则。行政决策应当具有明确的事实认定、确定的法律或规则依据、终局性的决策结果等。行政机关还就行政行为的合法性承担举证责任,从而为秩序的安定性提供信赖保护或合理期待。[3] 相应地,行政行为需要通过行政诉讼这一司法审查形式来保障其合法性,以此

---

〔1〕 参见董正爱:《环境风险的规制进路与范式重构——基于硬法与软法的二元构造》,载《现代法学》2023 年第 2 期。

〔2〕 参见赵鹏:《风险、不确定性与风险预防原则——一个行政法视角的考察》,载《行政法论丛》2009 年第 00 期。

〔3〕 参见吴凯杰:《论环境行政决策的调适模式及其法律控制》,载《华中科技大学学报(社会科学版)》2021 年第 1 期。

实现法治国家的目标。此外,政府一般专注于事后应对,较少采取事前预防的措施。面对危险或损害,行政机关必须进行干预,这种干预是强制性的,并没有过多自由裁量的空间。例如,现有技术和经验已经证明驾驶机动车时不系安全带所产生人身伤亡的概率,而各国法律也明确规定驾驶者在行驶过程中有义务系安全带,并赋予行政机关对违反者进行不同程度惩罚的权力。又如,现代环境科学技术已经证明过多二氧化硫的排放会产生酸雨,而酸雨会直接危害人体健康和生命财产安全。因此,现代各国的环境保护法均强制要求排放二氧化硫的企业安装脱硫装置,排放要符合特定的排放标准。法律亦同时赋予行政机关对违反相关规定排放二氧化硫的企业进行监管与处罚的权力。

随着科技的发展和人类干预自然活动的深入,人类进入具有"结构性、普遍性"特征的风险社会,出现了大量由人类活动(既包括人类决策也包括实践活动)引发的不确定性的环境风险。风险是人类社会自身不断征服自然、形成"人化的自然"所带来的结果。风险亦是技术不断发展和替代的产物,人类不断用新技术代替原来的技术,进而产生了层出不穷的环境风险问题。例如,煤炭开采和加工技术的发展使人类用煤炭替代了木材,但同时也带来了严重的空气污染问题。为了减少煤炭等化石燃料对环境质量的影响,人类发展了核能替代了传统的化石能源,但同时也带来了核辐射和核泄漏的风险。其他的典型环境风险还有转基因技术产生的生物安全问题、气候变化问题、新化学物质的生产以及生物多样性减少等。在风险的体系构造中,风险与剩余风险代表了与可能的损害事件相关的认知不确定性评价的两种不同形式。[1] 这两者之间的界限并不只是认知问题,也是基于价值判断与选择的规范问题。对风险采取预防措施,而对剩余风险则予以容忍,这是规范上的基本决断。[2] 在风险社会中,法律的体系结构也要随之变化,一个是从秩序世界观到风险世界观的结构转变,风险预防(precaution)原则要代替预防(prevention)原则成为政

---

〔1〕 参见陈越峰:《风险行政的行为法构造——以重大风险设施选址为参照事项》,载《学术月刊》2020年第6期。

〔2〕 参见陈越峰:《风险行政的行为法构造——以重大风险设施选址为参照事项》,载《学术月刊》2020年第6期。

府风险行政的核心原则;二是从“财富—分配”逻辑到“风险—分配”逻辑的结构转变,政府决策的核心不仅包括如何预防风险,也包括如何分配风险。[1] 这两个转变将重塑政府行政的决策模式与决策过程。

首先,风险的核心特征是其内在的不确定性,即对于风险发生的盖然性、风险发生后造成的损害的大小以及行为与损害后果的因果关系,行政机关尚不具备充足的知识、信息或经验。这是风险行政的核心挑战。对于因果关系的不确定性,乌尔里希·贝克认为,“经由风险而建立的因果关联,亦即实际或潜在的损害作用与工业化生产之间的联系,揭开了近乎无穷无尽的个别解释……很多联系是不能被证实的。即便是那些被证实的联系,也要经受长期的系统化质疑”。[2] 我国《生态环境健康风险评估技术指南 总纲》(HJ 1111-2020)中将风险不确定性的来源归结为“科学认识不足、评估方法局限和基础数据欠缺”。在风险不确定性的基础上,政府的任务也需要从消极的危险防卫变为积极的风险预防,这在很大程度上引发了传统行政法治与风险预防的紧张关系。[3] 风险的不确定性导致立法机关不可能在立法时对风险干预的情形、手段和责任进行事前详细规定,因而只能将干预的权力授予行政机关。行政机关因此拥有应对环境风险的广泛自由裁量权,对行政行为的关注也从聚焦其形式合法性,转向更注重行政本身的过程及法律规制的方式和实效。然而,由于风险后果具有严重性和不可逆转性,往往对人类的生存和发展造成根本性威胁。因此,政府不能因科技发展的不确定而一味延缓决策,而是要进行风险规制,风险预防原则进而成为世界各国普遍接受的风险应对原则。政府是否干预、何时干预、如何干预,即风险防范与风险治理成为政府风险行政的核心内容,也极大地考验着政府的行政智慧。例如,气候变化作为一种环境风险尚有诸多的不确定性,气候变化发生的概率、损害的后果、因果关系等都存在巨大的争议。虽然国际社会基于风险预防原则已经制定了一些气候变化的国际条约,但对气候风险的认知将很大程度

[1] 参见王旭:《论国家在宪法上的风险预防义务》,载《法商研究》2019 年第 5 期。

[2] [德]乌尔里希·贝克:《风险社会:新的现代性之路》,张文杰、何博闻译,译林出版社 2018 年版,第 20 页。

[3] 参见金自宁:《风险规制与行政法治》,载《法制与社会发展》2012 年第 4 期。

上决定一国履行气候变化公约的强度。在国家与国家之间,如何应对气候变化也存在较大差别。有的国家通过立法确立了应对气候变化的时间表、强度和措施,而有的国家则认为气候变化是地球系统的一种自然变化,无须干预。

其次,由于零风险的社会并不存在,无论行政机关是否进行风险干预以及干预到何种程度,都会有剩余风险的存在。剩余风险是指在特定时空里,由于人类的技术或认知能力都在预防风险方面存在一定局限,立法者经过价值判断与权衡后,为享受特定利益而不得不由全体公民或部分群体暂时容忍某类风险。[1] 因此,风险行政的另一重要内容为如何公平地分配风险,这又涉及风险后果承受以及风险损害补偿等问题。也就是说,应对环境风险就必然要考虑风险分配问题。例如,虽然认识到核电发展存在巨大环境风险,但是作为一种清洁能源,核电对于解决能源短缺问题与环境污染问题具有重要意义,因此我国还是要发展核电。但在作出核电相关决策时,至关重要的问题是如何分配核电站建设与运营的风险,或者说谁/哪个群体要承担核辐射或核泄漏的风险。公平的风险分配在于减少不必要的风险。所以政府应当先判断某一产生风险的行为或活动是否必要。例如,是否可以通过提高传统化石能源的利用率,发展其他更为安全的清洁能源,如风能、太阳能等来减少对空气的污染。同时,剩余风险分配应当遵循“共同决策、收益共享、风险共担”的基本规则。由于风险分配涉及非常复杂的利害关系,需要综合考虑多种风险评估因素、多元利益(包括公共利益和多元的个人利益),所以,剩余风险分配的第一个关键内容在于建构多元利益、公平分配风险的决策过程,即应当让所有可能遭遇剩余风险的公民或群体参与到决策中来,赋予其反对风险活动的权利。有学者认为,“风险决定后果的承担者有权作出最终的风险预防决定”。[2] 而一旦通过正当决策程序达成了共识(共同决策),事后“共担风险”才能成为一种具有正当性的道德责任。风险分配的第二个关键内容便是要收益共享。道德的正当性并不意味着剩余风险承担者不需要任何经济补偿。相反,只有在共同决策的基础上并且从风险行为中获益才

[1] 参见王旭:《论国家在宪法上的风险预防义务》,载《法商研究》2019 年第 5 期。

[2] 金自宁:《风险中的行政法》,法律出版社 2014 年版,第 86~87 页。

能真正实现风险分配的正当性。从某种程度上说，人们对于风险的接受，本质上并不是愿意接受风险本身（这与人性是相违背的，没有人愿意遭遇人身健康与财产损失的风险），而是以风险为必要条件或必要代价的、可能获得的收益。[1] 仍然以核电发展为例。核电站的建设最重要的是确定选址，选址即选择承担剩余风险的群体。因此，在选址决策过程中，应允许所有可能受影响的居民参与决策过程，进行充分的风险信息交流与沟通，并要设计合理的基于该核电运营而产生的收益分配方案。

需要注意的是，首先，环境行政监管需要同时面向确定性的环境损害和不确定性的环境风险。也就是说，风险社会的来临并非意味着确定性危险的消失。相反，确定性危险与不确定性风险将长期并存，危害防止型规制与风险预防型规制也将长期共存。风险规制只是在危害防止无法应对科学不确定性时所提出的一种新的规制方法，不构成对传统规制体系的替代。[2] 这两种规制模式有其各自相对独立的适用空间，环境行政机关需要对此进行适当的区分，不能以不确定为外衣怠于应对确定性危险或损害，也不能以确定性为外衣随意采用风险预防措施，肆意干预被规制者的权利与行为自由。一方面，需要在立法中厘清风险的范畴以及采取风险预防措施的条件；另一方面，也需要建立相应的监督机制，特别是司法监督机制，对行政机关的风险规制既要进行监督又要给予适当尊重。其次，风险与危险之间并没有绝对的、不变动的界限。风险的不确定性是特定时空背景下的不确定性，随着科技的发展、知识与信息的增加以及经验的积累，某些风险会转化为具有一定确定性的危险。因此，风险行政需要更新决策模式，破除对"毕其功于一役"决策模式的依赖，采用调适型决策模式，根据知识与信息的增加以及监测评估的结果进行适时调整。风险决策者亦要更新决策理念，不断在做中学或者边学边做，保持一种谦虚和自省的态度。

近几年来，我国的环境保护基本法和单行法已经陆续承认环境风险

---

〔1〕 参见[英]巴鲁克·费斯科霍夫、莎拉·利希藤斯坦等：《人类可接受风险》，王红漫译，北京大学出版社2009年版，第3~4页。

〔2〕 参见张宝：《从危害防止到风险预防：环境治理的风险转身与制度调适》，载《法学论坛》2020年第1期。

的存在，并要求行政机关进行风险预防与管理。例如，《环境保护法》第39条规定，“国家建立、健全环境与健康监测、调查和风险评估制度”。《土壤污染防治法》要求制定土壤污染风险的管控标准，并要进行风险管控与修复。《大气污染防治法》与《水污染防治法》也要求行政机关进行风险管理。在决策程序方面，2019年，国务院制定并通过的《重大行政决策程序暂行条例》在第22条中规定，重大行政决策的实施可能对生态环境、社会稳定等方面造成不利影响的，决策承办单位或者决策机关指定的有关单位应当组织对决策草案的可靠性和风险可控性进行评估。这些立法表明，我国立法机关已经意识到面对环境风险，并在立法中明确确立了政府的风险预防义务，从“事后危险消除”规制模式走向“事前风险预防”规制模式。行政机关也意识到，决策本身也会因其具有不确定性而带来风险，因此提出“风险评估”作为约束自身决策的制度。需要看到的是，对于剩余风险分配，我国立法上尚没有任何规定。实践中，处于社会经济发展不利地位的群体往往承受了较多的环境风险，这进一步加剧了风险分配的不正义。风险预防与分配是一个复杂的、充满挑战的决策与执行过程，既涉及行政机关对科学知识、先进技术的认知和回应，也涉及多元的利益主体迥异的风险判断与风险治理诉求，对传统行政中的决策模式和决策程序都带来了挑战。

第三节　环境监管的制度逻辑：中国式科层制

“一个国家的运行过程、解决问题的能力与方式、应对危机的抉择、中央与地方政府间关系、国家与社会的关系，都是建立在一系列制度设施之上的。这些稳定的制度安排塑造了解决问题的途径和方式，诱导了相应的微观行为，从而在很大程度上规定了国家治理的轨迹、抉择和后果”。[1] 环境监管制度需要以环境行政管理体制为组织依托，以行政监管权力的行使作为推进环境法实施的主要方式，并以相应的责任机制作

---

〔1〕 周雪光：《中国国家治理的制度逻辑》，生活·读书·新知三联书店2017年版，第9页。

为实施保障。[1] 就环境监管权行使的制度逻辑而言,科层制则构成了环境监管最基本的底层逻辑。

科层制是权力依职能和职位分工和分层、以规则为管理主体的层级化行政管理体系。德国社会学家马克斯·韦伯在20世纪初首先注意到了科层制这一组织现象。韦伯在两个层次上提出了有关科层组织的理论。一是在组织学意义上将科层制作为一个特定的组织形态,关注其内在组织机制和运行过程。在这一层面,韦伯着重讨论了科层组织所具有的等级有序、专业分工、权责限制、规章管理和评估机制等鲜明特点,以及由此产生的循规行为和文牍主义现象。作为一个等级有序、稳定运行的组织,科层体制发展出内在机制和规则制度来处理日常事务、应对危机和安身立命。[2] 二是在历史比较分析层次上,将科层制作为一种特定的国家支配方式(form of dominion)与历史上的其他支配方式加以比较,用以阐述不同社会的组织方式、权威关系及其合法性基础。不同的权威类型有着特定的合法性基础和相应的制度安排。因此,科层体制体现为内部结构、权威类型和合法性基础等要素相互关联的一系列制度设施。[3] 其核心特征包括:(1)严格的等级制度;(2)伴随职位而来的权威;(3)组织中的任务分工;(4)依法或依章办事;(5)强调对组织和上级的服从;(6)公事公办的非人格化关系。[4] 科层制为我们理解政府及其机构的运行提供了最基本的理论来源。

我国的科层体制与韦伯的科层制有一定的一致性,但又有本质的差别。韦伯式科层制的核心是作为组织结构和组织行为基础的规章制度,以及以此为基础建立起来的自上而下的约束机制和自下而上的保护机制;我国科层体制的基础来自自上而下的"授权",集中表现在"向上负责

---

〔1〕 参见张璐:《中国环境法的定位转换与行政监管转型》,载《中国地质大学学报(社会科学版)》2021年第2期。

〔2〕 参见周雪光:《国家治理逻辑与中国官僚体制:一个韦伯理论视角》,载《开放时代》2013年第3期。

〔3〕 参见周雪光:《国家治理逻辑与中国官僚体制:一个韦伯理论视角》,载《开放时代》2013年第3期。

〔4〕 参见宋亚辉:《社会性规制的路径选择:行政规制、司法控制抑或合作规制》,法律出版社2017年版,第114页。

制”和“向下问责制”,其核心是上下级间的忠诚与信任关系。[1] 就环境监管而言,中央政府通过科层制将环境治理任务层层分解给地方政府,地方政府则通过已有的组织体系和运行规则执行国家或地方的环境立法与政策。在问责方面,我国科层制往往通过以人事权为核心的纵向问责机制来保障中央或上级意志在地方或下级的有效执行,即上级政府或党委通过对下级党政领导干部进行考评和问责的方式,对其执行环境法律与政策的情况进行监督。在这一“委托—代理”组织关系中,地方政府,特别是省级政府和市级政府往往具有双重角色。在执行国家环境立法与政策的层面上,省级政府作为国家权力在地方的代表,是“代理方”;在通过制定地方性环境立法实现行政辖区内的环境治理目标时,则成为市级政府的“委托方”。市级政府亦然,同时是省级政府的代理方与县级政府的委托方。“委托方”和“代理方”的双重角色,使省市两级政府在环境监管体系中处于核心地位,其组织目标与行为选择在很大程度上决定了环境监管与执法的实际成效。[2]

这种环境监管任务的层层分包逻辑也导致环保任务的落实以及环境法律的实施具有极大的不确定性,特别是在基层有极大的风险会遭遇“变通”甚至被“悬置”。一方面,中央政府对环境治理任务的设定常常受到政策导向、经济环境的影响,进而在很大程度上会影响中央政府对地方政府的监督机制与问责力度。例如,生态文明的概念提出以后,环境保护在各级地方政府治理任务中的地位显然要远远高于之前的任何一个历史时期。但在当前经济下行的背景下,各级政府对优化营商环境的重视又从多个层面影响了环境法律制度的严格执行。另一方面,地方政府对待环境法的态度取决于其对中央下达的环境治理任务所进行的利益权衡。科层制中的向上负责、官员晋升机制使得各级地方政府必然要在相互冲突的多重目标与任务之间做出选择,以防止自身在晋升和问责中处于不利位置。[3] 在环境法的严格实施有阻碍经济发展的可能性时,地方政府往

---

〔1〕 参见周雪光:《运动型治理机制:中国国家治理的制度逻辑再思考》,载《开放时代》2012 年第 9 期。

〔2〕 参见陈海嵩:《我国环境监管转型的制度逻辑———以环境法实施为中心的考察》,载《法商研究》2019 年第 5 期。

〔3〕 参见杜辉:《论制度逻辑框架下环境治理模式之转换》,载《法商研究》2013 年第 1 期。

往通过对环境法进行变通解释来削弱严格监管对经济发展的阻力。[1]在环境问题威胁到经济发展、社会稳定等政权合法性的根基之时,科层制则会通过创设自上而下的非常规手段,如环保督察与环保约谈,来强化环境监管的力度。这种非常规手段虽然表面上也是科层权力创设的,但实质上是对原有科层制的一种否定。以环保督察为例,其实际上绕开了传统环境监管的行政科层结构,由生态环境部直接对不具有行政隶属关系的地市级政府进行环保督察,公开约谈政府主要领导。在具体开展过程中,生态环境部通过派驻督察组听取汇报、调阅资料、个别谈话、走访问询、现场抽查、下沉督察等方式对地方政府及有关部门履行环境保护职责情况进行监督检查,并通过公开约谈、区域环评限批、挂牌督办、典型案例曝光等多种方式强化地方政府对环境保护工作的重视。其打破或中断了地方科层制的原有机构及常规工作机制,通过自上而下的政治权威督促地方政府履行环保职责与执行环境法律法规。

任何行政管理体系的良性运作都需要以稳定的制度框架为基础。在环境治理领域,任务分配不够清晰明确,以及对制度规范的执行力度不够,是我国科层制未能发挥韦伯所言科层体制之优势的核心原因,也是在过去的一段时间中我国环境执法严重依赖"运动式"执法的根本原因。事实上,中央与地方之间的关系张力处于动态变化之中。以生态文明体制改革为分界点,之前的环境监管受到较多地方保护主义的干扰,之后的环境监管则表现出较强的权力集中趋势,环保约谈、环保督察、垂直管理改革都是环境监管权向上集中的典型表现。这一体制深刻影响了我国环境监管权的行使,也成为我们分析环境监管不力与环境监管不能的逻辑起点。

---

[1] 杜辉认为,地方政府变通环境法主要通过以下 4 种方式来进行:(1)通过重新解释将硬性的法律约束软化,以此削弱严苛的环境标准对经济发展的约束力。(2)利用环境法原则性、倡导性的空白和软法条款消解相对严格的法律标准,同时利用政策的弹性软化中央政府提出的处理环境事务的指导性准则。(3)抓住原法律制度的漏洞制定新的地方性方案来抵消国家法律的强制力。(4)有选择性地完成环境法规定的任务。参见杜辉:《论制度逻辑框架下环境治理模式之转换》,载《法商研究》2013 年第 1 期。

第三章 环境监管的双重制度困局：监管不力与监管不能

柯坚教授在 2015 年发表的论文中，针对环境法律体系与环境违法之间的矛盾总结了三种环境监管的困境：监管不足、监管不力与监管不能。[1] 监管不足即环境监管法律制度供给不足，具体包括环境管理制度设置不够科学、行政管制强制措施欠缺、违法行为行政处罚过轻等。2014 年以来，随着《环境保护法》《环境影响评价法》《大气污染防治法》《水污染防治法》等法律的修改，环境行政监管的权力与手段得到了极大的扩张与强化，环境监管法律制度供给不足的问题已经基本解决。例如，《环境保护法》在重申地方政府环境质量责任制的同时，还规定了对地方政府环境保护目标完成情况的监督；该法还赋予了环境监管机构采取查封扣押等行政强制措施的权力；针对违法成本低的问题，多数法律提高了罚款数额，并针对特定的违法行为设置了按日计罚、行政拘留等处罚措施，其惩罚之严甚至引发了对环境监管"重罚主义"的担忧。[2] 此外，曾经存在立法缺陷的法律制度也在此轮修法后得到了纠正。例如，2003 年《环境影响评价法》虽然要求建设单位在开工建设前获得环评审批，但又允许其事后补办环评手续，并且未就未批先建设置法律责任。这事实上违背了环评作为一种预防性环境监管制度的初衷。这一问题在 2016 年修订《环

---

〔1〕 参见柯坚：《环境行政管制困局的立法破解——以新修订的〈环境保护法〉为中心的解读》，载《西南民族大学学报（人文社科版）》2015 年第 5 期。

〔2〕 参见何江：《环境重罚体系的轻缓化实施研究》，载《湖湘法学评论》2023 年第 3 期。

境影响评价法》时得到了纠正。新法不仅严格禁止未批先建,更是提高了未批先建的罚款数额。因此,在出现环境监管问题时,我们不能再简单归咎于立法缺陷,而是要在充分尊重现行法律规定的基础上探讨权力运行的具体规则,探讨其运行背后更深层次的体制与机制原因。因此,本书将主要关注环境监管不力与环境监管不能。

第一节 环境监管不力的制度困境

从我国环境监管制度建立与发展的历史脉络与制度逻辑可知,环境监管权的创设与运行高度依赖中央对于经济与环境关系的定位,以及自上而下的政府权威。这在实践中不可避免地产生了三个主要问题。首先,由于我国的环境立法诞生于公众环境意识启蒙之前,并非基于保护公众人身和财产免于环境污染的损害的诉求,因此缺乏相应的社会共识和充分的公众参与,也无法很好地识别与回应公众的环境利益诉求,这使得环境法律规范缺乏必要的社会内生性。这进一步导致环境法的实施更多依赖于权威式、强制性以及威慑性的惩罚,而缺少来自社会力量的配合和合作。其次,这种依赖于自上而下政府权威的环境行政监管权力存在着被滥用的风险。政府环境行政监管本身存在权力"寻租"、被规制对象等利益集团规制俘获、执法怠惰等风险,可能导致环境法律规范的扭曲、变形与异化。[1] 最后,法律并非环境监管的主要依据,党和国家的政策、政府的官方文件是影响环境监管的强度与运行方式的重要因素,这导致环境监管结果具有极强的不确定性。这三个问题可以概括为环境监管不力。

具体而言,环境监管不力是指由于缺乏有效的监管权力以及监督机制,环境监管机构利益"寻租"、被监管俘获,甚至利用法律赋予的自由裁量权推脱监管职责,导致环境违法行为未被及时、充分遏制与追责,致使环境监管背离公平与效能的法律价值。在我国的环境监管实践中,监管

〔1〕 参见柯坚:《我国〈环境保护法〉修订的法治时空观》,载《华东政法大学学报》2014年第3期。

不力的典型表现是环境监管的权力违法或任性，即行政机关未依法执法，具体包括完全的不作为、未严格执法、违反了比例原则执法、未遵守法定程序、超越了其职权范围或者滥用自由裁量权等情况。

关于监管不力的原因，学界多有探讨，如吕忠梅认为是我国环境保护法作为监督者监督之法的立法缺陷；〔1〕王灿发等学者将其归因于统一管理与部门分工负责管理之环境管理体制的问题；〔2〕汪劲认为，领导干部错误的执政理念、不当的执政手段，特别是部分地方党政官员对于政绩的过度追求，构成了我国环境监管法治失灵的核心原因之一；〔3〕余光辉与陈亮则认为，当前行政机关广泛的自由裁量权、执法过程的非对等性以及规制主体与规制对象的利益结盟导致了执法过程的规制俘获。〔4〕这些研究对于解释环境执法不力的困境具有一定意义，但每个视角都有顾此失彼的问题，也缺乏对这些不同原因进行梳理与连接的研究。例如，当前统一监督与分工负责的管理体制虽然对监管权的有效实施产生了一些障碍，但缺乏相对明确与清晰的权责划分才是关键。又如，自由裁量权过于宽泛当然容易产生规制俘获的问题，但非必然产生，如果能厘清自由裁量权的行使规则、建立完善的监督机制，规制俘获还是可以在很大程度上得以避免的。本书在以上研究结果的基础上，进一步从体制困境、执法的模式困境以及监督机制的不足等几个方面进行系统分析。

一、环境监管的体制困境：过度分权

环境监管体制本质上是环境监管事务以及权责在中央与地方以及不同部门之间的划分，这既包括在纵向层面不同层级的政府以及相关部门

---

〔1〕 参见吕忠梅：《监管环境监管者：立法缺失及制度构建》，载《法商研究》2009年第5期。

〔2〕 参见王灿发：《论我国环境管理体制立法存在的问题及其完善途径》，载《政法论坛》2003年第4期；黄锡生、何雪梅：《中国环境资源法律实施的障碍及对策》，载《重庆大学学报（社会科学版）》2007年第5期。

〔3〕 参见汪劲：《中国环境法治失灵的因素分析——执政因素对我国环境法治的影响》，载《上海交通大学学报（哲学社会科学版）》2012年第1期。

〔4〕 参见余光辉、陈亮：《论我国环境执法机制的完善——从规制俘获的视角》，载《法律科学（西北政法大学学报）》2010年第5期。

之间的划分,也包括在横向层面不同职能部门之间的划分。首先,关于环境保护与监管本质上是一种地方事务还是中央事务,并无定论,其往往取决于一国不同的宪法规定、政治、经济、历史、文化等因素,还会随着情形变化在中央与地方之间此消彼长。其次,环境事务是由某一行政部门集中行使,还是由不同部门分散行使这一问题涉及一国对分散式治理模式与整体性治理模式的选择。前者认为环境问题的分散性与复杂性决定了分散式、专业性以及灵活性的权力分工才能更好地实现环境公共治理;后者则强调生态环境的整体性与交互性决定了不同政府部门之间的政府目标需要互补,政策工具要相互支持,执行方法也需要相互协调合作才能实现环境公共治理的目标。[1]

清晰的权力配置与权责界定是环境监管权得到有效实施的基础,不仅可以提高环境监管的效率,也可以最大限度降低权力被滥用的可能性。相反,权责配置不清将对环境监管产生诸多负面影响。模糊的权责配置产生的最主要问题便是环境监管过度或监管不足。监管者会基于自身利益选择是否进行监管以及如何监管。在有助于自身利益的环境监管领域,可能存在多个监管部门(典型例子如在大江大河的开发与保护中,存在"九龙治水"的多部门重叠监管的局面),而在可能带来较高的监管风险的领域,则可能存在监管空白(典型例子如农村饮用水水源与畜禽养殖业领域存在较多的监管空白)。

我国环境保护事务在中央—地方之间形成了环境治理体制的地方分权模式,具体而言:第一,中央政府是环境政策与法律的制定者,主要任务在于提供宏观层次的环境政治话语、价值、理念,制定法律法规和政策以及设置环境保护目标;第二,地方政府是环境政策与法律的执行者,负责政策的实施,将中央政府的政治话语、法律和政策以及环保目标转化为具体的环境治理绩效;第三,不同环境政策的具体实施职能碎片化地分散在地方十几个行政部门中。[2] 为了提高地方政府进行环境治理的积极性与创造性,我国法律亦在实现环境治理目标方面授予了地方政府极大的

---

[1] 参见张宝:《环境规制的法律构造》,北京大学出版社2018年版,第121页。

[2] 参见冉冉:《如何理解环境治理的"地方分权"悖论:一个推诿政治的理论视角》,载《经济社会体制比较》2019年第4期。

自由裁量权。例如，《立法法》授予设区的市级人大及其常委会“生态环境保护”立法权，授予设区的市级政府“生态环境保护”规章制定权。《环境保护法》还允许地方性法规可以根据环境保护的实际需要，增加按日连续处罚的违法行为的种类。省级政府还拥有制定更严格的环境质量标准与污染物排放标准的选择权。这种自由裁量权进一步强化了环境治理的分权化特征。这一分权化的环境管理体制虽然在确保环境问题的地方化处理以及更好地回应地方环境治理需求中颇有成效，但也成为我国环境执法不力的体制困境。

关于分权化环境监管所产生的困境，学界多有关注，冉冉描述其为“中国环境治理的地方分权悖论”，一方面，为了更高效地管理环境事务，我国建立了高度地方分权的环境监管体系，中央政府基于委托代理制将环境事务委托地方政府进行管理；另一方面，分权体系下的地方政府被视为导致环境治理失效的最大责任方。[1] 吉尼娅·科斯塔卡对这一环境目标、政策与法律在地方实施遇到的问题总结为“命令但没有控制”(commanding without control)。[2] 本书将从纵向与横向两个维度来解释当前以分权为内核的环境管理体制对环境监管权力行使的塑造。纵向维度主要指的是在中央与地方的环境分权中，地方政府在经济发展这一根本性目标的压力下，对其环境质量责任以及环境保护职能部门的具体环境监管权的限制或挤压。长期以来，环保部门的从属性以及由此导致的地方保护主义成为环境监管权无法独立运行的最主要的体制障碍。横向维度主要指的是环境监管部门之间基于专业分工而形成的既独立又合作的关系。由于缺乏对职责划分与合作机制的清晰规定，环境监管权呈现碎片化特征，阻碍了对整体生态环境系统的有效监管。正如在本书第五章提到的，经过我国近十年的体制改革，从属性与碎片化问题已经得到了极大的改善，但是尚不能说完全解决。而且长期以来从属性与碎片化所产生的思维界限与权力惯性依然存在，因此下文依然对这两个问题进行

---

〔1〕参见冉冉：《如何理解环境治理的“地方分权”悖论：一个推诿政治的理论视角》，载《经济社会体制比较》2019年第4期。

〔2〕See Genia Kostka, *Command Without Control: The Case of China's Environmental Target System*, 10 Regulation & Governance 58(2016).

简要剖析。

(一)环境监管权的从属性

环境治理分权化的表现之一便为地方政府负责执行中央政府的环境保护目标、环境政策以及环境法律法规。我国《环境保护法》规定,地方政府对本行政区域内的环境质量负责,地方环境保护行政主管部门对本行政区域内的环境保护工作实施统一监督管理。这不仅涉及中央政府与地方政府之间的权限划分,也涉及地方政府与地方环保部门之间的关系,这两部分相互配合、相辅相成,共同构成了地方政府环境质量负责制的主要内容。我国宪法与环境法均未对中央与地方之间的环境事权作出清晰界定。除了环境质量标准与污染物排放标准外,中央明确享有的监管权并不清晰,多数环境管理事务由"县级以上地方人民政府"承担。由于我国环境事务的分配主要基于行政发包制,中央政府可以基于政治、经济等各项因素对环境监管权进行分配与调整,从而使地方政府的环境管理事务与权限处于一种不确定状态。中央与地方之间对于环境事务的这一划分也直接影响了中央环保部门与地方环保部门之间环境监管权的划分。例如,我国《环境影响评价法》明确列举了国务院生态环境主管部门负责审批的环境文件:(1)核设施、绝密工程等特殊性质的建设项目;(2)跨省、自治区、直辖市行政区域的建设项目;(3)由国务院审批的或者由国务院授权有关部门审批的建设项目。然而,事实上,中央生态环境部门负责审批的事项远远不限于此。其通过发布多种环评审批的相关文件,不断调整不同行业与项目的环评审批权。例如,2013年,原环境保护部印发《关于下放环境影响评价文件审批权限的建设项目目录》,将中央环境保护部门的审批权下放到省级环境保护部门。

在地方层面,地方政府与地方环保部门之间的领导与被领导的关系,或者说地方环保部门的从属地位是学界诟病的焦点。2016年环境管理体制垂直改革之前,各个层级的环保主管部门是同级人民政府的组成部门,在部门预算、人事以及规划等方面受本级地方政府的领导。若经济发展与社会稳定成为衡量中央政府政权合法性以及考核评价地方政府的两大重要性指标的体制，[1]地方政府就可能牺牲环境保护以追求经济增长，挤压环境保护监管部门的执法空间，限制其环境执法的权力。具体而言，当执行环境法律有可能限制当地经济增长、就业和税收时，地方政府就可能利用其对环保部门的领导性地位对当地污染企业进行庇护，使其免于遵守环境法的义务或者免于处罚。这一地方保护主义问题，被认为是造成环境监管问题的主要体制性原因。[2] 吕忠梅在其文章中曾全面总结过环境监管地方保护主义的表现：个别地方政府过度追求经济发展，甘当企业环境违法行为的“保护伞”，不仅为污染企业大开绿灯，甚至出面干涉、阻挠环保部门的正常执法；有的地方政府执行环境法律、法规不力，对应当限期治理、取缔、关闭的污染企业视而不见，放任自流；有的地方政府无视环境法律的要求，作出的决策违反生态规律导致环境污染和破坏；有的地方政府推脱逃避应当承担的环境责任。[3]

对于地方保护主义的原因，学界也已经有诸多研究。如科斯塔卡将其归结于地方环保机构较弱的惩罚权与监管能力，特别是当污染者对当地经济至关重要或者属于具有较大政治影响力的国有企业时。[4] 朱俊明与玛丽安·彻托则认为，中央以及省级政府制定的纷繁复杂的政策存在矛盾，导致地方政府在追求经济发展、社会稳定以及环境可持续性等问题上无所适从。[5] 张忠民、陈海嵩等提出，这是由我国基于科层制逻辑下环保事权分配的固有弊端导致的，特别是忽略了省级政府在科层制的

---

〔1〕 See Alex Wang, *The Search for Sustainable Legitimacy: Environmental Law and Bureaucracy in China*, 37 Harvard Environmental Law Review 365(2013).

〔2〕 See Van R. Benjamin, Qiaoqiao Zhu, Na Li & Qiliang Wang, *Centralizing Trends and Pollution Law Enforcement in China*, 231 The China Quarterly 583(2017).

〔3〕 参见吕忠梅：《监管环境监管者：立法缺失及制度构建》，载《法商研究》2009 年第 5 期。

〔4〕 See Genia Kostka, *Environmental Protection Bureau Leadership at the Provincial Level in China: Examining Diverging Career Backgrounds and Appointment Patterns*, 15 Journal of Environmental Policy & Planning 41(2013).

〔5〕 See Junming Zhu & Marian R. Chertow, *Authoritarian but Responsive: Local Regulation of Industrial Energy Efficiency in Jiangsu, China*, 13 Regulation & Governance 384(2019).

环境监管中的特殊性。[1] 张凌云等人认为,地方政府面临着政绩考核下发展经济的强大动力,同时也面临着当前财税体制下巨大的财政压力,故而导致其在环境监管中缺乏相应的动力和能力。[2] 冉冉则从推诿政治和激励结构的视角出发对环境分权模式的失效进行了解释,她认为,地方分权本质上成为不同层级政府以及政府部门之间政治推诿的一种制度性工具,在面对环境治理失败的责任时,上级政府可以通过分权将责任推诿给下级政府,政府内部不同部门之间也可以降低整体性被问责的风险;[3] 此外,分权模式下,倒错的激励结构(中央政府对地方政府不执行或执行不力的环境政策与法律提供的激励远远大于对全面执行环境政策与法律的激励)不利于中央政府从政治、经济和道德三个层面鼓励地方官员履行环保职责。[4] 除此之外,本雅明·范·罗伊提出,中央和地方政府在环保问题上的偏好和利益冲突给法律实施造成了障碍。[5]

以上研究从多个角度解释了为何环境监管的分权模式在地方层面遭遇地方保护主义的阻碍,即地方政府缺乏积极有效进行环境监管的权责分配、监管动机、激励机制、能力以及体制性支持。但是一个尚未被追问的问题是,在法律层面,我国当前的法律是否对地方政府的环境监管职责进行了较为清晰的界定?对这一问题的回答是解释地方保护主义的前提。本书将在第四章对这一问题进行反思与重释。

---

〔1〕 参见陈海嵩:《我国环境监管转型的制度逻辑——以环境法实施为中心的考察》,载《法商研究》2019 年第 5 期;张忠民、冀鹏飞:《论生态环境监管体制改革的事权配置逻辑》,载《南京工业大学学报(社会科学版)》2020 年第 6 期。

〔2〕 参见张凌云、齐烨:《地方环境监管困境解释——政治激励与财政约束假说》,载《中国行政管理》2010 年第 3 期。

〔3〕 参见冉冉:《如何理解环境治理的"地方分权"悖论:一个推诿政治的理论视角》,载《经济社会体制比较》2019 年第 4 期。

〔4〕 See Ran Ran, *Perverse Incentive Structure and Policy Implementation Gap in China's Local Environmental Politics*, 15 Journal of Environmental Policy & Planning 17(2013).

〔5〕 See Benjamin Van Rooij, *Implementation of Chinese Environmental Law: Regular Enforcement and Political Campaigns*, 37 Development and Change 57(2006).

(二)环境监管权的碎片化

碎片化指的是不同职能部门在应对共同的公共问题时,其权力和资源在数量上表现为大量的碎片,在地域和功能上彼此交叉重叠,组织间缺乏协同的现象。环境监管权的碎片化也即在生态环境监管过程中,存在多个监管主体和不同的监管职权,存在着“机构林立、职权交错、多头执法、政出多门、扯皮推诿、管理真空、恶性竞争等”问题。[1] 碎片化也是一种过度分权的体现。环境监管权的碎片化具有一定的必然性,这客观上是由环境要素的分散性或者环境问题的碎片化所决定的。鉴于生态环境保护是一项系统性、专业性的工程,我国建立了以专业分工为基础的环境管理体制,形成了环保部门统一监管,国土、农业、水利、林业、草原、森林等相关部门多头监管的制度。自我国有环境立法以来,按照环境或资源要素进行单项立法构成了我国环境立法的主流模式。这种立法模式虽然可以有针对性地设立某一环境资源要素的监管体制与管理制度,但是因在一定程度上忽略了生态环境整体性、系统性的本质特征,不仅造成了法律的相互重叠或冲突,也导致监管权力的重叠或冲突。然而,追根溯源,环境监管权的碎片化有更深层次的体制及制度根源。

长期以来,我国实行“统一管理与分部门负责相结合”的环境管理体制,除环保主管部门承担“统一监督管理”的职责外,还有大量相关部门也在各自领域内承担一定的环境保护职责。环境保护的决策权、法律执行权以及对环境事务的日常管理权都分散在国务院及与环境保护相关的十几个部委之中。一方面,由于环保主管部门在各部门之间处于相对弱势的地位,难以真正对环境保护进行统一监督管理。从机构设置及改革的历史来看,1988 年国家环境保护局才从城乡建设环境保护部中独立出来,成为国务院副部级直属机构;1998 年国家环保局改名为国家环保总局,升为正部级;2008 年国家环保总局升级为环境保护部,成为国务院的组成部门。也就是说,直到 2008 年环保部才拥有了与其他部委同等的机构地位。从环保部门权力的范围来看,在 2014 年修订的《环境保护法》施行之

---

[1] 唐贤兴:《中国治理困境下政策工具的选择——对“运动式执法”的一种解释》,载《探索与争鸣》2009 年第 2 期。

前,环保部门始终不具有对违法企业进行行政强制的权力,也限制了其对环保事务进行统一监督管理的权力。最终的结果是环保部门的统一监管职责处于支离破碎状态,其行使的仅是刨除其他部门职责范围内监管权后的剩余监管权。[1] 另一方面,各部门在各自负责的领域里基于自身工作特点形成了独特的工作规律并且体现了相关行政领域的科学原理。例如,在水污染防治方面,原国土资源部更擅长对地下水的保护与防治;交通运输部更擅长防治港口、码头水污染;水利部更擅长对河流水的保护。然而,这些擅长的不同内容却容易导致不同部门在环境监管问题上的重点、措施均具有一定差异,进一步引发行政机关层面的合作治理的低效甚至是无效。[2] 除此之外,环保部门与其他部门之间的价值取向与功能定位存在一定的差异与冲突,进而加深了分权化的困境。环保部门以环境保护与公众健康作为唯一价值取向,其监管职权更多是对经济发展决定的一种审视、限制或禁止。相反,其他部门则以开发利用资源以及促进经济发展为核心使命,往往导致环境监管权行使中对环境保护需求的制度性忽视。

2014 年修订的《环境保护法》第 10 条明确规定:“国务院环境保护主管部门,对全国环境保护工作实施统一监督管理;县级以上地方人民政府环境保护主管部门,对本行政区域环境保护工作实施统一监督管理。县级以上人民政府有关部门和军队环境保护部门,依照有关法律的规定对资源保护和污染防治等环境保护工作实施监督管理。”相比于 1989 年的《环境保护法》,该规定在形式上有意弱化部门之间的职责分工,但实际上仍继承了这一统分结合的管理体制。其他的单行法如《大气污染防治法》《水污染防治法》《固体废物污染环境防治法》等均确认了这一规定。如《大气污染防治法》第 5 条规定:“县级以上人民政府生态环境主管部门对大气污染防治实施统一监督管理。县级以上人民政府其他有关部门在各自职责范围内对大气污染防治实施监督管理。”然而,综合相关法律的规定,可以发现其关于环境监督管理机构的职责的规定过于简单,职权范围

---

[1] 参见张宝:《环境规制的法律构造》,北京大学出版社 2018 年版,第 128~129 页。

[2] 参见吴凯:《中国环境法上合作原则的演化路径与治理功能——以城市环境治理中认证能力为中心的考察》,载《南京工业大学学报(社会科学版)》2016 年第 2 期。

的界定也相当抽象和模糊。对于这些部门的“根据自己的职责”和“在各自的职责范围内”具体为何，法律法规也未予以明确。环境法律语言的模糊不清和不确定性，又进一步为不同部门之间的横向责任推诿提供了条件。实践中，由于这种分散的职责分工缺乏明晰的法律规定或相应的协调机制，导致管理职权的交叉、重叠甚至冲突，出现所谓“环保不下河，水利不上岸”的分工怪象。例如，《水污染防治法》第 94 条规定，造成水污染事故的，由地方政府环保部门进行处罚；造成渔业污染事故或者渔业船舶造成水污染事故的，由渔业主管部门进行处罚；其他船舶造成水污染事故的，由海事管理机构进行处罚。据此，如果是渔业船舶造成了海洋污染，又应由哪一部门进行处罚？

从制度设计看，环境监管碎片化本质上是不同政府职能部门之间环境监管职权划分与利益博弈的结果，[1]可能带来的结果是各职能部门对于可以带来政治和经济利益的职权，会利用自己的权力或某些泛政治化手段加以争夺，而对于那些涉及纯粹环境公共利益、不会带来直接政治或利益好处、执行困难程度较大的事务，或无人问津，或相互推诿。[2] 同时，当前制度设计缺乏以生态环境系统或环境公共利益为基础的整体考量。各部门之间的监管权缺乏共同的基本原则或标准进行协调或整合，最终形成了碎片化格局。

二、环境监管的执行困境

亚里士多德早在 2000 多年前就提出了法治的双重含义：已成立的法律获得普遍的服从，而大家所服从的法律本身又应该是制定得良好的法律。长期以来，中国发展迅速并相对比较完备的环境法律体系和低下的环境执法实效之间的巨大差距饱受学界和实务界诟病。环境法律本身存在的理念落后、内容不详、语言模糊等立法缺陷固然难辞其咎，但执法本身存在的问题也不容小觑。大量中外文献都注意到并分析了环境管理体

〔1〕 参见王树义、蔡文灿：《论我国环境治理的权力结构》，载《法制与社会发展》2016 年第 3 期。

〔2〕 参见王树义、蔡文灿：《论我国环境治理的权力结构》，载《法制与社会发展》2016 年第 3 期。

制的设置所导致的环境执法的困境。除此之外,有学者从执法者与执法对象的关系出发,认为环境执法效能低下的主要原因是规制俘获;[1]有学者从法律本身所代表的不同利益角度出发,将其归因于环境立法中社会内生性的缺乏以及政府部门的利益博弈;[2]还有学者立足于政府职能,认为症结在于政府激励不足。[3] 若强制过度而激励不足,当政府环境质量责任本身存在模糊性和不确定性时,政府作为一个理性经济人并不必然会如实履行环保责任,而是更有可能倾向于采取各种策略性应对方式。[4] 例如,高度依赖惩戒性措施,追求形式执法而忽视了执法策略的创新;重点关注当前公众和社会舆论关注的问题,进行选择性执法和运动式执法;数据造假;等等。下文将视角转移到执法模式的理论基础,通过对环境执法模式的理论假设及其存在的制度环境进行反思去探讨造成环境执法不力的内在原因。

(一)对威慑型环境执法的过度依赖

1. 我国威慑型环境执法模式的分析

根据"任何人不得从其违法行为中获利"的基本法律理念,我国环境法通过确立"污染者负担原则"将污染者的外部成本内部化,并通过设置民事、行政和刑事责任对企业违法行为所产生的成本和收益进行平衡,力图使违法者在进行行为选择之前衡量和三思。长期以来,由于我国环境法律责任规定所存在的缺陷,"违法成本低,守法成本高"成为纵容甚至鼓励企业违法并从中获利的罪魁祸首。从环境执法的实践来看,我国的环境执法以环境检查和行政处罚等行政手段为主,[5]而在多种行政处罚手

[1] 参见余光辉、陈亮:《论我国环境执法机制的完善——从规制俘获的视角》,载《法律科学(西北政法大学学报)》2010 年第 5 期。

[2] 参见柯坚:《我国〈环境保护法〉修订的法治时空观》,载《华东政法大学学报》2014 年第 3 期。

[3] 参见巩固:《政府激励视角下的〈环境保护法〉修改》,载《法学》2013 年第 1 期。

[4] 参见陈海嵩:《环境保护权利话语的反思——兼论中国环境法的转型》,载《法商研究》2015 年第 2 期。

[5] 参见黄锡生、王江:《中国环境执法的障碍与破解》,载《重庆大学学报(社会科学版)》2009 年第 1 期。

段（警告、罚款、责令停产停业、限期治理、吊销营业执照、行政拘留）中，罚款使用的频率最高。但由于行政罚款的数额较低，严重违背过罚相当原则，成为企业环境违法行为猖獗的重要原因。在此背景下，2014 年修订的《环境保护法》规定了对企业的按日计罚、查封扣押、限产停产以及对企业负责人在特定情形下的行政拘留等行政处罚措施，被认为是通过加重企业的行政责任以提高企业的违法成本，进而威慑并遏制企业违法行为的有力手段。

由此分析可知，我国环境行政执法以企业可能的违法行为为逻辑起点，通过环境检查和处罚等执法手段的运用，试图威慑企业的违法行为以促使其改变自身的环境行为，被动或主动守法。这事实上是建立在从刑法领域延伸出来的威慑理论（deterrence theory）的基础之上的，[1]本书称为威慑型执法，即执法主体通过对执法对象进行外部施压而使其出于对已经发生的或预期将要发生的（消极）后果的恐惧而遵守法律法规。[2]威慑效果的产生源于执法对象对自己的守法或违法行为有增进自身福利的主客观期待，而执法者基于该期待采取相应执法措施。威慑理论以企业是理性经济人（rational self-interest actors）为假设基础，从执法者的工具选择角度出发，期望通过执法者的努力达到遏制企业违法行为的目的。其逻辑流程如下：

企业是理性经济人→企业对守法/违法的成本效益进行分析→企业可能的违法行为→环境执法机关检查、处罚→威慑企业守法。

企业是理性经济人，即企业以追求自身利益最大化为目标，通过对守法/违法行为所产生的成本收益的分析选择环境行为。根据该假设，企业只有在守法收益大于成本的情况下才会遵守法律。所以，如果企业发现违法收益大于因违法带来的制裁或损失，就会选择违法。违法行为是企

---

〔1〕 关于环境领域的违法行为分析及相关的执法问题，多数经济学家是建基于加里·贝克尔 1968 年提出的关于违法犯罪和威慑性惩罚的“最优性惩罚”模型。该模型以犯罪行为背后的经济动机为基础来确定政策和法律的最佳执行力度。See Gary S. Becker, *Crime and Punishment: An Economic Approach*, 76 The Journal of Political Economy 169 (1968).

〔2〕 See Jon D. Silberman, *Does Environmental Deterrence Work? Evidence and Experience Say Yes, But We Need to Understand How and Why*, 30 Environmental Law Reporter 10523 (2000).

业故意为之,因此是可威慑的。[1] 这里的违法成本既包括企业从事环境违法行为时实际支出的成本(如搜集信息、寻找排污地点等)和机会成本,也包括企业因违法行为受到追究时所承担的预期成本(如罚款、被责令停产或吊销营业执照时所产生的损失)。[2] 因此,违法成本的高低主要取决于企业违法者被查处的概率,和被查处后被处罚的迅速性、可能性和严厉程度。[3] 而收益则不仅包括违法者获得的积极利益,还包括违法者虽然没有获得或者只获得了很少的积极利益,但其所承担的责任远远小于其所造成的损害。[4] 所以,威慑理论认为,环境政策和法律应当通过提高违法成本来改变企业对成本和收益的计算方式,而环境行政执法需要扩大环境检查的范围、提高环境违法行为的查处能力和加大处罚的严厉程度,从而对企业的环境违法行为产生威慑。在威慑理论的基础上,我国环境执法广泛采用自上而下的执法手段,如对企业污染物排放行为的环境检查,对违法行为的罚款、责令停产改正等。

我国2014年修订的《环境保护法》因监管措施系统、监管手段强硬、行政处罚严厉、监督全面有力而被称为史上最严环保法。[5] 因此有必要对威慑型环境执法(deterrence-based environmental law enforcement)与"执行环境法的严格规定"(the enforcement of strict environmental laws)进行区分。威慑型环境执法作为一种执法方式,关注的是执法措施选择背后的理论基础和执法逻辑,关注的是执法主体与执法对象的关系模式,其与合作式执法(cooperation-based environmental law enforcement)构成了

---

[1] See David B. Spencet, *The Shadow of the Rational Polluter: Rethinking the Role of Rational Actor Models in Environmental Law*, 89 California Law Review 935(2001).

[2] 参见[美]理查德·A.波斯纳:《法律的经济分析》,蒋兆康译,中国大百科全书出版社1997年版,第292页。

[3] See Jon D. Silberman, *Does Environmental Deterrence Work? Evidence and Experience Say Yes, But We Need to Understand How and Why*, 30 Environmental Law Reporter 10523(2000).

[4] 参见严厚福:《环境法律如何成为"硬"法?——"任何人不得从其违法行为中获利"原则在环境法律中的适用》,"环境法治与建设和谐社会"全国环境资源法学研讨会会议论文,2007年8月于兰州。

[5] 参见常纪文:《新〈环境保护法〉:史上最严但实施最难》,载《环境保护》2014年第10期。

两种相互补充的执法方式。而"执行环境法的严格规定"则强调通过更加细化、具体和可操作性的规定聚焦于环境法律本身的严厉程度，其包括的内容更为多元和复杂，既有对基本环境法律制度的执行、对执法主体的监管、对公民环境权利的确立，也有环境执法措施的实施。执法需要以立法为基础，威慑型环境执法威慑效果的发挥依赖较高的违法查处概率和合理的处罚措施，而这正是我国"史上最严环保法"的使命之一。

2. 威慑型环境执法的困境：从手段到效果的评估

在我国环境污染形势日益严峻的背景下，这种以威慑理论为基础的环境执法具有不可否认也不可取代的优势。扩大检查范围、加大投入、提高处罚额度、开展环保风暴或者专项行动等执法方式有利于高效应对突发性环境事件，在实践中也集中解决了一批突出的环境污染问题，促进了产业结构的调整和生产方式的变革，维护了公众的健康和环境权益。但是，我们需要认识到，首先，由于我国环境执法模式特殊的产生背景，实践过程中，有的执法机关在执法对象和执法手段的选择方面可能存在随意性和功利性；其次，威慑型环境执法并非对所有企业的违法行为都会产生预期的威慑效果，其需要特定的适用对象、执法关系和制度基础。由于不同企业在违法行为的原因和类型上千差万别，威慑型执法发挥功能的空间也不尽相同，如果缺乏以企业为视角的分析，极有可能导致环境执法和企业守法在着力点上的错位。

首先，威慑型环境执法容易导致"实用主义"变异化。执法方式是执法机关在履行法律职责的过程中采取的基本战略。它决定着执法主体采取何种决定和行动来管理受管制的对象，从而在执法者和受管制者之间形成了特定的执法关系。[1] 虽然立法机关或主管机关制定了相应的准则和程序来规范执法行为，[2]但在实践中，执法主体仍然具有广泛的自

---

[1] See Lo Carlos Wing-Hung, Gerald E. Fryxell & Benjamin Van Rooij, *Changes in Enforcement Styles Among Environmental Enforcement Officials in China*, 41 Environment and Planning A 2706(2009).

[2] 为界定环保部门的处罚职权，规范行政处罚和环境监察执法自由裁量权的行使，原环境保护部于2009年制定并发布了《法律、行政法规和部门规章设定的环保部门行政处罚目录》、《主要环境违法行为行政处罚自由裁量权细化参考指南》和《关于规范行使环境监察执法自由裁量权的指导意见》。

由裁量权来决定采取何种执法方式。由于环境保护在政府政策和发展规划中处于相对弱势地位,我国的环境执法在很长一段时期内多是采用牺牲环境让位于经济发展的“灵活式”执法,有的地方政府执法不严,违法不究,存在利用法律的模糊性、概括性特点为企业大开方便之门,利益“寻租”的情况。在一些地方,对环境违法行为罚款与否、罚款的数额多少甚至需要执法机关与违法企业进行协商确定。这种以企业利益而非以企业违法行为对环境的破坏程度以及法律规定为标准和依据的处罚方式,实际上是一种以环境利益为代价保护经济利益的执法方式。其不但不能纠正,反而变相鼓励了企业的环境违法行为。同时,环境主管部门在政府组织结构中的位置和角色决定了其在执法过程中常常需要与其他相关部门进行利益博弈,这也导致我国环境执法具有很强的“实用主义”特点,即环境行政处罚需要考虑企业的经济状况、纳税水平、企业性质、罚款缴纳能力、与政府的关系、企业年龄、技术水平以及环境执法的社会影响等一系列因素。[1]

在波斯纳看来,真正的实用主义是“指一种处理问题的进路,它是实践的和工具性的,而不是本质主义的;它感兴趣的是,什么东西有效和有用,而不是这究竟是什么东西。因此,它是向前看的,它珍视与昔日保持连续性,但仅限于这种连续有助于我们处理目前和未来的问题”。[2] 真正的实用主义以解决实际问题为导向,能够冲破现有理论对实际问题的桎梏和束缚。但是,在我国环境执法实践中产生的这种以企业利益为导向的“实用主义”因为与法律法规要求考虑的主要因素相去甚远,[3]而失去了其本来的意义和价值。

其次,威慑型环境执法的执法效果低效化。对于如何评估执法的效

---

〔1〕 See Xiaoying Ma & Leonard Ortolano, *Environmental Regulation in China: Institutions, Enforcement, and Compliance*, Rowman and Littlefield, 2000, p. 232.

〔2〕 [美]理查德·A. 波斯纳:《超越法律》,苏力译,中国政法大学出版社2001年版,第4页。

〔3〕 根据《环境行政处罚办法》,环保主管部门行使自由裁量权的主要考虑因素有:(1)违法行为所造成的环境污染、生态破坏程度及社会影响;(2)当事人的过错程度;(3)违法行为的具体方式或者手段;(4)违法行为危害的具体对象;(5)当事人是初犯还是再犯;(6)当事人改正违法行为的态度和所采取的改正措施及效果。

能即执法的绩效评估(performance measurement)问题在我国环境法学界尚未有共识。绩效评估具有目的性,不同的评估目的在评估对象的选择、绩效的内涵、指标的选取、评价内容、组织方式和评估结果的应用等方面都会有所区别。而就环境执法的绩效评估而言,国际社会通常用"投入(inputs)—产出(outputs)—中间结果(intermediate outcome)—最终结果(final outcome)"这一逻辑模型来设计环境执法绩效评估的指标体系。[1] 投入即执法者为了执法而投入的资源,包括人力、财力和物力等;产出指的是执法者采取的执法行为和活动,包括执法检查的范围、数量,及罚款的数量和严厉程度等;中间结果即执法对象行为的改变,主要指的是企业的守法意识、守法行为和守法能力的改变;最终结果则主要指环境质量的改变。

在实践中,以荷兰为代表的一些西方国家从长期的执法实践中开发了一套分析执法效力和守法效果的系统方法,涵盖了立法、执法以及守法的方方面面。[2] 该方法在全面揭示违法行为背后的深层次和多重原因方面显示了巨大的优势,也为执法者提高执法效能提供了有益指导。单就影响执法效能的执法因子本身而言,执法机关的执法力度、执法范围、执法对象的选择、处罚概率和严重程度被认为是威慑违法者的重要因素。[3] 结合这两种评估方法,本书认为,由于环境质量的改变与执法行为之间的关系仅是一种弱相关,对威慑型环境执法方式的评估应当以改变企业环境行为为基础,围绕执法的有效性、执法效率、执法的公平性以及执法对守法者的正面激励效果等方面进行。

(1)单向执法导致执法有效性有限。执法的有效性即指实现特定执法目标的程度。威慑型环境执法认为执法者应当通过频繁执法与严厉处罚等方式来规制和改变企业违法行为,从而实现特定的环境管理目标(如

---

〔1〕 See International Network for Environmental Compliance and Enforcement, *Principles of Environmental Compliance and Enforcement Handbook*, 2009, 109.

〔2〕 参见王莹:《浅析荷兰等西方国家环境法律执法效力分析方法及其借鉴作用》,载《水利发展研究》2008年第3期。

〔3〕 参见《一个通用的工具:表十一》,由迪克·莱姆斯霍托博士与荷兰司法部联合为荷兰司法部而制定,2004年。

确保该企业污染物的排放达标)。然而,这种专注于单个企业环境行为的单向执法方式并未涉及如何有效地预防和减少环境违法行为,[1]也忽视了对企业环境守法和自身环境管理能力建设的引导和鼓励。同时,以个案为重点的环境执法也容易造成执法资源在空间上的失衡,[2]忽略了从"面"上解决环境违法的可能性。这种单向的以查处和处罚为核心的执法关系容易产生两种极端:第一种是由于信息的不对称性,使得特定环境管理目标的实现在某种程度上依赖于掌握信息和技术优势的企业的合作或者配合,两者之间的这种密切直接的关系互动容易导致实践中执法机关被污染企业"规制俘获",即被规制的企业利用其掌握的私有信息影响甚至控制执法机关的执法行为。[3] 执法机关在选择执法方式和执法严厉程度方面所具有的广泛自由裁量权进一步增加了规制俘获的可能性。[4] 第二种是由于我国环境法治传统的缺乏以及相关法律本身的模糊性和概括性,[5]一些执法机关可能滥用其自由裁量权,对企业进行频繁检查和顶格处罚而给企业造成不必要的困扰,影响其守法的积极性。[6] 机械、单一、粗暴的执法检查和处罚难以让企业感受到执法背后

---

[1] See Xue Lan, Udo E. Simonis, Daniel J. Dudek et al., *Environmental Governance in China*, *Report of the Task Force on Environmental Governance to the China Council for International Cooperation on Environment and Development* (*CCICED*), Discussion Papers, 2006.

[2] 参见胡宝岭:《中国行政执法的被动性与功利性——行政执法信任危机根源及化解》,载《行政法学研究》2014 年第 2 期。

[3] See Graham Wilson, *Social Regulation and Explanations of Regulatory Failure*, 32 Political Studies 203(1984).

[4] 参见余光辉、陈亮:《论我国环境执法机制的完善——从规制俘获的视角》,载《法律科学》2010 年第 5 期。

[5] See Benjamin van Rooij, *The Enforceability of Chinese Water Pollution Regulations*, *What Room for Improvement*?, 43 China Perspectives 40(2002).

[6] See Yee Wai-Hang, Shui-Yan Tang & Carlos Wing-Hung Lo, *Regulatory Compliance When the Rule of Law is Weak*: *Evidence from China's Environmental Reform*, 26 Journal of Public Administration Research and Theory 95(2014).

的道德力量和法律正当性。[1] 无论上述哪种情况,都可能导致企业的违法行为没有得到有效的纠正,无法达到预期的环境执法效果和环境管理目标。

(2)执法和守法因果关系错位导致执法效率不高。威慑型环境执法假定企业是不负责任的市场主体,总是消极地采取环境行为,企业的守法与否取决于执法机关的严格执法状况,而执法机关则承担着查处并惩罚企业违法行为的责任。这种假设事实上颠倒了企业守法与政府执法的因果关系,忽视了企业作为环境关系主体的差异性以及其在有利的政策和法律环境中采取积极环境行为的可能性。在实践中,一方面,由于企业环境行为和违法活动具有多样性和复杂性,单纯地依赖执法机关的监督和处罚会导致执法成本飙升;另一方面,环境执法机关由于本身人员数量有限、力量薄弱、资金有限和执法能力有限等原因无法对所有的企业进行监管或者处罚。部分案例显示,被查处和处罚的污染企业往往把原因归结于偶然性因素而非自身对环境法律的违反,导致企业主动守法的内在动力被弱化。同时,环境治理的公共属性促使执法机关倾向于采取"运动式"或"风暴式"的执法方式,以最大限度地发现并处罚企业的违法行为。但这种单一行政主导的执法方式可能环境执法效率不高,大量企业游离于环境法律的监管盲区,而且所取得的执法效果若不能转化为常态化治理机制也并不具有可持续性,[2]将导致环境管理的目标难以实现,也无法培养企业的守法意识和能力。

(3)选择性执法导致执法公平性缺失。由于执法资源和执法能力的有限性,执法主体和执法对象不可能是一对一的对称关系,这决定了环境执法只能是一种选择性执法(selective law enforcement),即执法主体根据情势变化,针对不同的执法对象,运用法律所赋予的自由裁量权,采取灵活的执法方式。[3] "就其本质而言,选择性执法属于行政裁量权

---

[1] 参见喻玲:《从威慑到合规指引——反垄断法实施的新趋势》,载《中外法学》2013年第6期。

[2] See Benjamin van Rooij, *Implementation of Chinese Environmental Law: Regular Enforcement and Political Campaigns*, 37 Development and Change 57(2006).

[3] 参见戴治勇:《选择性执法》,载《法学研究》2008年第4期。

范畴。"[1]依法进行的选择性执法作为一种灵活的执法策略,可以通过执法对象和手段的合理选择实现执法资源威慑效果的最大化。例如,根据2014年修订的《环境保护法》的规定,针对那些污染严重,影响广泛的重点排污单位的重点执法,可以以第三方可观察或可证实的违法后果实现对潜在违法者的威慑,进而实现法的普遍正义和个别正义。然而,选择性执法威慑效果的发挥以执法本身的权威性、认可度和信赖度为基础,以较高的违法成本和违法查处概率为条件。而在我国当前的环境法治实践中,存在法律规范约束效力待强化、违法成本和违法被查处概率尚需提升,以及部分重点污染企业与属地管理部门存在利益关联等问题,选择性执法不仅会影响执法的公平性,也会增加政府被利益俘获的可能性。实践中存在的区别对待、同案异罚和裁量失衡等现象都是环境执法公平性不足的表现。基于我国"不患寡而患不均"的传统文化认知,执法尺度不统一更容易对企业造成消极懈怠、投机主义以及利益"寻租"等负面影响。

(4)环境执法和守法的难度增加。由于假定企业为追求利润最大化、对环境不负责任的理性经济主体,我国通过制定大量、复杂,且其中的一些存在落实难度的法律法规,对企业行为提出要求或设定界限。为了落实2014年修订的《环境保护法》,我国又发布了不同层级和效力的政策、地方性法规、规章、司法解释以及规范性文件等配套法律、文件。而且,由于环境问题的不断涌现、环境技术、环境标准和环境理念的不断更新和发展,我国的环境法律也在不断地制定、修改和废止。在此过程中,不同时期制定的法律规范之间可能存有冲突,这种现象既可能增加执法主体在选择适用法律时的研判难度,也可能导致企业在守法认知层面的模糊空间,加大了政府执法和企业守法的难度。而较低的守法水平又将导致更为广泛和严厉的威慑型手段的采取,影响了企业自觉守法的内生动力。

以上分析证明,一段历史时期以来,我国的环境执法无论是在有效性、效率性还是在公平性方面与庞大的环境法律体系相比都存在提升空间。[2] 这固然与环境立法的待完善之处不无关联,然而环境执法过程中

---

[1] 徐文星:《警察选择性执法之规范》,载《法律科学(西北政法大学学报)》2008年第3期。

[2] 参见郄建荣:《八大立法问题亮出环保软肋》,载《法制日报》2006年12月28日,第4版;毛如柏:《我国的环境问题和环境立法》,载《法学评论》2008年第2期。

手段的单一以及执法机关对执法对象的认识不足也在责难逃。因此,我们需要由下而上、由表及里地对威慑型执法的假设基础、内在逻辑和设定条件进行反思和剖析,探究其执法困境的原因所在。

(二)环境监管运动式执法的常态化

与不断丰富的环境立法和不断扩充的环境监管权力相对应的是环境执法的顽固困境与环境质量的持续恶化。我国的环境监管体系尚未形成稳定的制度理性,其典型表现之一便是运动式治理或执法的反复出现。运动式治理与常规型治理机制相对应,是指国家为了完成特定任务或实现特定目标,通过政治动员方式来组织资源、制定或实施政策或法律。[1] 运动式治理的突出特点是(暂时)打断、叫停科层体制中各就各位、按部就班的常规运作过程,意在替代、突破或整治原有的科层体制及其常规机制,代以自上而下、政治动员的方式来调动资源、集中各方力量和注意力来完成某一特定任务。[2] 冯仕政认为,运动式治理的发生一般需具备三个条件:“一是国家对社会改造有强烈抱负或面临强大的绩效合法性压力,因而对社会改造的态度比较积极甚至激进;二是国家的基础权力严重滞后,致使国家无法通过制度化、常规化和专业化途径实现社会改造目标,不得不采用运动这样的激进手段;三是国家的专断权很大,在采用激进手段时无需经过社会同意,社会也无法制约。”[3] 在我国环境立法尚不健全以及环境执法力量薄弱的背景下,这一观点可以帮助我们理解我国环境监管中的运动式执法,当严峻的环境问题威胁到经济发展和社会稳定,而当下的环境法律和管理体制无法直接制约地方政府或污染企业的行为时,一场风暴式执法就应运而生。

运动式治理在我国有复杂的历史原因和很强的制度惯性,是长期以

---

〔1〕 参见戚建刚、余海洋:《论作为运动型治理机制之“中央环保督察制度”——兼与陈海嵩教授商榷》,载《理论探讨》2018 年第 2 期。

〔2〕 参见周雪光:《权威体制与有效治理:当代中国国家治理的制度逻辑》,载《开放时代》2011 年第 10 期。

〔3〕 冯仕政:《中国国家运动的形成与变异:基于政体的整体性解释》,载《开放时代》2011 年第 1 期。

来环境法体制外挂于经济体制的结果，同时也源于中央权威与地方权力之间此消彼长的博弈关系。从组织学的角度看，中央与地方政府存在着一种委托—代理制关系，当作为委托方的中央政府通过有计划的、可预期的、法治化的常规型环境治理机制难以达到环境治理绩效目标时，就会采用运动型治理机制进行纠偏或实现特定的目的。[1] 因此，从某种意义上说，运动式治理是中国国家治理逻辑的重要组成部分。[2] 这种执法方式依靠政府短期内最大限度地动用人力、物力和财力等自身资源，对某些“久治不愈”的环境顽症进行集中的清理整顿，如各种“集中整治”“专项治理”“突击执法”“特别行动”等。例如，在2005年“松花江事件”之后，原国家环保总局展开了全国范围的环境风险大排查，给中石油、中石化等央企开出多张罚单和整改通知。2007年，原国家环保总局又叫停了80多家涉及钢铁、电力、冶金等领域、总投资超过千亿元的大项目。从2014年开始，以中央环保督察与环保约谈为代表的新型运动式治理方式成为我国环境治理的焦点。虽然环保风暴的监督对象是企业，而环保督察与环保约谈的监督对象主要是地方政府党政负责人，但是其核心的制度逻辑是一样的，都是对常规执法机制失灵的一种应对措施，是一种非常态化执法。

从治理效果来看，这种疾风骤雨式的执法方式与治理运动往往能够使违法企业的环境违法行为在随后的一段时间内有所收敛，环境质量获得一定程度的提高，但这种效果并不具有可持续性，也并不能发现并填补环境保护管理的漏洞。[3] 例如，实践中，无论针对企业还是政府，环保督察的效果并不具备长久性，中央政府需要通过不断实施环保督察“回头看”的政策来防止企业和地方政府违法行为的“死灰复燃”。更重要的是，这种执法方式因可能存在事前甄别失灵、事中监管虚置以及事后对执法懈怠的“运动式”补救而可能会导致行政执法程序问题，也损害了执法

---

〔1〕 参见戚建刚、余海洋：《论作为运动型治理机制之“中央环保督察制度”——兼与陈海嵩教授商榷》，载《理论探讨》2018年第2期。

〔2〕 参见周雪光：《中国国家治理的制度逻辑——一个组织学研究》，生活·读书·新知三联书店2017年版，第215页。

〔3〕 参见曹凤中：《环境保护运动式执法模式剖析》，载《中国环境法治》2007年第00期。

对象的合理预期。[1] 因此,这并不是解决环境问题的长效机制。同时,运动式执法以实现特定的环境保护目标为目的,若不考虑实现该目标的经济和技术可行性,可能会引发经济危机和社会动荡。2015 年年初,时任临沂市市长在被环保约谈后,在短时间内限期治理 412 家企业,停产治理 57 家企业,这种急转弯式的铁腕治污方式,由于并没有充分考虑企业改正环境行为的时间跨度和经济技术可行性而引发了严重的债务危机,反而给当地带来了更严峻的环境危机。[2] 运动执法不仅导致了"违法—查处—再违法—再查处"的恶性执法循环,[3] 加剧了执法的成本,破坏了企业对法律的信任和期待,也助长了企业对守法的投机心理。此种方式也因强烈的人治色彩、形式主义、工具主义以及对法治精神的违背等问题遭受了来自各界的批评。[4]

在我国环境法治发展初期,囿于环境利益的弱势地位、环境立法的不足和环境管理体制的局限,这种运动式执法具有天然的优先性、必然性和无奈性。生态文明体制改革以来,我国的环境立法和管理体制已经得到大幅度改善,生态环境监管部门的地位也得到了根本的提升,因此理论上应该尽可能减少此种方式的使用。然而,尽管党的十八大特别强调制度,尤其是法律制度对于生态文明保护的重要意义,以环保督察与环保约谈为代表的新型运动式执法在现阶段依然是我国环境监管执法的常态。以环保约谈为例,2014 年 5 月,原环境保护部制定了《环境保护部约谈暂行办法》(2020 年生态环境部对《环境保护部约谈暂行办法》进行了修订,形成《生态环境部约谈办法》),对环保约谈的概念、启动情形、约谈程序以及整改措施作了明确的规定。根据修改后的办法,环保约谈是指生态环境部约见未依法依规履行生态环境保护职责或履行职责不到位的地方政

---

[1] 参见吴元元:《双重博弈结构中的激励效应与运动式执法——以法律经济学为解释视角》,载《法商研究》2015 年第 1 期。

[2] 参见孙利荣:《临沂治污急转弯:环保约谈后关停 57 家企业,引千亿债务危机》,载澎拜新闻网 2015 年 7 月 2 日,https://www.thepaper.cn/newsDetail_forward_1347676。

[3] 参见曹凤中:《环境保护运动式执法模式剖析》,载《中国环境法治》2007 年第 1 期。

[4] 参见唐贤兴、余亚梅:《运动式执法与中国治理的困境》,载《新疆大学学报(哲学人文社会科学版)》2009 年第 2 期。

府及其相关部门负责人,或未落实生态环境保护主体责任的相关企业负责人,指出相关问题、听取情况说明、开展提醒谈话、提出整改建议的一种行政措施。这种由中央环保部门发起的非常规行政问责方式,试图以"督政"方式来推动地方政府更好地"督企",以更积极地履行环保责任。[1]该执法方式提出以后,迅速得到了广泛使用。例如,2015 年原环境保护部对 33 个市(区)开展了综合督察,公开约谈了 15 个市级政府主要负责人;各地对 163 个市开展了综合督察,对 31 个市进行了约谈。[2] 约谈涉及企业违法情形严重、政府履责不力、信息公开不足、环境质量不达标以及发生环境污染事件等多种情形。2018 年被约谈的地方政府则高达 27 个,主要是由于大气治理工作不到位、自然保护区管理不严格和非法倾倒固废等原因。[3] 约谈被称为督促地方政府解决环境问题、落实政府环境质量责任的"一颗最厉害的牙齿、一剂猛药、一把利器、有力抓手"。[4] 这些词语无不充斥着运动式治理的强烈特征。

近几年来,一些运动式执法在法律层面获得了某种程度的授权。环保约谈制度最早通过 2015 年修订的《大气污染防治法》进入环境立法。随后修改或制定的生态环境领域立法中均规定了约谈制度,如《水污染防治法》、《土壤污染防治法》、《森林法》、《长江保护法》、《湿地保护法》以及《噪声污染防治法》。其中,《大气污染防治法》与《水污染防治法》中环保约谈适用的情形相对狭窄,如《大气污染防治法》中规定,环保约谈适用的对象仅包括超过国家重点大气污染物排放总量控制指标或者未完成国家下达的大气环境质量改善目标的地区,并通过区域限批与公开约谈的方式对环保约谈的实施予以保障。但在土壤污染、森林保护、长江保护与湿地保护领域,相关问题突出、保护工作不力、群众反映强烈等情形下,均

---

[1] 参见竺效:《论新〈环境保护法〉中的环评区域限批制度》,载《法学》2014 年第 6 期。

[2] 参见环境保护部:《2015 年中国环境状况公报》,载中华人民共和国生态环境部网 2016 年 6 月 2 日,https://www.mee.gov.cn/hjzl/sthjzk/zghjzkgb/201606/P020160602333160471955.pdf。

[3] 参见经济日报:《2018 年共有 27 个地方政府被约谈　环保约谈问责持续发力》,载中华人民共和国中央人民政府网,https://www.gov.cn/xinwen/2019-01/07/content_5355429.htm。

[4] 汪太贤、陈应珍:《环保督政约谈的祛魅与重塑》,载《河北法学》2018 年第 11 期。

可以启动约谈。然而,这些法律对于约谈权力运行的法律程序、整改措施的评价标准以及相应整改行为的法律后果并未作出规定,事实上也很难进行明确的规定。加之从严格意义上讲,约谈机制并没有基于科层制所赋予的合法性,因而也不可能建立基于科层制的监督问责机制以及司法审查机制。笔者认为,究其本质而言,环保约谈某种程度上仍然具有通过官方文件开展运动型治理的传统行为特征。[1] 换句话说,这种执法方式依然存在着巨大的不确定性,无法为被监管对象提供稳定的法律预期,从而可能构成对环境法治的破坏。

此外,环保督察、环保约谈等运动式执法手段与科层制的常规机制之间存在内在的紧张关系。[2] 常规机制构筑在层级分明、按部就班的组织架构上,表现为依照科层理性和程序规则的稳定性、重复性的例行活动。[3] 环保督察与环保约谈则强调超越常规,通过自上而下的权力叫停、打断、纠正甚至替代原科层体制中的常规机制。可能导致对现有环境监管体系的一种入侵与不当干预,进而削弱科层体制的稳定性和效率。环境治理是一项复杂系统工程,涉及政治、经济、社会等多方面,以及政府、企业、公众等多主体,应在科学论证、充分协商的基础上形成各方都能接受的解决方案。[4] 环保约谈因其紧急性往往不能形成科学的治理方案,因此,长久来看并不利于环境问题的解决。

有学者从协商理论以及回应型执法等视角出发,认为环保约谈制度是一种新型环境行政方式或实施制度,提高了政府环境执法的效能,重塑了政府的环保责任体系。[5] 还有学者从规范视角来看,认为行政约谈制度作为一种理性工具,存在立法冲突、不确定法律概念适用、法律责任不

---

[1] 陈海嵩:《环保督察制度法治化:定位、困境及其出路》,载《法学评论》2017 年第 3 期。

[2] 参见郭施宏:《中央环保督察的制度逻辑与延续——基于督察制度的比较研究》,载《中国特色社会主义研究》2019 年第 5 期。

[3] 参见郭施宏:《中央环保督察的制度逻辑与延续——基于督察制度的比较研究》,载《中国特色社会主义研究》2019 年第 5 期。

[4] 参见郝亮等:《环保约谈对政策执行"中梗阻"的疏通机制研究:以临沂市为例》,载《中国环境管理》2017 年第 1 期。

[5] 参见卢超:《社会性规制中约谈工具的双重角色》,载《法制与社会发展》2019 年第 1 期。

明、相对人的权利义务不明确以及权利救济途径缺失等问题,因而需要对其进行法治化构建,使其成为环境治理体系的一部分。[1] 然而,本书认为,无论是环保督察还是环保约谈,其作为一种非常规性执法手段,具有运动式执法的典型特征,只应作为常规性环境执法的例外而存在。其应随着环境法治的不断完善,在纠正常规机制中存在的问题和完成既定目标后阶段性淡出历史舞台。因此,讨论的核心应该是提高现有执法工具的规范化程度,限制该手段的滥用,而非致力于对运动式执法手段的法治化构建。

三、环境监管的司法监督困境

我国环境监管长期以来具有非常明显的行政中心主义的特征,具体表现为环境法律与行政法规都以向政府及其职能部门授权为主要内容,以企事业单位为规制与监督对象,法律实施则主要依赖行政权力的运作以及科层体制内部的问责机制,缺乏相应的司法监督。近几年来,随着环境司法化的发展,特别是环境保护公益诉讼机制的引入,包括法院与检察院在内的司法系统深度介入环境保护议题。但是实践研究发现,司法监督对行政机关的权力制约仍然存在种种问题。当前的行政诉讼既包括行政相对人与利害关系人基于私益提起的行政诉讼也包括检察机关提起的行政公益诉讼,两者都是对政府环境监管行为提起的诉讼,因此本部分将通过法律规范和案例的分析来观察当下的司法监督机制是否有效提高了环境监管权力的规范化程度。

(一)环境行政私益诉讼的现状及问题

1. 环境行政私益诉讼的现状

随着公众环保意识的增强和环境司法的发展,越来越多的环境纠纷通过法院司法程序解决。其中便有大量由利益相关人或行政相对人提起的针对环境规制措施的诉讼。行政诉讼使公民能够对行政机关决定的一致性、实体或程序合法性、任意性和其他不当性提出疑问。它提供了一个

---

〔1〕 参见郭少青:《环境行政约谈初探》,载《西部法学评论》2012 年第 4 期;郑雅莉、何伟日:《纠偏与规制:试论环保行政约谈制度的完善》,载《成都行政学院学报》2016 年第 2 期。

观察和了解行政机关如何行使权力的重要视角。一个良好的行政诉讼机制和诉讼形态可以起到震慑政府违法行为、促使政府更好地依法履行职责的作用。2017 年《行政诉讼法》的修订及司法解释的颁布，逐步扩大了行政行为的审查范围，明确和放宽立案条件，降低利害关系人诉讼资格的要求，加大对被告的影响力。[1] 例如，《行政诉讼法》第 3 条规定，被诉行政机关负责人应当出庭应诉。不能出庭的，应当委托行政机关相应的工作人员出庭。这一关于行政首长出庭应诉制度的规定不仅有利于妥善解决行政争议，对提高行政执法的法治化水平也大有裨益。当然，《行政诉讼法》也有其不完善之处，如其只允许对行政规范性文件进行附带性审查，[2]这导致原环境保护部制定的大量规章被排除在司法审查之外。[3]而规章常常是在具体环境执法中使用较为频繁的法律依据。就生态环境部制定的规范性文件而言，其在解释环境法律法规、明确规制规则中发挥了重要作用，但由于缺乏有力的司法审查，存在规范性文件制定程序随意，超越法定职权限制公民权利、增设公民义务，抵触上位法以及内容不合理、不适当等失序失范现象。[4]

根据最高人民法院印发的《关于行政案件案由的暂行规定》，二级行政案由有 22 种之多，但其中行政处罚与行政许可案件的数量一直占据各

---

[1] See Wei Cui et al., *Judicial Review of Government Actions in China*, 1 China Perspectives 35(2019).

[2] 《行政诉讼法》第 53 条规定："公民、法人或者其他组织认为行政行为所依据的国务院部门和地方人民政府及其部门制定的规范性文件不合法，在对行政行为提起诉讼时，可以一并请求对该规范性文件进行审查。前款规定的规范性文件不含规章。"

[3] 例如，为了实施 2014 年《环境保护法》，原环境保护部连续发布了《环境保护主管部门实施按日连续处罚办法》《环境保护主管部门实施查封、扣押办法》《环境保护主管部门实施限制生产、停产整治办法》《企业事业单位环境信息公开办法》四个配套办法并与新法同步实施。

[4] 参见黄学贤：《行政规范性文件司法审查的规则嬗变及其完善》，载《苏州大学学报（哲学社会科学版）》2017 年第 2 期。按照我国《环境影响评价法》的授权，"建设项目的环境影响评价分类管理名录，由国务院环境保护行政主管部门制定并公布"。名录中对敏感区的定义，以及对报告书/报告表/登记表范围的界定在某种程度上直接影响了企业和受影响公众的权利或利益。但在实践中，原环境保护部的名录制定和修改权力并没有受到有效的司法监督。

类行政诉讼案件数量的前列。[1] 有学者研究发现,在所统计的27件环境行政诉讼的典型案例中,行政处罚类案件有17件,占全部案件的63%,排名第二的便为行政许可案件。[2] 同时,行政处罚与行政许可是最为常见的两类具体行政行为,排污许可与环评审批这种事前预防类的监管制度的核心均是行政许可,而违反这两类制度的法律责任均有行政处罚,因此将分析的焦点聚焦这两类诉讼案件,以大致窥见我国司法机构在监督政府行为方面的作用。

此处仍然选取环评制度作为切入口,通过分析环评诉讼中的行政许可与行政处罚案件来观察司法对于环评制度实施的审查与监督。环评相关诉讼具有极高的代表性,首先,环评制度是我国环境监管体系中的核心制度。环评也是所有的环境监管制度中唯一有单独立法——《环境影响评价法》的制度,并有两个条例(《建设项目环境保护管理条例》《规划环境影响评价条例》)以及两个办法(《环境影响评价公众参与办法》《建设项目环境影响后评价管理办法》)予以配套实施,足见其在我国环境监管体系中的中坚地位。同时,无论是《环境保护法》还是水、大气、土壤等污染防治类单行法,都对环评制度进行了明确规定。其次,所有对环境产生影响的建设项目都要编制环境影响报告书或者报告表并获得生态环境主管部门的环评审批之后才可以开工建设。而未批先建的建设项目需要承担罚款等行政处罚的法律责任。因此,环评审批权和行政处罚权是生态环境主管部门的核心监管权之一,对相关案例的分析不仅可以观察环境监管权的运行情况,于司法权对监督权的监督情况也具有一定的代表性意义。

根据对2015年之前收集的环评案例与2016年至2021年收集的环评案例的分析,[3]环评行政处罚案件多数由建设单位提起,而环评行政许

---

[1] 参见吕忠梅、张忠民:《环境司法专门化与环境案件类型化的现状》,载《中国应用法学》2017年第6期;耿宝建:《行政处罚案件司法审查的数据变化与疑难问题》,载《行政法学研究》2017年第3期。

[2] 参见刘长兴:《环境行政案件司法审查的多维审视:以典型案例为对象》,载《南京工业大学学报(社会科学版)》2020年第3期。

[3] 之所以以2015年作为分界线,是因为2015年施行的新《环境保护法》删除了2003年《环境影响评价法》中关于允许未批先建的建设项目限期补办的规定。2016年《环境影响评价法》进行了修改,同样不再允许未批先建的建设项目补办环评,并且提高了未批先建的罚款额度。

可案件由利害关系人提起。[1] 在本书所收集的案件中,有超过35%的案件判决环保部门履职不当,主要包括未履行审查职责、对利害关系人权益保护不足、罚款依据不足和程序违法。[2] 这与其他学者对环境行政处罚的研究结论较为一致。行政机关败诉的主要原因包括证据不足、适用法律法规错误、违反法定程序以及处罚明显不当。[3] 以上比例之高令人咂舌,集中反映了行政机关不依法履行职责的普遍性,也侧面反映了完善司法审查制度,加强对行政行为监督的重要性。本书将主要对利害关系人的诉讼资格以及法院的司法审查进行分析,前者决定谁可以基于何种请求权基础对行政机关提起诉讼,后者则主要关注法院根据何种标准对行政行为进行司法审查。

2. 公众参与以及利害关系人的原告资格

在讨论行政诉讼时,第一个核心问题便是诉讼资格问题,特别是利害关系人的诉讼资格问题。然而,对于利害关系人的界定,我国立法和司法实践尚存在诸多问题。在环评诉讼中,利害关系人的诉讼资格高度依赖于环评程序中的公众参与。作为环评制度的基石之一,公众参与对于提供有关拟议项目潜在影响的信息以帮助决策者更好地作出理智的环境决策至关重要。[4] 公众参与并非意欲实现公众的所有利益,而是要求公众的环境利益诉求在行政机关作出建设项目环评审批决定的时候被审慎考虑。因此,公众能否有效参与环评,很大程度上取决于是否存在明确的公众参与程序以及足够的司法救济途径。环评制度中的公众参与主要存在

---

[1] See Zining Jin, *Environmental Impact Assessment Law in China's Courts: A Study of* 107 *Judicial Decisions*, 55 Environmental Impact Assessment Review 35 (2015); Xiangbai He & Hao Ouyang, *Evaluating EIA Implementation in China: An Empirical Study of* 161 *EIA Judicial Cases*, 100 Environmental Impact Assessment Review 107075 (2023).

[2] See Xiangbai He & Hao Ouyang, *Evaluating EIA Implementation in China: An Empirical Study of* 161 *EIA Judicial Cases*, 100 Environmental Impact Assessment Review 107075 (2023).

[3] 参见吴卫星、周嘉敏:《环境行政处罚司法审查被告败诉考——基于122起环境行政处罚诉讼案件的实证分析》,载《南京工业大学学报(社会科学版)》2021年第3期。

[4] See Yuhong Zhao, *Public Participation in China's EIA Regime: Rhetoric or Reality?*, 22 Journal of Environmental Law 89 (2010).

于环评文件编制阶段与审批阶段。根据《环境影响评价法》及《环境影响评价公众参与办法》(以下简称《公参办法》)的规定,编制阶段的公众参与仅限于应当编制环境影响报告书的项目,而公众参与的主体则根据《环境影响评价法》第21条第1款与《环境保护法》第56条第1款的规定明确为“有关单位、专家和公众”及“受影响的公众”。在环评审批阶段,根据《行政许可法》第47条的规定,环评审批直接涉及申请人与他人之间重大利益关系的,利害关系人享有要求听证的权利。因此,无论公众对环评报告本身的公众参与程序有疑问提起诉讼,还是针对环评审批本身提起诉讼,都将涉及利害关系人的判断。

然而,即便立法经过多次修改,力图尽可能地提高环评中公众参与规则的明确度,但是模糊的概念仍然存在,司法实践的不统一亦是常态。首先,从公众参与的主体来看,对环评报告书项目中何为“有关”与“受影响”,立法上并未提供一个明确的标准。《公参办法》第5条确定了以“环境影响评价范围内”为判断基准的“地域标准”,即认为只要位于拟建项目的环评范围之内,相当于“受影响”。在一些案件中,法官会依据地域标准来判断诉讼资格,在地域标准以内即等于受影响,进而具有诉讼资格;反之,则无诉讼资格。例如,在王某香等人诉山西省环境保护局案〔1〕中,二审法院认为,原告因其承包土地位于拟建项目的环评范围内而具有诉讼资格。而在周某敏等人诉北京市环保局案〔2〕中,由于原告居住的小区距离项目200米,超出了建设项目的环评范围,因此法院否认了原告的诉讼资格。然而,对于环评范围以外的公众若受到影响,是否可以要求公众参与并获得相应司法救济的问题,立法并未给出答案。除了以上距离标准,实践中,法官也会高度依赖相邻关系来判断利害关系。最高人民法院《关于适用〈中华人民共和国行政诉讼法〉的解释》将相邻关系确定为判断“是否有利害关系”的标准之一。根据笔者收集的案例,在利害关系人提出的28件环评案件中,法院采用相邻关系标准判断资格的案件有17件。在裁判说理部分,法院据以判断相邻关系的依据有“相邻”“周边”“毗邻”“紧密相连”“临近”“仅一条马路之隔”“沿线”“相隔不远”“距离

---

〔1〕 参见山西省高级人民法院行政裁定书,(2017)晋行终952号。

〔2〕 参见北京市第二中级人民法院行政裁定书,(2017)京02行终866号。

较近”等多种表述。然而,研究已经证明,相邻关系制度在环境利益受到损害时已经不能够满足救济的需要,必须对其加以调整。[1]

其次,从公众参与制度所要保护的利益来看,《环境影响评价法》与《公参办法》中对需要开展公众参与的规划的范围规定是“可能造成不良环境影响并直接涉及公众环境权益”,对建设项目需要进行公众参与的要求则是“对环境可能造成重大影响、应当编制环境影响报告书的建设项目”,由此产生的问题是,何为环境权益?建设项目的影响中受影响的权益为何?是否与规划一样,也是环境权益?在笔者所收集的28件利害关系人提起的环评审批案件中,只有2件案件,法院承认了环境利益。如果将合法权益仅限制于传统的人身权与财产权,将无法救济那些生活环境受到严重影响,但尚未产生直接人身或财产权益损失的利害关系人。

最后,从需要开展公众参与的项目范围来看,需要编制环境影响报告表或登记表的项目是否需要遵守公众参与的程序要求?实践中,有的法院直接依据《环境影响评价法》否认编制报告表的建设项目的公众参与义务,[2]而有的法院则会依据《行政许可法》认为编制报告表的项目会对“相邻利害关系人的生产、生活造成严重损害、妨碍,且违反法律禁止性规定或超过利害关系人必要的容忍限度的,应当认定为具有重大利益关系”,因此需要履行公众参与义务,告知原告具有陈述、申辩和听证的权利。[3] 这种类案不同判的情形不仅不利于利害关系人的权益救济,也会导致行政机关的审批行为无法得到有效制约。

3. 司法审查的标准

根据《行政诉讼法》第70条的规定,法官一般从证据是否充分、行政机关是否正确适用法律、是否遵循法定程序、是否在其法定权限内行使权力、行政行为的内容是否恰当五个方面审查行政行为的合法性。这一审查内容可以具体分为程序审查与实体审查。法院在对环评决定进行司法审查时,偏重程序性审查,缺乏应有的审查力度,导致对行政行为的监督较为有限。就程序审查而言,我国《行政处罚法》对行政处罚的程序作出

---

[1] 参见王明远:《相邻关系制度的调整与环境侵权的救济》,载《法学研究》1999年第3期。

[2] 参见江苏省盐城市中级人民法院行政判决书,(2014)盐环行终字第2号。

[3] 参见辽宁省沈阳市中级人民法院行政判决书,(2016)辽01行终160号。

了规定,《行政许可法》与《环境影响评价法》也对环评审批的程序作出了规定。例如,根据我国《环境影响评价法》的规定,在环评报告书编制的过程中涉及公众环境权益的,应当组织公众参与。在利害关系人提起的环评审批诉讼中,主要争议焦点便是环评审批是否充分保障了公众的知情权和参与权。案例研究发现,很多案件中环保部门败诉的原因即在于其在作出环评审批决定时,没有将项目的信息告知潜在利害关系人,或者没有履行一定的公众参与程序。[1] 在笔者所收集的环评案例中,虽然在28件利害关系人提起的诉讼中法院承认原告诉讼资格的案件高达22件,但是这22件案件中,法院仅在4件案件中支持了原告撤销环保部门的行政行为或确认行政行为是违法行为的诉讼请求。一般来说,大多数法院对于公众参与的审查依赖于明确的立法规定来确定是否遵守了公众参与的最低强制性要求。例如,在环评文件编制阶段,应编制环评报告书的项目负有公众参与的强制性义务。然而,相关法律法规并未明确公众参与的形式。我国《环境影响评价法》第21条规定,"举行论证会、听证会,或者采取其他形式,征求有关单位、专家和公众的意见"。然而,"或者采取其他形式"这一表述使得前两种形式,特别是听证会的形式可以被堂而皇之地规避。[2] 最便捷,但也最易于操纵的"调查问卷"成为实践中采用最多的公众参与方式,即便是投资数十亿元、上百亿元且明显会对环境产生重大不良影响的建设项目,如水电站,也往往采用调查问卷的方式代替真正的公众意见。[3] 在王某香等人诉山西省环境保护局案[4]中,原告

---

〔1〕 See Xiangbai He & Hao Ouyang, *Evaluating EIA Implementation in China: An Empirical Study of* 161 *EIA Judicial Cases*, 100 Environmental Impact Assessment Review 107075 (2023).

〔2〕 参见唐明良:《公众参与的方式及其效力光谱——以环境影响评价的公众参与为例》,载《法治研究》2012年第11期。

〔3〕 2018年11月13日生态环境部公布了7个水电、流域治理等建设项目的环评文件,这7个建设项目的投资均在亿元以上,有的甚至高达200多亿元,然而,这些建设项目的公众参与方式毫无例外都是调查问卷。参见《生态环境部关于西藏自治区多雄藏布帕孜水利枢纽及配套灌区工程等7个建设项目环境影响评价文件拟进行审查公示》,载中华人民共和国生态环境部网2018年11月13日,https://www.mee.gov.cn/ywgz/hjyxpj/jsxmhjyxpj/nscxmgs/201811/t20181113_673558.shtml。

〔4〕 参见山西省高级人民法院行政判决书,(2018)晋行终646号。

主张应撤销对项目的环评审批,因为项目开发商在编制阶段所做的问卷调查不足以算是公众的有效参与。法院驳回了这一主张,理由是项目开发商通过发放问卷和信息披露,已经算是明确的公众参与,而不论其具体参与形式。简言之,除非相关法律有明确规定,否则法院通过适用相关规则支持公众参与的态度可能较为消极。然而,如果没有充分有效的公众参与,环评审批的合法性就会备受质疑,这将进一步阻碍环评制度的有效实施。

在法院对环评审批进行司法审查时,一个值得注意的现象是,由于1989年的《行政诉讼法》并未对"程序轻微违法"作出明确规定,而程序违法通常会致使行政行为被撤销,因此,法院在审查程序问题时,在一些案件中采用了"程序瑕疵"或"程序不完备"等表述,来描述那些未对个人权利或利益产生实质性影响的轻微程序违法。2014年和2017年《行政诉讼法》修改后对这一实践中的问题作出了规定:行政行为程序轻微违法,但对原告权利不产生实际影响的,法院判决确认违法,但不撤销行政行为。但在对公众参与进行审查时,法院通常侧重形式审查,作出"程序不违反法律规定""程序轻微违法不影响实体决定""程序轻微违法不足以影响被诉行政行为的合法性""程序轻微违法不足以影响原告的权利"的认定。[1] 值得探讨的是,如何界定"程序轻微违法",那些本来应该有听证权却没有参加听证的是否属于程序轻微违法?若利害关系人没有参与行政决定过程,如何判断此情况不会影响行政行为的合法性或者原告的权益?该法律术语界定的模糊性导致了司法实践中标准不统一,也为审判机关保留行政行为效力提供了裁量空间。

在环评诉讼涉及环评文件本身的科学性,环评数据的真实性、可靠性、完整性,以及环评审批的合理性时,往往要求司法机关进行实质审查。无论是环评审批还是对未批先建行为的处罚,都涉及一定的专业知识和技术判断,主要包括环评文件类型的确定、评价范围和评价标准的确定是否属于重大变动的判断,环境影响预测与评价以及环评结论。由于法官缺乏相应的专业知识和训练,在对涉及这些专业性知识的环评行政行为

[1] 阮丽娟:《环评审批的司法审查之困境与克服》,载《政治与法律》2017年第10期。

进行审查时相对较为克制,将司法审查的焦点放在环评文件的编制和审批程序是否符合相关法律法规。换句话说,法院侧重于审查行政行为的程序合法性,而对行为的实质合理性或适当性的审查介入较少。具体而言,在行政处罚类案件中,专业知识运用较为集中之处当属“是否属于建设项目的判断”“建设项目环评类别的确定”“是否构成重大变动”三个方面。在笔者收集到的案件中,关于上述三个方面的争论,法院均支持了行政机关的意见。例如,在安徽东瑞塑业有限责任公司与巢湖市环境保护局环境保护行政管理案[1]中,相对人认为废基膜造粒生产线为生产环节,而非生产项目。环保机关则认为,相对人提交的环评文件中,工序不包括造粒,因此相对人称造粒生产线是一道工序,不是单独的项目无事实依据。法院在裁判说理部分仅表示“上诉人认为废基膜造粒生产线项目是预涂膜基膜生产线项目一道工序的上诉理由本院不予支持”,并未做进一步的说明,即默认赞同环保机关的判断。

相较于处罚类案件,在环评审批类案件中,法院对于科技专业性问题的态度更为慎重。部分法院虽会借助技术标准对相关的技术性问题进行审查,但仅限于对技术标准的技术性校准。如在王某与湖南省生态环境厅案[2]中,王某主张涉案报告表未选取有代表性的不同楼层设置监测点,违反技术规范。对此,法院根据《声环境质量标准》中关于“测点选择”的规定认为,涉案项目声环境评价范围符合技术规范的要求,王某要求对不同楼层设置监测点,系未正确理解相关导则和技术标准。技术标准本身具有明确的规定,此类问题的专业性程度相对较低,但即便如此,实践中仍有一些法院选择放弃审查。在唐某与广东省生态环境厅案[3]中,唐某主张报告书结论错误,因其对等离子体熔融炉归类错误并缺失《危险废物处置工程技术导则》相关标准,但法院认为并无证据证实报告书对等离子体熔融炉的归类与污染源强估算方法有何联系、对环境影响预测结论有何影响,从而放弃了审查。除此之外,有研究也发现,“法院对于环评审批部门未搜集甚至有意忽略建设项目开发地相关环境信息,未

---

〔1〕 参见安徽省合肥市中级人民法院行政判决书,(2020)皖01行终176号。

〔2〕 参见湖南省长沙市中级人民法院行政判决书,(2020)湘01行终351号。

〔3〕 参见广东省高级人民法院行政判决书,(2020)粤行终395号。

充分考量全部风险、权衡相关权益作出的环评审批决定,也以涉及专业知识应尊重行政机关的判断为由不予审查。”[1]笔者认为,这种选择其实是司法权在科技专业性的外衣下对于行政权的让步。这种情况需要改变,以防止技术问题成为“司法不入之境”,避免因行政机关、行业协会和鉴定机构的失误和滥用权力对公民利益的损害。

(二)环境行政公益诉讼的现状及问题

现代意义上的公益诉讼是在自由市场和政府失灵的社会背景下,环境司法化以及公法向司法扩张的结果,其核心涉及行政权与司法权的功能秩序以及平衡。环境法赋予环境监管机构监管污染活动和执行相关法律的权力,现代政府责任理论也已经认同政府及其相关部门违法行使职权或者不作为是导致环境公共利益损害的主要原因。前文已经充分分析了实践中若行政主体不作为与违法作为会给社会公共利益带来巨大损失,因此建立环境行政公益诉讼制度,对于确保监管机构依法行政,保护环境公共利益具有重要作用。

党的十八届四中全会首次提出“探索建立检察机关提起公益诉讼制度”,2015 年 7 月公布的《检察机关提起公益诉讼改革试点方案》对行政公益诉讼的范围、参加人、程序和诉讼请求进行了初步规定。2015 年 7 月,十二届全国人大常委会十五次会议通过《关于授权最高人民检察院在部分地区开展公益诉讼试点工作的决定》(以下简称《授权决定》),授权最高人民检察院在北京、内蒙古、吉林、江苏、安徽、福建、山东、湖北、广东、贵州、云南、陕西、甘肃十三个省、自治区、直辖市,就生态环境和资源保护开展公益诉讼试点。根据《授权决定》的要求,最高人民检察院制定了《人民检察院提起公益诉讼试点工作实施办法》,最高人民法院制定了《人民法院审理人民检察院提起公益诉讼案件试点工作实施办法》,为检察机关提起公益诉讼和法院审理公益诉讼案件提供了具体的操作指南,成为《行政诉讼法》修改之前法院审理检察机关提起行政公益诉讼案件的主要法律依据。2017 年《行政诉讼法》修改时规定了行政公益诉讼,检察

---

[1] 阮丽娟:《环评审批的司法审查之困境与克服》,载《政治与法律》2017 年第 10 期。

机关在履行职责时对发现生态环境和资源保护领域负有监督管理职责的行政机关违法行使职权或者不作为,致使国家利益或者社会公共利益受到侵害的,应当向行政机关提出检察建议,督促其依法履行职责。行政机关不依法履行职责的,检察院依法向法院提起诉讼。2020年,最高人民法院与最高人民检察院发布《关于检察公益诉讼案件适用法律若干问题的解释》,进一步明确了公益诉讼的具体规则。至此,我国行政公益诉讼制度基本形成。

行政公益诉讼的关键程序之一便为诉前检察建议。在维护环境公共利益方面,行政机关不仅是法定的监管主体,而且拥有相应的技术能力和专业知识,因此必然要确保行政权的主导地位。这一诉前程序的设计不仅是为了监督行政机关,也是为了尊重行政机关对于环境公共事务的首次判断权,体现了检察机关起诉的谦抑性。此外,诉前程序亦能够有效节约司法成本,起到对诉讼程序案件分流的效果,也是保护诉讼程序作为维护社会公平正义最后一道防线的必然要求。[1] 因此,检察机关认为行政机关不依法履职的,应当先向相关行政机关提出检察建议,督促其纠正违法行为或者依法履行职责,促使行政机关主动解决相关问题。通过检察建议的方式对行政机关的违法行政行为进行监督和制约,实际上是行政主体内部对自身行为的审视和自我监督,有利于强化行政主体自身的法律责任,促使其依法行政、积极履行环境监管职责。[2] 最高人民检察院公布的数据显示,绝大多数环境行政公益案件最终以检察建议告终,只有不到7%的行政案件立案并进入诉讼程序。[3] 研究还表明,这一审前程序在促使环境监管部门纠正其违法行为或者依法履职方面发挥了积极作用。[4] 但已有研究也发现,诉前程序在制度设计与解释适用中,呈现审

---

〔1〕 参见沈开举、邢昕:《检察机关提起行政公益诉讼诉前程序实证研究》,载《行政法学研究》2017年第5期。

〔2〕 参见沈开举、邢昕:《检察机关提起行政公益诉讼诉前程序实证研究》,载《行政法学研究》2017年第5期。

〔3〕 参见《生态环境和资源保护检察白皮书(2018—2022)》,载最高人民检察院网2023年6月5日,https://www.spp.gov.cn/spp/xwfbh/wsfbh/202306/t20230605_616291.shtml。

〔4〕 参见沈开举、邢昕:《检察机关提起行政公益诉讼诉前程序实证研究》,载《行政法学研究》2017年第5期。

查标准结果导向过于严苛以及期限设置失宜等问题。[1]

当公益诉讼进入司法程序之后，法院如何既顾及各方主体的功能地位，又保持司法权与行政权之间相对合理的界限与互动，不仅考验法院的司法智慧，很大程度上也考验公益诉讼制度的效果。关于行政公益诉讼的案例研究表明，检察院在诉讼过程中占据主导地位，并享有极高的胜率，2018 年、2019 年和 2020 年的案件胜率几乎达到 100%，即法院几乎全部支持了检察机关的诉讼请求。[2] 以下几个因素造成了这一现象。首先，这与检察机关在公益诉讼中的地位密切相关。我国宪法规定检察机关为法律监督机关，但关于检察机关在公益诉讼中的诉讼定位，《行政诉讼法》并未予以规定，最高人民法院、最高人民检察院《关于检察公益诉讼案件适用法律若干问题解释》第 4 条则规定，检察院以公益诉讼起诉人身份提起公益诉讼。因此，这种双重身份导致检察机关在诉讼中占主导地位。其次，环境行政公益诉讼制度具有内生结构性缺陷，一般诉讼中强大的行政机关在更为强大的检察机关面前反而成了诉讼的弱势方，行政公益诉讼实质上发挥了“替代执法”而非“监督执法”的功能。

行政公益诉讼作为特殊的诉讼类型，其运行呈现区别于普通行政诉讼的特征，然而，检察机关作为原告享有的过高的胜诉率仍值得关注。究其原因，相比于一般行政诉讼中法院的司法谦抑性，行政公益诉讼中审判机关倾向于采用严格标准来审查行政机关的行为。在我国，立法尚未对如何判断“行政机关未依法履行职责”作出规定，学界有行为标准和结果标准两种观点。法院往往追求有效保护环境公益效果，依据结果标准对行政行为进行审查，要求行政机关完全履职以充分保护环境公共利益。即法院认为“未依法履行职责”应以维护公共利益为判断标准，审查内容不限于是否超越职权、违反法定程序等形式条件，还应包括实质考量，如

---

[1] 参见刘超：《环境行政公益诉讼诉前程序省思》，载《法学》2018 年第 1 期。

[2] 参见付颖琦、杨朝霞：《我国环境行政公益诉讼的问题和对策——基于 2019 年 127 份典型裁判文书的分析》，载《环境保护》2020 年第 14 期；王勇、王宗涛：《环境行政公益诉讼：识别、困境、出路——基于 2020 年 185 份裁判文书样本的考察》，载《河北工程大学学报（社会科学版）》2022 年第 2 期。

行政机关履行职责的勤勉程度、履职实际效果等。[1] 然而,环境公共利益的损害常常有非常复杂的原因,例如,权力的交叉和重叠,履职的能力和履职的现实可能性等因素都会制约公共利益的保护效果。缺乏对这些因素的考量将难以产生恰当合理的监督效果。检察机关过高的胜诉率可能影响监督功能的实现。一方面,司法机关在裁判过程中往往持审慎态度,避免作出对检察机关不利的判决,在客观上增加了司法裁量的制度成本;另一方面,这可能导致检察机关对行政机关的正常履职行为造成不当干扰,部分行政机关为避免诉讼风险,在作出行政行为时会非常谨慎甚至出现决策规避倾向,从而影响了正常的行政管理活动。[2]

(三)行政公私益诉讼中法院角色差异折损监督效果

从前面的分析可知,在不同类型的行政诉讼中,法院的角色存在一定差异。在行政私益诉讼中,司法机关严格限定利害关系人的诉讼资格,偏重程序审查以及在技术问题上选择尊重行政机关,其发挥的作用相对比较克制。但在行政公益诉讼中,情况则极为不同。法院常常与检察机关形成保护环境公共利益的联盟,判断何为不履行法定职责时适用严格的审查标准,其发挥的作用就比较积极。出现这一差异的根源在于法院在不同诉讼中的定位不同。在行政私益诉讼中,法院主要是一个监督者,虽然监督力度相对较弱。而在环境公益诉讼中,法院充当了公共利益维护者的角色。事实上,行政机关的某一行政行为既可能因为侵犯了相对人或利害关系人的私益而被提起行政私益诉讼,也有可能因为同时损害了环境公共利益被提起公益诉讼。因此,法院这一相异的审查标准将折损其对行政机关的监督功能。

这一结论可以根据威慑理论来进行解释与论证。根据威慑理论,威慑分为一般威慑和特别威慑,前者是指一项执法活动对许多人或企业产

[1] 参见王勇、王宗涛:《环境行政公益诉讼:识别、困境、出路——基于2020年185份裁判文书样本的考察》,载《河北工程大学学报(社会科学版)》2022年第2期。

[2] 参见秦前红:《检察机关参与行政公益诉讼理论与实践的若干问题探讨》,载《政治与法律》2016年第11期。

生的影响,后者是指一项执法活动针对特定个人或企业的影响。[1] 参照这一理论,司法机关能否对行政机关进行有效监督主要受两个因素的影响:规范统一的诉讼规则所产生的一般威慑,以及精准化的被告遴选机制所产生的特别威慑。首先,正如前文分析,司法机关在一般的行政诉讼与行政公益诉讼中的角色及司法审查的方式均存在差异,这难以为行政机关履职提供可供参考的、清晰的、连贯性的判断标准。在行政公益诉讼中,法院未形成关于行政机关是否依法履职的相对统一的判断标准,因此其一般威慑效果有限。其次,受制于程序效能指标导向,检察机关可能会将诉讼对象限定于监管权能相对有限的基层行政主体,较难对具有实质监管权限的行政机关形成有效约束。例如,乡镇政府没有颁发排污许可证或对违法行为进行处罚的监管权力,因此,单纯针对县乡政府未能保护环境公共利益的案件可能无法达到预期的威慑与监督效果。[2] 又如,在重庆市荣昌区人民检察院诉古昌镇政府案中,荣昌区人民检察院认为古昌镇政府对辖区畜禽养殖污染怠于履行监管职责违法。在其发出的检察建议书中,建议古昌镇政府履行综合监管职责,采取有效措施制止违法养殖畜禽行为,并对养殖业污染进行综合治理。[3] 然而,无论是环保法还是相关条例与地方性法规,均规定乡镇级政府主要负责现场检查、上报县级环保部门、劝说以及行政指导,并未规定具有处罚权与强制权。因此,若没有准确定位真正的违法行政机关,就难以通过行政公益诉讼实现预期的监督功能。

---

〔1〕 See Mark Cochen, *Empirical Research on the Deterrent Effect of Environmental Monitoring and Enforcement*, 30 Environmental Law Reporter: News & Analysis 10245 (2000).

〔2〕 参见陈德敏、谢忠洲:《论行政公益诉讼中"不履行法定职责"之认定》,载《湖南师范大学社会科学学报》2020 年第 1 期。

〔3〕 参见人民法院报:《重庆江津法院公开宣判一起行政公益诉讼案》,载中国法院网 2018 年 5 月 31 日,https://www.chinacourt.org/article/detail/2018/05/id/3323455.shtml。

第二节　环境监管不能的制度困境

监管不能指的是以命令—控制为核心的传统行政管制手段自身具有内在局限性,如存在理性有限、监管成本高昂、知识欠缺以及灵活性差等限制,既无法有效解决传统环境问题,也无法充分应对新型环境风险,尤其是在当今社会存在的大规模又极具科学不确定性的环境风险问题。首先,在风险社会的背景下,环境风险以及行政机关对于未知的风险决策均呈现常态化趋势。然而,行政机关并无完备的风险知识,在面对环境风险时,可能无法有效识别、预防与管理环境风险。其次,环境问题的复杂性进一步促使环境科技迅速发展,从传统的节能降耗技术,到新兴的无废无害处理、资源循环利用和新能源开发等工艺,都在挑战着行政机关作为职能部门的知识边界,单纯依赖传统的知识和经验在确定性的法律规则基础上进行自上而下的行政管制变得极为困难。因此,传统的环境监管必须要面对其触角有限的自身困境,在其监管不能的领域通过授权、协商、合作等途径转向规制与治理。

一、环境法应对复杂环境问题之不能:以气候变化为例

气候变化是一个典型的环境风险,在因果关系以及应对措施方面均具有极强的科学不确定性,是一个充满争议与挑战的全球性环境风险。同时,气候变化也是一个具有极强复杂性的环境问题,涉及一国的能源结构、经济发展方式、减排压力、科技竞争以及国际义务等多方面问题,对政府的回应方式与回应能力提出了诸多挑战。因此,以气候变化为例来分析传统命令—控制模式下环境监管的局限性再合适不过。

2015年《巴黎协定》开启了全球气候治理的新时代。该协定确立了将全球平均温度升幅控制在工业化前水平1.5℃以内,最好不超过2℃的温度控制目标,并要求缔约国尽快实现碳达峰。[1] 我国于2015年编制

---

〔1〕 See Paris Agreement under the United Nations Framework Convention on Climate Change, U. N. Doc. FCCC/CP/2015/L. 9/Rev. 1.

了自主贡献减排方案,提出 2030 年之前单位国内生产总值(以下简称 GDP)二氧化碳排放比 2005 年下降 60%~65%的目标。根据《巴黎协定》五年一次的全球盘点机制,2020 年版的自主贡献减排方案要求单位 GDP 碳强度比 2005 年下降 65%以上。2020 年 9 月,习近平主席在第七十五届联合国大会一般性辩论上宣布中国将在 2030 年之前实现碳达峰,并提出争取在 2060 年前实现碳中和。"双碳"目标回应了我国推动实现可持续发展的内在要求,也体现了构建人类命运共同体的责任担当。然而,在我国气候变化专门性法律法规缺失的背景下,现行法律如何回应双碳目标的法治要求是一个关键问题。

根据"气候变化归根结底是发展问题"的经典认知逻辑,我国授权负责宏观经济决策和计划的国家发改委负责温室气体控制的综合决策与规划管理,[1]并依赖于能源政策、经济发展规划以及发展模式的调整来应对气候变化。但是,气候变化并不是一个单纯的经济问题、能源问题,同时也是一个环境问题,其在我国环境法中的地位将决定我国回应气候变化的方向和路径。特别是在减污降碳的双重压力下,环境法又当如何回应具有高度不确定性和广泛利益复杂性的气候变化治理的法治诉求?一方面,气候变化与环境污染在原因行为上一样,都是人类生产生活行为所致,其法律规制也均聚焦政府对排放行为的行政干预;另一方面,气候变化作为一种环境风险和一个极具复杂性的环境问题,不能简单依赖传统命令—控制模式的行政规制。这对当下我国以秩序行政为核心的危害防止体系是一个极大的挑战。因此下文将采取一个比较视角,对气候变化规制与环境污染规制的区别与联系进行分析,通过两者的区别窥见气候变化规制的复杂性和难点所在。

(一)"气候变化"纳入环境法的概念困境

学界普遍认为气候变化是一种具有极强科学上的不确定性和应对复杂性的环境风险,具有形成过程的渐进性、损害后果的长期性、利益勾连的代际性等一系列显著的特点。这与我国以环境污染—生态破坏的环境

[1] 参见杜群、张琪静:《〈巴黎协定〉后我国温室气体控制规制模式的转变及法律对策》,载《中国地质大学学报(社会科学版)》2021 年第 1 期。

问题二分为事理基础、以当代利益为逻辑起点、以因果关系确定性为规制基础的环境法律体系存在诸多龃龉。因此,若要以环境法回应气候变化问题,需要对气候变化这一概念在环境法语境下的含义进行解释与梳正。这涉及两个核心问题:其一,气候变化是否可以归类为一种环境污染或生态破坏;其二,作为温室气体主体的二氧化碳是不是一种空气污染物。

1. 气候变化可否归类为环境污染或生态破坏

我国对气候变化的认识长期以经济性为基本视角,以能源改革和经济转型为主流解决思路,鲜少以纯粹环境问题的视角予以分析。这固然和气候变化与经济和能源的粘连关系相关,亦与我国环境法将环境污染与生态破坏作为环境法的事理基础有关,[1]而气候变化作为一种系统性、内生性、全球性的环境风险,超越了以往基于人类行为直接作用于环境来划分环境问题的简单标准。气候变化在原因行为上(主要是人类排放过多的温室气体导致的)与环境污染类似,在结果表现上(生态失衡、生态功能下降等)则与生态破坏更为类似。这产生了直接以环境法定位并规制气候变化的两面困境。一方面,环境污染指的是人们将生产生活中废弃的物质或能量排入环境,致使环境质量下降,以致危害人体健康,损害生物生长繁殖,影响生产和生活的现象。[2]它强调的是人类活动通过对环境要素的添加或侵入,改变了环境的原有成分、结构或状态,进而产生健康危害。作为温室气体主体的二氧化碳,是生态系统内部各个元素相互作用的结果,是生态系统的组成部分,过去一直处于"边增长、边消耗"的动态平衡状态,因此难以认为其是传统意义上的污染物。再者,从《环境保护法》的立法目的和对环境的定义来看,气候系统并不是该法直接保护的对象。根据文意解释方法,气候虽然符合《环境保护法》第2条"影响人类生存和发展的各种天然的和经过人工改造的自然因素的总体"

---

〔1〕 参见汪劲:《环境法学》,北京大学出版社2014年版,第6页。综观我国《环境保护法》的内容,无论是具体法律措施的采取还是法律责任的规定,以及公益诉讼的范围,都是以环境污染、生态破坏原因行为二分法为基础。例如,吕忠梅教授认为"原因行为上污染行为与破坏行为的二分,是环境侵害类型化的基础"。参见吕忠梅主编:《侵害与救济:环境友好型社会中的法治基础》,法律出版社2012年版,第66~69页。

〔2〕 参见金瑞林:《环境法学》,北京大学出版社2013年版,第10页。

这一概括性定义，但从目的解释角度很难说我国在制定与修改《环境保护法》时意欲将气候变化纳入其中。从《环境保护法》的立法体系来看，该法也并没有为气候变化提供相应的规制手段或路径。另一方面，《环境保护法》中并无关于生态以及生态破坏的规范定义。从立法内容看，"生态保护红线"、"保护生物多样性，保障生态安全"以及"生态保护补偿"等关于生态保护的规定着眼于非人生物体与其他物种及其栖息地之间的关系，难以涵盖以规制人类活动为使命的气候变化命题。

然而，即便存在以上归类困境，并不意味着环境法已经建立的规则和制度无法适用于气候变化。从环境问题产生的原因行为看，气候变化与环境污染均具有排放这一共同特征，即人类将利用环境所产生的物质向环境中进行了排放。从规制原因行为的角度来看，二者均要求对人们的排放行为进行一定程度的干预或控制。在现行环境法律框架下，这涉及两个关键问题：第一，二氧化碳是不是一种空气污染物，进而应纳入《环境保护法》特别是《大气污染防治法》的法律框架；第二，气候变化规制与传统污染规制有何区别和联系。通过分析二者的区别，我们可以探究气候变化规制的复杂性，通过建立二者的联系，我们可以寻找以现有制度规范回应气候变化的可能性。下文将先分析二氧化碳的性质之争。

2. 二氧化碳是不是一种空气污染物

从国际法层面看，二氧化碳等温室气体的性质在国际条约中尚未有清晰和统一的界定。《联合国气候变化框架公约》（UNFCCC）、《京都议定书》以及《巴黎协定》等国际条约均未予以明确。从域外经验来看，各国对是否将二氧化碳视为一种空气污染物并用已有的大气污染控制法律进行规制也存在争议。例如，欧盟跳过了对温室气体性质的讨论，直接进行了专门性立法，但在具体操作中则对温室气体分别按照《欧盟排放交易指令》和《工业污染物排放指令》进行管理。美国则通过司法判例将二氧化碳视为一种空气污染物。在马萨诸塞州诉美国环保署案（Massachusetts et al. *v.* EPA et al.）中，美国联邦最高法院最终以 5∶4 判定二氧化碳是一种空气污染物，美国环保署有职责根据美国《清洁空气法》的要求对机动车排放的二氧化碳进行规制。[1] 此后,在美国电力公司诉康涅狄格州案(American Electric Power Co. *v*. Connecticut)中,美国联邦最高法院确立了美国环保署对发电厂等部分固定污染源排放的温室气体的监管职责。[2] 此后,美国环保署将针对空气污染物的一些监管手段适用于温室气体,如在已经达到国家空气质量标准的地区要遵守防止空气质量严重恶化的计划。美国《清洁空气法》成为应对气候变化的重要法律。然而,这种做法在美国法学界有相当大的争议。例如,斯卡利亚大法官在马萨诸塞州诉美国环保署案的判决书中坚持文义解释,强烈反对认定二氧化碳为空气污染物。他认为,美国《清洁空气法》在制定时并非针对温室气体,而且空气污染物指的是与生物或化学物质有关,足以影响"污染"的气体,而污染指的是不清洁与不纯净的状态,二氧化碳并不符合这些特点。[3] 亦有一些学者认为美国《清洁空气法》完全不适合监管温室气体,而且监管成本相比制定专门的气候变化应对法要高昂得多。[4]

我国学术界对于是否将二氧化碳等温室气体纳入我国《大气污染防治法》也充满争议。李艳芳等人认为,《大气污染防治法》中以命令—控制为核心的行政监管手段不适用于二氧化碳等温室气体,温室气体控制更主要依赖于能源效率的提升。[5] 也有学者从我国的国际减排义务和国家利益出发,认为不宜将二氧化碳视为污染物,且只能对温室气体的排放控制设立经济激励措施,而不能对温室气体的大量排放设立行政处罚措施。[6] 翟勇则从二者在立法宗旨、控制目标和法律责任等方面的区别

---

〔1〕 See Massachusetts et al. *v*. EPA et al., 549 U.S. 497(2007).

〔2〕 See American Electric Power Co. *v*. Connecticut, 564 U.S. 410(2011).

〔3〕 See Massachusetts et al. *v*. EPA et al., 549 U.S. 497, 523(2007).

〔4〕 See George F. Allen & Marlo Lewis, *Finding the Proper Forum for Regulation of U.S. Greenhouse Gas Emissions: The Legal and Economic Implications of Massachusetts v. EPA*, 44 University of Richmond Law Review 919(2010).

〔5〕 参见李艳芳、张忠利:《二氧化碳的法律定位及其排放规制立法路径选择》,载《社会科学研究》2015年第2期。

〔6〕 参见常纪文:《二氧化碳的排放控制与〈大气污染防治法〉的修订》,载《法学杂志》2009年第5期。

来反对将温室气体控制纳入大气污染防治法。[1] 支持者则认为,二氧化碳与大气污染物在产生源、危害、应对手段方面比较契合,认定其为一种污染物并规定在《大气污染防治法》中是一种便捷而有效的法律应对方式,[2]也可以实现《大气污染防治法》和《碳排放权交易管理条例》、《环境税法》之间的衔接。[3] 基于这些观点的争论,2018 年修正的《大气污染防治法》在修改过程中不断减少温室气体控制的内容,[4]最终的妥协方案是在《大气污染防治法》第 2 条第 2 款规定,"对颗粒物、二氧化硫、氮氧化物、挥发性有机物、氨等大气污染物和温室气体实施协同控制"。该条款首次将温室气体控制纳入法律框架,一定程度上改变了温室气体控制无法可依的法律现状,但也间接确认二氧化碳不是一种空气污染物。也有学者对此提出疑问,认为这种规定方式割裂了大气污染与温室气体排放的天然联系,忽视了二者排放协同治理的现实需求,极大地降低甚至妨碍了该法在应对气候变化方面的作用。[5]

概言之,是否将二氧化碳认定为一种空气污染物是一个复杂的科学、政治和法律问题。科学层面,涉及对大气污染以及二氧化碳性质的科学判断。政治层面,涉及一国对温室气体控制的整体政治安排和策略选择。法律层面,主要涉及一国大气污染防治相关法律之立法目的、法律规则的解释、政府部门监管职责的范围、监管手段的有效性以及监管能力等一系列问题。我国《大气污染防治法》对二氧化碳性质定位的摇摆和相关规定的模糊恰恰反映了气候变化规制的复杂性,即其在诸多方面区别于一般环境污染规制。

---

[1] 参见翟勇:《正确认识我国应对气候变化的法治建设》,载中国人大网,http://www.npc.gov.cn/zgrdw/npc/xinwen/rdlt/sd/2010-03/10/content_1559151.htm。

[2] 参见中国宋庆龄基金会编:《气候变化国际圆桌会议对谈论集》,人民出版社 2016 年版,第 189 页。

[3] 参见吕忠梅、王国飞:《中国碳排放市场建设:司法问题及对策》,载《甘肃社会科学》2016 年第 5 期。

[4] 2014 年原国务院法制办提交的送审稿曾以专章的形式增设"控制温室气体排放",对温室气体排放强度标准、统计、考核、监测、低碳技术等方面作出规定。

[5] 参见周小光、张建伟:《关于大气污染与气候变化协同治理的法律思考》,载《社会科学论坛》2017 年第 5 期。

(二)以环境法规制气候变化的体系障碍

气候变化是一种系统性、内生性风险,难以简单归类为环境污染或生态破坏,但是从原因行为的角度看,其与环境污染一样都是由人类排放行为所导致的,均聚焦于政府对排放行为的干预,也涉及干预程度/容忍限度、损害证明、因果关系判断、预防与控制以及法律强制与自愿行为的平衡等关键问题。[1] 这种相似性为比较二者的区别和分析二者的联系提供了可能性。这也意味着,我们不能完全否定传统环境污染规制手段在气候变化领域的使用。在很大程度上,气候变化的规制措施需要以传统污染规制为基础。[2] 在美国学术界和司法界,关于气候变化是否是污染控制制度之例外主义曾有过非常激烈的争论。[3] 然而,长期以来,我国在具体的法律实践中并未将气候变化视为一种环境问题来看待,现行以污染控制为主的环境法体系也并未涵盖气候变化这一问题,学界和实务界对气候变化与环境法的契合和割裂也缺乏研究。这导致我国在应对气候变化和控制环境污染方面形成了两套互相独立而割裂的监管体系:前者主要由国家发展改革部门负责,主要依靠能源政策和碳排放交易市场,后者则由生态环境主管部门负责,以行政监管手段为主。2018 年的机构改革将应对气候变化的职责转移至生态环境部门,在一定程度上缓解了这一割裂状态,也产生了探讨用环境法律规范应对气候变化问题的迫切需求。然而,基于确定性与预测性的传统环境监管体系需要有明确的法律依据,依赖直接设定行为义务与法律责任的管制手段,这些因素很难直接复制到气候变化应对领域。下文主要从规制依据、规制历程、规制手段选择以及既有规制工具来对比温室气体规制与一般污染规制的区别,继而窥见温室气体规制的复杂性之所在。

1. 规制依据的区别

从规制依据来看,我国 20 世纪七八十年代制定的《环境保护法》、《大

---

〔1〕 See John Nagle, *Climate Exceptionalism*, 40 Environmental Law 88(2010).

〔2〕 See Cinnamon Carlarne, *Delinking International Environmental Law & Climate Change*, 4 Michigan Journal of Environmental & Administrative Law 46(2014).

〔3〕 See John Nagle, *Climate Exceptionalism*, 40 Environmental Law 88(2010).

气污染防治法》和《水污染防治法》等重要环境法律非常明确地规定了政府对污染物的监管职责以及企业的污染物控制义务。例如，我国早在1987年就制定了《大气污染防治法》，此后经过多次修改，明确规定地方各级人民政府应当对本行政区域的大气环境质量负责，企事业单位有义务防止、减少大气污染并对所造成的损害依法承担责任，并建立了以命令—控制手段为核心的从源头预防到末端控制的全过程控制法律体系来实施这一责任和义务。然而，针对温室气体的类似规定并未在国际法和国内法层面上确立，缺少应对气候变化的相关立法。我国是《联合国气候变化框架公约》、《京都议定书》以及《巴黎协定》等气候变化国际条约的缔约国，负有减少温室气体排放的国际义务，然而这一国际层面以国际条约为基础的国家义务尚未转换为国内法层面的政府职责和企业义务。首先，《京都议定书》虽有强制性减排义务的规定，但基于共同但有区别责任原则，我国是不需要承担强制性减排义务的发展中国家。其次，《巴黎协定》没有严格区分发达国家与发展中国家的减排责任，亦未设定具体的强制性减排义务，只设定了一个不具有强制约束力的温度目标，[1]并要求各国通过不具有国际法约束力和结果义务的自主贡献减排方案来实现。[2] 况且，《巴黎协定》并未建立温度目标和各国在条约第4条下自主贡献减排承诺的义务总和之间的法律关联，也没有明确每个国家具体承担什么样的减排义务。最后，根据我国《立法法》的规定，增加企业负担的行为应当由法律或行政法规加以规定。[3] 因此，除非我国制定法律或行政法规对企业的碳减排义务作出清楚规定，否则强制性要求企业减排就缺乏法律依据。我国目前的碳减排依据主要是政府制定的各类不具有法律约束力的规划和政策，缺乏稳定性、长期性和规范性，无法为温室气体控制提供规范有效的减排机制和监管机制。

---

〔1〕 对该温度目标是否具有法律约束力，国际法学界有不同观点，参见 Maiko Meguro, *Litigating Climate Change through International Law: Obligations Strategy and Rights Strategy*, 33 Leiden Journal of International Law 944(2020)。

〔2〕 See Paris Agreement Under the United Nations Framework Convention on Climate Change, U. N. Doc. FCCC/CP/2015/L. 9/Rev. 1, Art. 2. 1(a), Arts. 3, 4. 3.

〔3〕 《立法法》第93条第6款规定："没有法律、行政法规、地方性法规的依据，地方政府规章不得设定减损公民、法人和其他组织权利或者增加其义务的规范。"

2. 规制历程的区别

从规制历程来看,源于解决国内环境问题的自发需要,环境污染的法律规制在我国经历了一个从行政管制到市场机制循序渐进、逐步探索的发展历程。而气候变化规制措施则受到国际气候政治与国际气候条约的深刻影响,规制历程具有其特殊性。环境污染的预防和控制首先依赖于环境标准、排污许可、环评以及大量禁限措施等直接影响企业环境行为的行政管制手段。随着环境污染问题的复杂化,传统的行政管制手段表现出僵化、烦琐、低效、监管成本高昂、激励机制缺乏等内在缺陷,因而开始采取以激励企业采取自主行动为目的的经济手段或市场手段。换句话说,经济激励或市场手段是作为一种行政管制的补充而出现的,其不能代替行政管制,而需要以行政管制的规范化为前提。若行政管制在实践中存在诸多监管不力的问题,市场机制的强势引入不仅不能发挥应有的作用,反而会成为政府推脱监管职责的借口。与此不同,行政管制在气候变化领域则并未经历一定时间的探索或实践检验。我国甚至尚无法律法规对应对气候变化的行政权力或手段作出系统性规定,实践中也未有成熟的行政手段的运用。相反,碳排放交易市场在我国则被视作一个应对国际减排压力的最佳政策选择,其一开始就以非常强势而直接的姿态出现,政府甚至以政治手段自上而下地推动碳交易市场的建立。[1] 行政监管与市场手段的顺序颠倒事实上弱化了政府与市场的区别和关联,反而为碳交易市场的建立和运行带来了问题。

3. 规制手段的区别

从具体规制手段来看,由于环境污染物的排放改变了大气的组成部分,导致大气的物理和化学性状发生了改变,因此科学上完全可以设定以人体健康为环境基准的大气质量标准,[2] 以及以企业排污行为为直接管制对象的污染物排放标准。这两种环境标准共同构成了对政府环境责任和企业排放行为进行评价的直接依据。然而,对于二氧化碳而言,由于其

〔1〕 See Coraline Goron & Cyril Cassisa, *Regulatory Institutions and Market-Based Climate Policy in China*, 17 Global Environmental Politics 101(2017).

〔2〕 我国空气环境质量标准的制定以六种标准污染物为基础:二氧化硫、PM2.5、PM10、一氧化碳、二氧化氮和臭氧。

是大气中的自然物质，不具有毒性，且为人类生活所必需，因此无法以人体健康为基准制定相应的环境质量标准，进而也很难据此对企业的碳排放行为设定统一的排放标准。事实上，我国的《环境空气质量标准》也未将以二氧化碳为代表的温室气体纳入评价和监测的范围。因此，温室气体减排比一般污染物更依赖国际社会或一国政府所设置的气候变化目标。例如，《京都议定书》要求附件一国家到 2010 年二氧化碳等温室气体的排放量要比 1990 年减少 5.2%，欧盟立法制定了 2030 年之前将温室气体排放量比 1990 年减少 40% 的目标。[1] 就我国目前而言，减排目标主要针对每单位 GDP 的碳排放强度。"双碳"目标提出之后，我国逐步向碳排放总量控制转型。然而，作为碳排放控制目标，无论是排放强度还是排放总量均具有一定的不确定性，会随着技术进步、经济发展以及减排目标而变动，在以法律法规进行规定之时需要满足稳定性与灵活性的双重要求，否则难以为政府规划和企业减排提供稳定的法律预期。

4. 既有规制工具的区别

就现有的规制工具来看，环境污染规制主要依赖于规则清晰、权责分配明确、行政法律责任为主的行政手段。而气候变化规制依赖的碳交易市场，则存在法律规则不明、碳排放权性质不清、生态环境监管部门的监管职责模糊等一系列问题。相比于直接的行政监管手段，碳排放交易市场在我国的优势是显而易见的：降低监管成本，促进企业自主减排，建立与国际碳市场的连接，甚至帮助中国向低碳经济转型。[2] 基于此，我国政府对碳交易市场亦非常支持，以一系列政策推动碳交易市场的建立，有学者称其为一种政府培育的市场。[3] 然而，这种强劲的政策推动使得我国碳交易市场的启动和运行面临着先天性困境：相关法律法规缺失、交易

[1] Regulation (EU) 2018/1999 of the European Parliament and of the Council on the Governance of the Energy Union and Climate Action, 11 December 2018.

[2] See Alex Y. Lo, *Challenges to the Development of Carbon Markets in China*, 16 Climate Policy 110 (2016).

[3] 参见杨解君：《实现碳中和的多元化路径》，载《南京工业大学学报（社会科学版）》2021 年第 2 期。

实践经验有限以及政府监管体系不健全。[1] 碳排放交易市场的建立和有效运行需要一套精细而透明的交易规则,也需要一套与之相协调或匹配的法律制度。否则,其不仅不会降低成本,反而因为规则的不确定性、不透明性导致企业减排成本的增加,甚至导致交易市场的失败。在20世纪90年代初期,我国二氧化硫交易市场虽然同样得到了中央和地方政府的大力支持,但由于实践中对企业安装脱硫装置的补贴,以及排放交易相关法律法规的缺失,二氧化硫排放交易市场并未真正建立起来。[2] 更重要的是,碳交易市场依赖于环境行政监管权的规范化,依赖于法律或规则的稳定性。生态环境主管部门需要依法、合理地设置并分配排放配额,这又依赖于准确、透明的报告与监测和核查数据。生态环境主管部门还需要根据法律法规对碳排放企业的交易、清缴、碳排放数据的监测、报告与核查等行为进行监督、处罚。如果在现阶段的环境污染监管问题上,生态环境监管无法做到规则稳定、规范执法和信息透明,在一个全新且更为复杂的碳排放市场中,同一主体的监管权要想规范而高效地运行,将面临更大的挑战。

(三)以环境法规制气候变化的制度障碍:以碳排放许可为例

传统行政管制手段的优势是可预测性、可问责性以及相对的灵活性,政府可以根据具体排放情况做出调整,也可以根据风险情况采取风险预防措施。[3] 相比于激励型市场手段,命令—控制手段提供了更多公民参与或监督的机会,也更易于接受司法审查的监督。[4] 如前文所述,基于二氧化碳的性质,很难为温室气体制定一个统一的环境标准或排放标准。因此,在现有的法律框架下是否可以,以及是否有必要为碳排放行为设定

---

〔1〕 参见田丹宇:《我国碳排放权的法律属性及制度检视》,载《中国政法大学学报》2018年第3期。

〔2〕 See Sangbum Shin, *China's Failure of Policy Innovation: The Case of Sulphur Dioxide Emission Trading*, 22 Environmental Politics 927(2013).

〔3〕 See Chris Hilson, *Hitting the Target? Analysing the Use of Targets in Climate Law*, 32 Journal of Environmental Law 206(2020).

〔4〕 See Howard Latin, *Ideal Versus Real Regulatory Efficiency: Implementation of Uniform Standards and "Fine-Tuning" Regulatory Reforms*, 37 Stanford Law Review 1267(1985).

行政许可成为我国气候变化规制所面临的一个重要问题。行政许可代表了政府以其行政权力对私主体行为在必要情况下的一种事前干预或监督，[1]通过严格的法律依据和特定的许可程序来实现预防损害、保护社会公共利益以及合理配置社会资源的目的。[2] 这种干预或监督需要以确定性为前提，即行政许可根据现有科学或经验可以判断所许可的行为与所欲实现的目的之间的因果关系，否则许可的意义便不存在。根据一般行政许可的定义，碳排放许可可以理解为温室气体排放的特定主体按照法律规定向行政机关提出申请，行政机关经审查后以发放许可证的形式批准其排放特定温室气体的行政行为，其本质是政府职能部门基于法律授权对温室气体排放企业的排放行为作出的一种限制。

根据《行政许可法》第12条的规定，是否涉及公共利益是设定许可的重要标准，而许可的设定可以防止公民或组织从事的某种活动损害公共利益。与碳排放许可最为相关的是《行政许可法》第12条第1款的规定："直接涉及国家安全、公共安全、经济宏观调控、生态环境保护以及直接关系人身健康、生命财产安全等特定活动，需要按照法定条件予以批准的事项"，如符合上述规定则可以设定行政许可。温室气体排放造成的气候变化破坏了全球生态系统的稳定性，但在我国环境法体系尚未涵盖气候变化问题以及缺乏关于"生态环境"的规范定义的背景下，该法中的生态环境保护是否包括气候变化需要法律解释。更重要的是，行政许可作为对相对人资格或行为的一种限制，需要有法律的明确规定，以避免行政机关的恣意，并保护许可申请人的正当预期。[3] 因此，通过法律解释来证成碳排放许可只能由立法机关进行并需要遵循严格的法律解释程序。此外，温室气体排放以及气候变化引起的极端气候事件会对人身健康和生命财产安全产生威胁，但是就排放温室气体的行为而言，其与人身健康和

[1] 《行政许可法》第13条规定："本法第十二条所列事项，通过下列方式能够予以规范的，可以不设行政许可：(一)公民、法人或者其他组织能够自主决定的；(二)市场竞争机制能够有效调节的；(三)行业组织或者中介机构能够自律管理的；(四)行政机关采用事后监督等其他行政管理方式能够解决的。行政许可的实施需要耗费较大的社会成本，一般只有在必要的情况下设置。"

[2] 参见王太高：《行政许可条件研究》，载《行政法学研究》2007年第2期。

[3] 参见王太高：《行政许可条件研究》，载《行政法学研究》2007年第2期。

生命财产的关系是间接的、不确定的。政府干预或控制企业的碳排放行为并不必然直接产生保护生态环境、人身健康以及生命财产安全的效果，因此，这与行政许可设定的原始目的是不相符合的。

是否可以设定一种新的许可除了要考察以上可行性以外，还需要探讨许可设定的必要性。诚然，如一些学者所述，碳排放许可制度的存在可以为企业获得碳排放资格、政府分配的碳排放配额以及参与碳交易奠定基础，也可以从源头上保障监测、报告和核查制度的实施。[1] 但是，碳排放许可的潜在优势并不能证成许可设立的必要性。行政许可的设定不仅涉及公权与私权的平衡、政府与市场的关系以及政府与社会的关系等问题，也需要考虑许可的实施效果、实施成本和监管负担等因素。[2]《行政许可法》第13条确立了私法自治优先、市场机制优先、社会自律优先以及事后机制优先四大原则，这些原则正是对许可设定必要性的考量。[3] 本书认为，根据我国的碳减排现状和排污许可实施现状，碳排放许可目前尚不具有实施的制度环境。首先，我国政府正在大力推行碳交易市场，试图通过价格机制来激发碳排放主体的减排积极性。政府在碳排放配额分配和市场监督方面已经占据主导地位，甚至有学者认为政府对碳排放配额的分配即是一种行政许可，[4]此时若再设立一个新的碳排放许可，不但会破坏政府与市场的平衡，也会增加企业的守法负担。其次，与污染物排放相比，碳排放主体具有更显著的广泛性和分散性，若行政机关需要对碳排放者提出的排放申请进行一一审查、核准，将产生高昂的许可实施成本，也将导致行政机关沉重的监管负担。在我国的排污许可规范化路程刚刚启动，[5]各类环境审批进行简政放权改革的背景下，赋予生态环境

---

[1] 参见陈惠珍：《许可抑或备案：我国碳排放准入监管的法制进路》，载《法学评论》2016年第5期。

[2] 参见张芳：《公权与私权的博弈：行政许可设定的法哲学思考》，载《政法论丛》2004年第4期。

[3] 参见李诗林：《论行政许可设定范围的合理界定——对〈行政许可法〉第13条的批判性思考》，载《行政法学研究》2008年第3期。

[4] 参见王慧：《论碳排放权的特许权本质》，载《法制与社会发展》2017年第6期。

[5] 排污许可证虽在法律中早已存在，但一直被视为分解和实施污染物排放总量控制制度的工具，尚未实现制度化、规范化。《大气污染防治法》等单行法规定“排污许可的具体办法和实施步骤由国务院规定。”但直到2021年国务院才制定了《排污许可管理条例》。

主管部门碳排放许可的职权并不具有现实可行性。

二、环境监管制度应对环境风险的系统性失范:以环评制度为例

自从环评制度于1973年引入中国,在2002年《环境影响评价法》中得以正式确认以来,其作为对发展的一种限制,已经成为预防或减轻环境问题的关键制度,其所特有的环评审批前置程序曾一度被认为是环境保护部门行使环境监管职能的"尚方宝剑"。[1] 然而,2002年《环境影响评价法》允许未批先建项目补办环评手续,这种原则性妥协在根本上是对环评制度事前性和预防性的背离,导致了实践中建设项目审批部门与建设单位对环评程序的忽视和无视,成为诸多环境问题的根源。2016年《环境影响评价法》修改后从根本上纠正了这一立法缺陷,促进了环评制度作为一项基本环境监管制度预防功能的发挥。然而,作为一种在传统预防原则指导下设计的制度,环评制度在面对高度不确定性环境风险时,仍存在制度性失灵的问题。

2016年上半年发生的常州外国语学校"毒地"事件再一次把环评推上风口浪尖。[2] 学校对面与之一路之隔的是原常隆(华达、常宇)化工厂原址(常隆地块),因为已经污染的土壤、地下水以及在土地修复中产生的空气污染,致使学校"至少493名初中生群体性身体异样"。[3] 作为建校依据的环评报告批复时间是2012年3月31日,然而学校奠基施工的时

---

〔1〕 参见包存宽、王煜:《环评,不能再"任性"》,载《新民周刊》2016年第17期。

〔2〕 所谓"毒地"(Brownfield Site),是指曾生产、贮存、堆放过有毒有害物质,后因搬迁、拆除或突发事故等原因,造成土壤、地下水污染,并产生人体健康、生态风险或危害的地块,如工业污染场地和垃圾填埋场地等。这些被闲置或遗弃的污染地块的重新利用受到极大限制。根据2014年原环境保护部和原国土资源部发布的调查报告,在调查的690家重污染企业用地及周边的5846个土壤点位中,超标点位占36.3%,在调查的81块工业废弃地的775个土壤点位中,超标点位占34.9%,足见我国当时毒地情况严峻。参见原环境保护部、原国土资源部:《全国土壤污染状况调查公报》,载中国政府网2014年4月17日,https://www.gov.cn/foot/site1/20140417/782bcb88840814ba158d01.pdf。

〔3〕 《现场探访常州外国语学校污染事件:导火索指向土壤修复开挖》,载界面新闻2016年4月19日,https://m.jiemian.com/article/615272.html。

间却是2011年8月21日。正因如此,学校建设项目未批先建再次成为众矢之的。然而,细究该案会发现,学校建设项目并未批先建。除了学校建设项目外,该案还涉及修复地块环评以及学校所在地块的规划环评。这三个环评均依法依规,然而正是其缺乏对风险的应对机制,导致了对损害预防的系统性失守。

(一)规划环评应对环境风险的立法缺陷

为了预防人类活动对环境产生的影响,促进经济、环境和社会的可持续发展,我国在过去的40年里针对规划和建设项目建立了较为完善的环评法律制度。以预防和减轻具体环境影响而制定的建设项目环评,在我国的法律和实践中发展得最早也最为成熟。但是建设项目处于整个决策链(战略—政策—规划—计划—项目)的末端,其自身固有的局部性和末端性使其并不能从整体上和更大空间范围上有效评估各个项目之间的累积性环境影响,也不能在更长时间尺度内预测项目可能遭受的风险和带来的环境影响。[1] 因此,单个项目环评无论如何完美,都无法避免和解决在制定规划时就存在的环境问题。就常州外国语学校项目环评而言,其不能回答此地块是否适宜作为教育用地的问题,也不能有效地评估其他建设项目对常州外国语学校可能带来的环境风险或产生的环境影响。而区域规划环评或土地利用规划环评作为战略环评的一种方式,[2] 可以弥补建设项目环评的缺陷,真正实现环评从微观到宏观,从末端到源头,从枝节到主干,从操作到决策的转变和飞跃,因而能最大可能地预防环境问题的产生。[3]

无论是2002年的《环境影响评价法》还是2009年的《规划环境影响评价条例》,综合性规划和专项规划都是我国环评的对象。我国的规划环

---

〔1〕 参见潘嫦英、刘卫东:《浅谈土地利用规划的环境影响评价》,载《中国人口·资源与环境》2004年第2期。

〔2〕 战略环评(Strategic EIA),指对政策、规划或计划及其替代方案可能产生的环境影响进行规范的、系统的综合评价,并把评价结果应用于负有公共责任的决策中。它是为了针对项目环评的缺陷而提出的。在中国,战略环评指的是规划环评。

〔3〕 参见罗宏、杨占红、冯慧娟:《将"低碳"引入环境影响评价制度的思考》,载《环境污染与防治》2010年第12期。

评技术导则要求识别和判定规划实施可能发生的累积性环境影响,如果规划包含了具体的建设项目,应当对建设项目之间叠加的、复合的、协同的影响进行评估。[1] 遗憾的是,我国的规划环评仅起到了对规划的不利环境影响进行评估并采取相应减轻措施的作用。其作为规划编制程序的一部分并不能对规划结论构成实质性影响,因此不能有效地实现约束发展,避免环境不利影响,促进经济社会和环境可持续发展的最初目的。[2] 加之,规划环评中公众参与薄弱,规划环评的实施和作用更加难以保障。[3]

根据常州外国语学校的环评报告表,常州外国语学校项目选址的直接依据是《新北区次区域(总体)规划调整(2004—2020)》以及《通江路西辽河路南地块规划条件》。规划将处于化工厂包围之中的学校所在地定为教育用地。这意味着即使没有常州外国语学校,也将会有其他学校在此建设。按照环评相关法律的要求,在该规划被最终审批之前应当履行环评手续以评估此规划的环境可行性以及规划内部土地利用之间的相互影响。然而,我国《环境影响评价法》对需要进行环评的规划做了层级方面的限定,即只有国务院有关部门、设区的市级以上地方政府及其有关部门制定的综合规划和专业规划才需要环评。因此,基于上述分析,作为选址依据的这两个规划并不属于法定需要进行环评的范围。同样地,规划环评作为一项能够从最早的用地规划和选址选线阶段预防环境不利影响的制度,在常州外国语学校污染事件中未能发挥其应有的作用。

(二)项目环评对外生性环境风险的制度性忽视

1. 污染地块修复工程环评缺乏对环境风险的应对机制

作为常州外国语学校此次污染事件的污染源,常隆地块的污染修复工程环评至关重要。首要问题是污染地块修复是否要进行环评。2001 年

---

[1] 参见原环境保护部《规划环境影响评价技术导则 总纲》(HJ 130-2014)。

[2] See Jing Wu et al., *Strategic Environmental Assessment Implementation in China-Five-year Review and Prospects*, 31 Environmental Impact Assessment Review 77(2011).

[3] See Yuhong Zhao, *Public Participation in China's EIA Regime: Rhetoric or Reality?*, 22 Journal of Environmental Law 89(2010).

以来,随着国务院办公厅转发原国家计委《关于"十五"期间加快发展服务业若干政策措施意见的通知》[1]的发布,我国城市开始了"退二进三"的经济转型。在此期间,包括常州在内的苏南城市陆续按照"退二进三"的政策要求,对城市的第二产业进行搬迁或异地投资,以此推进服务业的发展,提升城市第三产业占比。[2] 许多原本位于城市内部的工业企业陆续关闭、破产、转产或搬迁,留下了许多"毒地"。江苏常隆化工有限公司于2010年全面完成整体搬迁后,遗留下的被污染的常隆地块便成为此类典型的"退二进三"过程中未妥善处理的后遗症。如何界定污染场地修复的责任主体以及如何治理污染地块,是我国在面临毒地问题时首先要回答的问题。

首先,从法规上看,在《土壤污染防治法》出台之前,我国主要依据2013年以后颁布的《关于印发近期土壤环境保护和综合治理工作安排的通知》(国务院发布)以及《关于加强工业企业关停、搬迁及原址场地再开发利用过程中污染防治工作的通知》(原环境保护部发布)等规范性文件对化工企业在搬迁过程中的土壤修复职责进行规范。原江苏省环境保护厅也曾颁布《关于规范工业企业场地污染防治工作的通知》[3]要求污染责任人或场地使用权人对污染场地进行污染调查、风险评估和场地修复。然而上述文件对于污染责任人的规定是比较模糊的,特别是在土地使用权发生变动后,到底由造成污染场地的责任人还是由污染土地的场地使用权人承担治理修复责任并不明确。受污染的地块往往涉及复杂的历史、政策、经济和法律原因,[4]其公共政策致害性以及法律规范的不足导致传统的"谁污染,谁治理"原则的当然适用受到挑战,[5]因此如何界定

---

[1] 此通知已于2015年11月27日失效。

[2] 参见《现场探访常州外国语学校污染事件:导火索指向土壤修复开挖》,载界面新闻2016年4月19日,https://m.jiemian.com/article/615272.html。

[3] 此通知已于2016年12月8日失效。

[4] 参见王欢欢:《城市历史遗留污染场地治理责任主体之探讨》,载《法学评论》2013年第4期。

[5] 参见王建平:《土壤污染灾害的致灾性三论——以"谁污染谁治理"原则失效为视角》,载《社会科学》2013年第7期。

场地修复的责任主体在理论和实践中存有争议,也非常关键。[1] 然而,无论最终由哪一方来承担污染修复和治理的责任,鉴于常隆地块在修复过程中可能会对周围环境产生重大影响,因此必须进行环评。

其次,从程序上看,修复工程于 2013 年 9 月获得了环评审批,于 2014 年 4 月启动,程序合法。修复工程预计在 2015 年 6 月完成。然而,由于接收污染物进行无害化处理的水泥企业不能正常生产,导致土壤修复工程没有如期完成。按照原有计划,常州外国语学校将于 2015 年 7 月完工并在 9 月投入使用。也就是说,如果一切按照计划进行,常州外国语学校的污染损害将不会发生,但是由于出现了预期之外的情形,且常州外国语学校与修复单位都缺乏相应的应对或预案,最终导致了损害事件的发生。

最后,从内容上看,虽然常州外国语学校建设项目在前(2011 年 8 月开始施工)而常隆地块的污染场地修复工程在后(2014 年 3 月正式实施),但常州外国语学校地块在组织环评时,常州外国语学校的师生尚未搬入学校,自然不能成为环评时需要保护的对象。对这种情况在立法上尚无明确规定,立法者很难对这种复杂的具体情况考虑周全,环评实践也很难统一,因为这完全不是一个环评在评估时可以预见和预防的问题。但是环评制度作为一个预防性制度,其失职之处在于未能有效应对 2015 年 6 月修复工程没有按时完成的情况,以及在 2015 年 9 月学校搬迁后,没有对这种已变化的敏感点进行重新评估,更进一步地说,环评并没有有效规制新出现的风险。

2. 常州外国语学校项目环评对外生性环境风险的忽视

环评制度的核心是评估建设项目对周围环境造成的影响,所以《环境影响评价法》第 16 条规定,国家根据建设项目对周围环境的影响程度进行分类管理。对于可能造成重大环境影响的建设项目,应当编制环境影响报告书,以全面评价可能产生的环境影响;而对于那些可能造成轻度环

---

[1] 如果土地使用权尚未发生转移,污染责任人相对清楚,多为造成土壤污染的企业;然而在土地使用权发生转移或污染企业已经破产的情况下,往往不能对污染者进行有效追责,实践中多由政府、开发商或购房者承担治理费用,有学者认为,这是对"谁污染,谁治理"原则的严重背离。参见蒲民、张娟、刘世伟、张璇:《推动污染场地修复须先确定污染责任》,载《环境保护》2012 年第 Z1 期。

境影响的建设项目,则应当编制环境影响报告表,对其可能产生的环境影响进行分析或者专项评价。根据《建设项目环境影响评价分类管理目录》的划分,常州外国语学校项目由于对周围的环境影响属于轻度,故只需编制内容相对简单的环评报告表即可。但是常州外国语学校的污染事件,抛却环境污染因子与健康损害之间的复杂因果关系,属于典型的周围环境对建设项目造成的影响。而这种影响长久以来并非环评法律制度在理论上和实践中关注的重点。

我国《环境影响评价法》第 17 条规定,建设项目的环境影响报告书应当包括建设项目周围环境现状,目的是评估建设项目周围环境的环境质量、环境容量和资源承载能力,以论证建设项目的环境和社会可行性,并为评估新建项目对环境的影响提供范围和基础。根据《环境影响评价技术导则》的要求,环境现状调查与评价主要包括三类:(1)自然环境现状调查与评价,包括地理地质概况、地形地貌、气候气象、水文、土壤、水环境、大气环境等内容;(2)社会环境现状调查与评价,主要包括农业、工业、土地利用、交通运输等现状及相关发展规划、环境保护规划的调查;(3)环境质量和区域污染源调查与评价,主要对环境功能区、环境敏感区以及污染状态进行调查。[1] 常州外国语学校项目的评估报告也确实对以上三类分别进行了调查与评价,但是内容却极其简略,并且偏离了调查的实质。在项目的自然环境调查与评估部分,调查结论是“无不良地质作用,适宜本工程的建设”以及“根据水质分析报告,本场地地下水和土对混凝土结构有微腐蚀性,对钢筋混凝土结构中钢筋有微腐蚀性”。也就是说,在论证项目可行性的时候,该部分主要调查和评价的是学校用地范围内的地质和水文状况,并没有包括对可能会影响学校运行的常隆化工的土壤和水文情况进行调查分析。在社会环境调查部分,报告着重分析了学校附近的社会结构、发展潜力以及各种配套设施对学校的支撑,并未就学校用地与相关土地利用规划、环境保护规划的相容性这一关键问题进行分析。就第三类而言,报告对建设项目所在区域环境质量现状及主要环境问题进行调查后认为,项目所在地的土壤和地下水未受到污染,所以本

[1] 参见原环境保护部《环境影响评价技术导则 总纲》(HJ 130-2014)。

项目所在地可以进行学校的建设。报告还对紧邻项目的地块土壤和地下水进行调查，结论也是达标的。报告虽然对周边土壤和地下水污染状况进行调查后认为项目北侧的常隆地块已经受到了污染，存在人体健康风险和生态风险。但是报告并未以量化的方式说明该地块受到了何种污染、会在何种程度上对本项目产生人体健康风险，以及这些污染和风险在何种程度上影响建设项目的可行性和合理性。

也就是说，针对建设项目周围环境状况的调查与评价，我国的环评技术导则事实上设置了层层的内容和技术要求以尽可能精确地了解建设项目所在区域的环境质量和环境容量，了解建设项目与周围规划和项目的契合程度，以评估项目建设的可行性和合理性。但是这些技术上的要求并未有效反映在环评法律的规范性要求和审批程序中，即技术要求与法律规制之间存在着一定的断裂。周围的环境质量状况以及对项目产生的影响并不构成论证项目选址合理性的组成部分，因而也不是环保部门据以审批的关键因素。环境行政决策除了要依据科学判断并反映技术要求外，也要符合规范要求和制度理性，以具体的权利和义务结构来合理分配环境利益和损失。[1] 环境行政决策者能否恰当把握科学判断和价值选择之间的关系以实现公共利益的最大化成为判断决策合法性和合理性的重要标准。在常州外国语学校项目的环评报告中，只有符合城市总体规划的用地审批以及项目对周围环境的影响评估才是项目选址是否合理的两大要件。[2] 环评报告虽然提到了作为周围环境状况之一的常隆地块的土壤和地下水污染，以及场地修复过程中可能对学校产生的影响，但这种影响并不导致环评审批部门对常州外国语学校建设项目的否决，而只是作为项目在以后建设和运行过程中需要注意的内容。正如报告最后建议的，学校要采取一定的措施避免污染，“严禁开发和利用地下水资源……由于常隆（华达、常宇）公司原厂址地块场地开展修复后，会产生一定的空气污染，学校如果在其修复验收完成前投入使用，必须注意地块修复产生的

[1] 参见卢少军、余晓龙：《环境风险防范的法律界定和制度建构》，载《理论学刊》2012年第10期。

[2] 参见《江苏省常州高级中学新北校区新建工程项目环境影响报告》，第36页。

污染对在校师生的影响。"[1]由此可见,环评制度在常州外国语学校毒地事件中的失效主要归因于环评制度本身存在的科学判断与法律规制选择之间的割裂,这种割裂进一步导致环评法律对"建设项目周围环境状况调查与评价"这一步骤的程序性忽视。

总而言之,建设项目环评制度是预防环境污染、减轻环境问题最重要的制度保障之一,但其有效性高度依赖于其与高层次的规划环评和其他项目环评之间的协调和相互制约。程序上的未批先建只是建设项目环评本身存在的最为常见的问题之一,但并非唯一问题。就常州外国语学校毒地事件而言,更为根本的原因是我国环评立法并未对基层政府制定的规划设置环评义务,从而不能从整体上预测到常州外国语学校地块作为教育用地的不当。此外,常隆地块污染修复工程环评亦未能充分预防以及应对不确定性风险。在此基础上,常州外国语学校环评报告中"周围环境状况的调查和评价"成为保护常州外国语学校师生免受污染侵害的最后一道防线。然而,这道防线由于环评制度技术要求和规制核心之间的断裂而被突破。

(三)对环评法律制度的进一步思考:环境风险对传统环境监管制度的挑战

现代环境法以生态科学原理和规律为制度基础和规范依据。虽然我国在某些环境立法过程中因为没有恰当区分作为自然法则的科学事实和作为社会法则的法律论证,因而具有法性不强的弱点,[2]但是我们不能因此而否定科学判断之于法律规范的重要性。环境法的制定和实施如果背离了自然规律或脱离了生态现实(ecological realities),[3]或者没有反

---

〔1〕《江苏省常州高级中学新北校区新建工程项目环境影响报告》,第41页。

〔2〕参见巩固:《环境法律观检讨》,载《法学研究》2011年第6期。

〔3〕See Craig Kundis Robin, "*Stationarity Is Dead*" – *Long Live Transformation*: *Five Principles for Climate Change Adaptation Law*, 34 Harvard Environmental Law Review 17 (2010).

映最新的科学认知和共识，[1]也将会滑向错误的深渊。因此，如何在自然规律和法的规律之间寻得平衡并进行合理的逻辑转换，是以科技性为特点的环境法律制度需要解决的一个问题。就环评制度而言，为了预防常州外国语学校毒地事件类似悲剧的发生，需要对环评的技术导则和法律程序的衔接和契合进行反思，明确“周围环境状况的调查与评价”这一科学性问题在环评法律程序中的角色，以及其对于法律规制措施选择的地位。这在科学认识与法律选择关系更为复杂的风险社会背景下具有现实的紧迫性。

现代环境法以周围环境或生态系统具有一定的“稳定性”（stationarity）为科学基础。[2] 稳定性指的是生态系统会在一个不变的变化范围内浮动，任何的生态变化（如某条河流每年的径流量或者洪峰）在一定的时期内（如一年）有一个概率密度函数，其特性可以通过工具或者仪器的记录评估获得。[3] 例如，环评报告往往通过数据收集、实时测量以及历史资料来形成对规划/建设项目所处环境的确定性认识。在很长一段时间内，稳定性假设为环境保护和资源管理中权利义务的划分以及环境损害责任的配置提供了有效的、确定性的科学知识和基础。[4] 法律制定者和执行者也因此种稳定性假设获得了追求某种确定性决策依据和规制目标的自信。因此，在建立了对周围环境的确定性认知之后，我国的环评法律并没有对拟议行为人科以预测并减轻周围环境影响的规范性义务，也未赋予

---

〔1〕 See Elizabeth Fisher et al., *Maturity and Methodology: Starting a Debate about Environmental Law Scholarship*, 21 Journal of Environmental Law 213(2009).

〔2〕 稳定性（stationarity）不同于法学语境里的确定性（certainty）。前者以数理逻辑和精密的概率运算为特点，具有非常浓厚的环境科学面向，其描述的对象主要为生态系统或自然环境；后者则指人类社会根据现有知识、科技或已有的资料、经验而对某种行为可能产生特定后果的判断和预测。确定性知识的产生往往源于对生态系统稳定性的认识。

〔3〕 See Paul C. D. Milly et al., *Stationarity Is Dead: Whither Water Management?*, 319 Science 573(2008).

〔4〕 See John H. Mattews & Bart Wickel, *Embracing Uncertainty in Freshwater Climate Change Adaptation: A Natural History Approach*, 1 Climate and Development 269 (2009).

环评审批机构据此对周围环境影响进行审批的行政性权力。基于这种稳定性假设，环评法律已经完成了风险的分配：拟议行为的主体不需要承担防范外部风险的责任，此责任由风险制造者承担。这既基于公平原则和责任自负原则，也符合预防效率和行政规制效率的要求。

但是这种基于稳定性的风险分担方式也存在种种问题。首先，这种方式并没有认识到不存在一种零风险的状态，并没有考虑到风险制造者不可能预见并规制所有的风险。无论环评的预防功能如何完美，都难免存在无法规制的风险、遗漏的风险和剩余风险，甚至引发其他风险或替代风险。在这种情况下风险如何分担或损害由谁来承担，并不明确。其次，环评要求环境状况调查，并不只是调查环境资源的承载力，也是为了调查建设项目的选址是否合理。如果环境调查发现建设项目坐落于风险之中，是否可以依然认为选址合理？换句话说，环境调查的结论对环评部门的审批可起到何种程度的影响，法律并无规定。正是这方面的薄弱，导致了大量“迎向污染”的问题。最后，在这种风险分配中，风险的潜在受害者处于比较被动的地位，只能等待风险损害发生后寻求救济。

由于人类活动对周围环境干预深度和强度的大幅度增强，以及气候变化对生态环境产生的多方位影响，以工业生产为代表的环境变化驱动力（driving force）和以环境要素变化为显性表现的环境压力（pressure）便常常处于变化之中，[1]生态系统的稳定性假设正遭受越来越多的质疑，甚至被宣告“死亡”。[2] 基于历史资料和环境监测数据并追求确定性的环评制度往往不能及时、清楚地把握生态环境在环境容量、质量以及资源和生态承载力等方面发生的变化，以及这种变化对规划和建设项目产生的影响和约束，因此也就难以在环评实施和运行过程中及时应对。不断变化的生态现实与相对确定的规制对象、目标以及依据之间存在的这一内在矛盾，是“面向确定性”的环评法律制度在预防环境损害以及环境风

---

〔1〕 参见范红兵、周敬宣：《战略环境评价指标体系框架研究——以流域规划为例》，载《环境科学与管理》2008年第11期。

〔2〕 See Milly PC et al., *Stationarity Is Dead: Whither Water Management?*, 319 Science 573 (2008).

险时不可避免的一个问题。[1] 这一矛盾在常州外国语学校项目环评中表现得淋漓尽致。其关于周围环境的确定性认识之一就是计划于2015年6月完成的污染修复工程。但是,事与愿违,污染修复工程并没有如期完成,[2]即常州外国语学校项目所在地的环境状况和敏感因子与环评初期相比发生了变化。但是基于确定性的认识,环评制度本身并没有灵活的应对机制识别这种变化了的生态现实并作出相应的规制预案,学校依然按时搬迁,最终导致了严重污染损害的发生。

在我国现代环境法的语境下,常州外国语学校事件中污染土地开发所产生的污染、垃圾焚烧和化工项目产生的环境污染等均被认为是由于人类开发、生产活动引发的环境损害,其发生的概率和危害程度,在发达的科技、成熟的环境管理制度以及完善的法律框架下具有一定的确定性、可预知性、可计算性以及可防控性。对于这类环境损害,环评法律制度通过建立科技要求与法律规范之间的衔接路径,确立拟议行为人的规范性义务,以及规范环评审批者的行政决策依据,便可以在很大程度上预防和减轻其对拟议行为所产生的进一步的环境影响。

然而,除此之外,现代社会还存在着大量具有高度不确定性的环境风险,典型例子如气候变化以及核电站的建设和使用。这类环境风险不仅会直接对人类的生命、健康和安全产生影响,也会通过自然生态环境的媒介作用,对人、财产和生态环境产生潜在的危险。[3] 在德国社会学家乌尔里希·贝克看来,由于人类对经济理性、现代科技和工业文明的盲目推崇,现代社会已经不可避免地进入风险社会(Risk Society),[4]而如何应对这些具有广泛渗透性和科学不确定性的环境风险是现代环境法律制度

---

[1] 参见吴宇:《生态系统的复杂性与法律的适应性规制——兼论现行环境法律规制体系的内生风险及其防范》,"生态安全与环境风险防范法治建设"全国环境资源法学研讨会会议论文,2011年8月于桂林;沈岿主编:《风险规制与行政法新发展》,法律出版社2013年版,第3页。

[2] 参见王煜:《"毒地"伤害的是信心》,载《新民周刊》2016年第17期。

[3] 参见卢静、孙宁、夏建新等:《中国环境风险现状及发展趋势分析》,载《环境科学与管理》2012年第1期。

[4] 参见[德]乌尔里希·贝克:《风险社会》,何博闻译,译林出版社2004年版,第19~20页。

所必须面对的问题。作为现代性的到来而产生的一种风险景象,[1]以及“稳定性”假设被宣告“死亡”所产生的后果,这里的风险不应当局限于人类活动对环境的单向影响,也应当包括那些作为外生变量(external variables)以生态环境为媒介而对人类拟议的规划/项目产生影响的外生性风险。这种风险界定的扩张决定了环评法律制度不能再像以前一样,依赖于对周围环境的静态认知,单单聚焦于拟议行为的单向环评,环评的行政决策者需要针对这一新的风险认知范围调整决策依据与决策模式。但是由于不确定性的客观存在,环评制度对外生性风险的规制必将面临重重挑战。环境风险的不确定性,即人类对环境风险发生和解决机制的未知、风险发生概率的不确定性以及环境风险与后果之间因果关系的不确定性,[2]常常要求风险规制者决策于未知之中(decision-making in uncertainties),[3]这挑战着环评制度中科学认知向法律规范转换的逻辑路径,挑战着法律制定者和执行者在确定性认识基础上形成的制度自信,以及现代环境法框架下以追求确定性为目标的决策机制和制度模式。同时,现代环境风险不再是一个简单的技术或科学问题,其具有一定的主观性和建构性,这使环评制度的风险规制措施面临更大的合法性和合理性压力。[4] 环评制度必须要在这种环境风险日益复杂化、常态化的背景下进行系统性的反思和改革,为外生性风险的法律规制寻找合适路径。

---

〔1〕 参见[英]安东尼·吉登斯:《现代性的后果》,田禾译,译林出版社2000年版,第96页。

〔2〕 参见廖霞林、李晶:《防范环境风险的法律对策》,载《华中农业大学学报(社会科学版)》2012年第6期。

〔3〕 参见金自宁:《作为风险规制工具的信息交流——以环境行政中TRI为例》,载《中外法学》2010年第3期。

〔4〕 参见沈岿主编:《风险规制与行政法新发展》,法律出版社2013年版,第3页。

第四章 环境监管的理论思辨与规范重塑

第一节 政府环境监管职责之理论思辨

一、政府环境监管的既有解释理论及其解释困境

（一）政府环境监管的既有解释理论

政府何以负担环境保护的义务，何以有对破坏环境行为进行监管的权力，这是一个理论问题，涉及环境行政监管的权力渊源。学界主要有公民环境权、[1]国家环境义务[2]以及公众环境利益[3]这三种代表性观点。

1. 公民环境权论

公民环境权指的是公民享有在安全、健康、舒适、良好的环境中生存与生活的权利，而政府有保障公民权利实现的义务，因此应当对环境负责，对造成环境污染或破坏的行为进行惩治。美国最早在20世纪60年代产生了环境权的讨论。在环境规制体系尚不健全的背景下，环境权作

---

〔1〕参见吕忠梅：《环境权入宪的理路与设想》，载《法学杂志》2018年第1期；杨朝霞：《论环保机关提起环境民事公益诉讼的正当性——以环境权理论为基础的证立》，载《法学评论》2011年第2期。

〔2〕参见陈海嵩：《国家环境保护义务的溯源与展开》，载《法学研究》2014年第3期。

〔3〕参见巩固：《政府环境责任理论基础探析》，载《中国地质大学学报（社会科学版）》2008年第2期。

为一种新型权利可以弥补政府环境行政管制与普通法仅救济私益损害的不足,也可以对抗企业追逐经济利益而损害环境利益的行为。然而,由于承认环境权即意味着法院要处理科技意味浓厚、利益冲突激烈的环境决策,法院多采取拒绝态度,环境权的讨论与实践趋于消亡。我国在 20 世纪 80 年代也开始了环境权的相关学术讨论,[1]诸多支持公民环境权论的学者甚至认为环境权属于(或者应当属于)宪法权利,是一项继自由权、生存权之后的"第三代人权",[2]因此更成为政府责任的当然依据。"只有将'环境权'作为一项独立的基本权利纳入人权体系并在宪法中加以规定,才能为人在良好环境中生存提供最完整和最充分的权利保障,为国家承担环境保护责任、公民享有环境权利并得到法律保护提供'基石'或合法性依据"。[3]

2. 国家环境义务论

该论点多源于宪法中对国家保护环境相关规定的论述。国家的环境保护义务可以包括现状保持、危险防御与风险预防三个方面:(1)排除现已存在和出现的对环境的损害;(2)排除或者减轻现在对环境潜在的危险性;(3)通过采取预防措施来防止对未来环境的危害性。[4] 在对环境保护条款是否入宪达成一致之后,接下来的问题便是环境保护条款入宪的方式,主要有确立公民环境权利以及设定国家环境保护职责两种方式,即国家的环境保护义务既可以源于由"基本权利—国家义务"关系生成的国家环境保护义务,也可以源于由"国家目标条款"生成的国家环境保护义务。[5] 前者指的是公民可以基于自身与环境相关的权利,对抗国家的侵犯,阻止或防止其他私人针对公民环境权利的侵犯以及积极提升环境质量。[6] 后者指的是宪法基于环境保护基本国策或者通过设定环境保护

---

[1] 参见蔡守秋:《环境权初探》,载《中国社会科学》1982 年第 3 期。
[2] 参见吕忠梅:《再论公民环境权》,载《法学研究》2000 年第 6 期。
[3] 吕忠梅:《环境权入宪的理路与设想》,载《法学杂志》2018 年第 1 期。
[4] 参见陈慈阳:《环境法总论》,中国政法大学出版社 2003 年版,第 92 页。
[5] 参见陈海嵩:《国家环境保护义务的溯源与展开》,载《法学研究》2014 年第 3 期。
[6] 参见陈海嵩:《国家环境保护义务的溯源与展开》,载《法学研究》2014 年第 3 期。

目标的方式赋予立法机关、行政机关以及司法机关环境保护的职责。由于后文提及的环境权利话语本身的局限性,“基本权利—国家义务”逻辑具有一定的缺陷,因此诸多国家都是通过在宪法中规定国家的环境保护政策或目标的方式来实现国家环境保护义务。例如,德国《基本法》第20a条规定,“国家基于对未来世代所负之责任,在合宪秩序的范围内,通过立法、行政机关和司法机关,根据法律与法,保护自然的生命基础”,确立了“保障自然生存基础”的国家目的。[1] 我国《宪法》第9条第2款规定,“国家保障自然资源的合理利用,保护珍贵的动物和植物。禁止任何组织或者个人用任何手段侵占或者破坏自然资源”,第26条第1款规定“国家保护和改善生活环境和生态环境,防治污染和其他公害”成为我国国家环境义务的宪法渊源。2018年“生态文明”入宪更是直接强化了国家的环境治理义务与政府的环境责任。[2]

3. 公众环境利益论

公众环境利益是指社会成员对环境所具有的共同的、基本的利益要求。公众与环境之间的利害关系具有存在客观性、价值正当性与整体共同性的特点,因此采取措施保证一种正当利益的实现是政府责任的当然之义。[3] 由于环境利益的主体是社会公众,是不特定的多数人,无法清楚地确定边界,环境的客体也具有不可分性与不可随意处分性,因此其不具备权利的要件特征,不能作为个人享有、使用与处分的实质性权利,而只能集体委托给公益代表方——政府以“政治”的方式加以保障。[4] 因此,政府可以为了公众利益而对环境事务进行管理,这是政府环境权力的来源。

---

〔1〕 参见[德]施密特·阿斯曼:《秩序理念下的行政法体系建构》,林明锵等译,北京大学出版社2012年版,第148页。

〔2〕 参见江国华、肖妮娜:《“生态文明”入宪与环境法治新发展》,载《南京工业大学学报(社会科学版)》2019年第2期。

〔3〕 参见巩固:《政府环境责任理论基础探析》,载《中国地质大学学报(社会科学版)》2008年第2期。

〔4〕 参见巩固:《政府环境责任理论基础探析》,载《中国地质大学学报(社会科学版)》2008年第2期。

(二)对既有解释理论的批判与反思

然而,上述理论本身存在诸多缺陷,难以为政府环境责任提供有效的理论供给,在实践中也无法为环境公共利益的维护提供全面的制度保障。

第一,这些理论本身并不具备一个完整的逻辑结构,存在一些难以解释的概念与逻辑障碍,这在环境权问题上表现得尤为突出。就公民环境权而言,其作为一种权利话语,在法学者当中当然具有极强的道德感召力,然而环境权本身就是一个极具争议的理论,对于其是否存在,具有何种性质,是公权还是私权、是个人性权利还是集体性权利、是程序性权利(环境知情权、参与权与请求权)还是实体性权利(环境使用权或生态环境享用权)、是经济性权利还是生态性权利等内容都存在诸多争议。[1]例如,有学者认为承认环境权就是"人们自己破坏了环境,又由人们自己来主张权利、规范自己,大有盗来天火煮自己的肉的味道"。[2]针对环境权的人权属性,反对者认为,基本权利之作用是保障宪法上的个人自由权利,具有个人性,"权利从本质上说是个人的,关于社群或种群权利的强调实际上是误导,因为所有权利只能落实到个人权利"。[3]然而,环境本质上是一种公共物品,环境权与基本权利个人主义的本质有所不符。[4]除此之外,有学者提出,"环境"一词的定义相当模糊,导致环境权的主体、保护内涵和范围不确定,这为创设一个具有具体内容且具有可执行性的权利带来了挑战。这种权利自身的模糊性在与其他具有明确边界的私法权利进行竞争或平衡性考虑时,更是加剧了其劣势,往往会被作为次要因素考量。[5]退一步讲,即便环境权可以证成,其与政府的环境保护义务之

---

〔1〕参见王社坤:《环境权理论之反思与方法论重构》,载《山东科技大学学报(社会科学版)》2012年第1期。

〔2〕王宗廷:《环境权的宪政思考》,载《中国人口·资源与环境》2002年第4期。

〔3〕[美]罗纳德·德沃金:《认真对待权利》,信春鹰、吴玉章译,上海三联书店2008年版,第256页。

〔4〕参见陈海嵩:《国家环境保护义务的溯源与展开》,载《法学研究》2014年第3期。

〔5〕参见彭峰:《论我国宪法中环境权的表达及其实施》,载《政治与法律》2019年第10期。

间也并非一定存在对应的逻辑结构。[1] 因此,“尽管以全方位的环境为对象来构建环境权,理论上也实属可能,但如此广泛无边的环境权,即使是具有政治性意义,其法的效果也是难以期望的”。[2]

公众环境利益论虽然避开了环境权本身的模糊性与不确定性问题,但是公众环境利益的正当性仍然无法直接导出政府的环境保护义务,因此缺乏理论基础应有的逻辑流畅性与结构完整性。例如,公众环境利益的实现有多重途径,为何必然导出政府负有环境保护的职责?公众环境利益的正当性是否必然可以证明政府对其他私权利,如财产权、自由权的干预或限制?限制后是否应当给予补偿?除此之外,公众环境利益还面临着一些概念层面的疑问,例如,公众环境利益指的是与公众具有密切利害关系的环境利益,还是也包括那些不具有直接利益关系而较为纯粹的环境利益;公众享有环境利益对政府权力有何直接影响以及要求?等等。这些质疑构成了对公共利益论作为政府环境保护职责理论基础的否定。

国家环境保护义务论是基于公民环境权利话语存在的若干困境而提出的,因此可以避免环境权本身的模糊性与理论争议,也具有较强的可实现性。然而通过确立环境保护的基本国策或者目标证成国家保护义务具有一个根本性的逻辑问题,即国家的环境保护义务是否等于政府的环境保护义务?或者说,同样作为国家机关的立法机关与司法机关是否具有与政府一样不加区分的环境义务?如果是,显然违背权力分工的基本法理;如果不是,显然未能完成对为何政府的环境义务这一如此重要问题的论证。

第二,这些理论既无法全面涵摄政府环境保护职责中的建设性权力与消极责任,也混淆了政府与司法机关的角色。公民环境权论遵循了“赋予权利—生成义务—进行救济”的思维逻辑,认为通过确立公民环境权可以为环境与经济、社会利益进行“平衡”、“权衡”,乃至“抗衡”提供基本权利依据,强化环境行政权行使的正当性,并为公众参与提供实体权利基

---

〔1〕 参见余德厚:《环境治理视域下国家环境保护义务的证立与展开》,载《法学杂志》2018年第7期。

〔2〕 [日]大须贺明:《生存权论》,林浩译,法律出版社2001年版,第202页。

础。[1] 然而,根据这一逻辑,一方面,如前所述,公民环境权并不必然导出政府的环境保护义务;另一方面,公民环境权主体最应该对抗的是企业基于经济理性而作出的污染环境、破坏生态的行为,而非政府公权力,因为是这些私主体直接侵害了公民的环境权,政府的环境保护权力只是保护公民环境权的间接手段。这种救济机制也是围绕平等主体之间权利损害与救济而建立的民事责任机制,司法在平衡不同利益的冲突中发挥了关键作用。即便公民环境权的保护可以通过对抗政府损害环境公共利益的行为来实现,其关注的也是对政府违反环境义务的问责,而忽视了对政府环境保护义务的积极性构建或解释。国家环境保护义务论则恰恰相反。首先,国家作为良好生态产品的提供者,为了保障全体社会成员的环境利益诉求,维护良好的环境质量,其环境义务的履行要求各级各类国家机关依照权力分工,在法定的职责范围内积极主动地增进环境公共利益。然而这并未回答立法机关、行政机关、司法机关在实现国家环境保护义务的过程中各自应发挥怎样的作用。如果没有确立环境行政的优先地位,则容易引起行政权与司法权的功能混淆。其次,在要求行政机关承担其环境保护义务时,主要是通过不断强化政府环境规制的权力而实施保护生态环境的法定职责。至于如何在程序上预防政府环境规制失灵,以及通过何种救济进行监督与救济,国家环境义务论自身并未作出回答。

第三,这些理论均忽视了环境公共利益的核心地位,因此既无法从程序上通过公众参与避免对环境公共利益的损害,也难以从救济层面制止/救济环境公共利益。赋予政府环境保护义务意味着政府应当以保护环境公共利益为中心,从事先预防、事中治理与事后救济全过程落实宪法与环境法律对环境公共利益的全面保护。[2] 然而,无论赋予公民基本权利的"赋权"路径还是国家义务—政府义务的"施义"路径,都缺乏对环境公共利益法律地位的关注。就公民环境权论而言,由于公民环境权性质本身的模糊性与复杂性,其行使并不意味着环境公共利益的实现。私权性质的公民环境权关注的是公民个体的私权利,无论是在公众参与程序中还

---

[1] 参见吕忠梅、张宝:《环境人权"入典"的设想》,载《人权》2022 年第 2 期。

[2] 参见朱谦:《环境公共利益对环境权入典的阻却》,载《苏州大学学报(哲学社会科学版)》2023 年第 6 期。

是在寻求实体性救济时,均无法关照到具有一定宏观性、整体性、利益冲突性以及科技复杂性的环境公共利益的保护需求。公法性质的环境权则存在代表资格缺失、集体行动困境等一系列实施难题,而这恰恰是保护环境公共利益需要克服的。除此之外,环境权本身具有抽象性、权利内容的不确定性和难以操作性等问题,导致其在与其他具有明确边界的私法权利进行竞争或平衡性考虑时,往往会被作为次要考量因素,反而为环境公共利益的保护带来了不利影响。[1] 就国家环境义务论而言,政府在何种程度上可以保护环境取决于政府自身,依赖于政府对于环境法律法规的执行,因此环境公共利益始终是政府依法履职的反射性利益。虽然在一个法治社会中,国家中心主义的环境治理也具有公众参与的制度设计,但是公众参与的权利来源依然仅局限于普通的知情权与参与权,参与目的也是基于私益论证政府决策的程序正当性,无法代表环境公共利益监督政府,也无法对抗或避免政府失灵所带来的环境利益损害。

总结而言,无论是公民环境权论、公众环境权益论,还是国家环境义务论,均不具有完整、流畅的逻辑结构,无法有效涵摄政府环境保护职责的内容,混淆了行政权与司法权的功能定位,缺乏对环境公共利益的关照,因此无法为政府履行其环境保护职责提供完整、有效的理论指导。在此基础上建立起来的制度体系,无论是环境行政权的强化、公益诉讼的创新以及公民环境权的制度建设,都无法在制度层面有效保障政府环境责任的履行以及环境公共利益的实现。

二、环境公共信托理论对环境监管职责的解释与重塑

基于以上理论的缺陷,本书尝试用在西方环境法中获得较为普遍认可的环境公共利益理论来重新解释政府的环境监管权利与义务。正如后文所述,环境公共信托理论的核心要义可以弥补前述两种理论的缺陷——其具有完整的逻辑结构,既强调政府的积极性环境权力也强调消极的法律责任,以保护环境公共利益为目的,重视公众通过司法机关对行政机关的监督。但需要注意的是,环境公共信托并非一个完美无缺的理

---

[1] 参见彭峰:《论我国宪法中环境权的表达及其实施》,载《政治与法律》2019 年第 10 期。

论,其自诞生之初就遭受诸多质疑,[1]例如,对信托前提的质疑(作为“信托财产”的环境与自然资源不能被托付,也无须托付),对信托关系的质疑(依法律拟制所确立的社会公众与政府之间关于环境资源保护的社会契约是纯粹的“理论虚构”,因为现实中根本不可能存在这样的信托契约),以及对法院干预过于重视,等等。[2] 然而,公共信托理论作为一种法学理论思维,关键在于其核心要义所产生的制度指导与架构意义。环境公共信托理论所架构起的委托人(公众)—受托人(政府)—受益人(公众)对于我国建立有效的政府环境职责制度具有重要的意义,后文将详细论述。

(一)环境公共信托理论的核心要义

公共信托理论源于罗马法中关于公众共用物使用的规定,后经英国普通法、宪法与制定法的发展而不断发展。美国吸收了英国普通法传统中的公共信托思想,从仅保护环境资源的商业利益发展到保护其生态利益。

1970 年,美国密歇根大学的约瑟夫·萨克斯教授在《密歇根法律评论》上发表了《自然资源法中的公共信托理论:有效的司法干预》一文,创造性地将公共信托理论这一源于罗马法上的公众共用物概念引入环境保护领域。萨克斯教授认为,空气、阳光、水、野生动植物等环境资源具有公共性、共享性和非排他性等特点,因此不宜作为私人所有权的客体,成为私有财产,而应该作为全体公民的共有财产。公民为了管理他们的共有财产,通过信托的方式将其委托给政府进行管理,公民与政府从而建立起委托人与受托人的信托法律关系。政府作为受托人是环境资源名义上的所有者,负有为全体公民及子孙后代的公共利益来管理、保护环境资源的义务,且必须严格按照信托设立时的意图,既为了受益人的利益,也为实现特定的目的,来管理处分信托财产。全体公民作为委托人和受益人,是

---

〔1〕 See Richard Lazarus, *Changing Conceptions of Property and Sovereignty in Natural Resources Law: Questioning the Public Trust Doctrine*, Iowa Law Review, 1986 (71), p. 631.

〔2〕 参见李冰强:《公共信托理论批判》,法律出版社 2017 年,第 124~125 页。

环境资源实质意义上的所有者，享有信托财产的收益权，同时拥有对环境资源行政决策的监督参与权，以及当环境资源受到侵害时请求排除侵害或损害赔偿的权利。

不同于传统信托理论中私主体之间平等自由的信托关系，环境公共信托中政府作为受托人，与委托人之间并非平等主体的关系，政府为了环境公共利益，需要一定的国家公权力来防止私人破坏公共环境与资源。同时，环境公共信托的目的在于实现当代以及后代的环境公共利益。这一显著的公法特征使得政府权力的行使和环境公共利益目的的实现成为信托关系的核心：(1)环境公共利益是环境监管的出发点与目的。一方面，要求受托人必须是出于保护环境公共利益的目的而行使被委托的权力；另一方面，公民权利，特别是会导致资源破坏与环境污染的自由权与财产权，可能会基于环境公共利益而受到限制。(2)政府作为受托人，是保护环境的首要义务主体和责任主体，须以环境公共利益最大化为目标，尽职尽责地行使公众所赋予(即立法机关制定的法律)的环境管理权力。为了实现环境公共利益，政府拥有一定的自由裁量权，但自由裁量权仍然以维护环境公共利益为第一目的。(3)公民，包括当代公民与后代公民，既是环境与资源的委托人，也是受益人，因此对政府履行受托义务或处分信托财产的行为享有广泛的知情权、参与权和监督权。同时，对于那些背离信托义务或破坏公共信托的政府行为，公民有权诉诸司法途径寻求救济。这一理论作为保护环境资源共有财产和公共利益的有力工具，在美国得到了广泛的承认。美国的“环保基本法”《国家环境政策法》通过宣布美国的国家环境政策、设立国家环境质量委员会以及建立环评程序等内容充分体现了环境公共信托理论。美国许多州的宪法和环境法不同程度地接受和贯彻了这一理论，并通过环境公共信托诉讼促进其迅速发展。同时，环境公共信托理论不仅成为公民诉讼制度的理论源泉，还进一步构建了以保护环境公共利益为核心的司法监督和救济机制。以此理论为基础，美国在《清洁空气法》《清洁水法》《有毒物质控制法》《资源保护和恢复法》《濒危物种法》中均规定了公民环境诉讼条款，授权“任何人”都可以以自己的名义对政府、相关管理部门以及污染者等违反环境法的行为提起诉讼。

环境公共信任理论准确清晰地揭示了政府、公众与生态环境之间的关系,因其丰富的理论内容以及完整的解释框架得到学术界的推崇,也在世界多国的法律体系中得到了体现。一方面,环境公众信托通过界定所有人在受托环境资源上的基本权益,与公众对于自然资源保护和污染防治等环境问题日益增长的需求相契合。这种以公众环境需求为基础,以代际公平和正义为中心的理论,具有强大的道德力量,颇具鼓舞和号召力。〔1〕另一方面,公共信托理论为传统的基于财产理念的环境资源保护框架提供了替代方案,其挑战了将自然和生态系统主要作为私人财产、无限制开发的商品化逻辑。与之相反,该理论将关键的环境要素(自然资源)重新诠释为属于公众的、政府应加以保护的公共资产,而非以传统经济收益为中心的私人财产。

(二)环境公共信托理论的规范基础

在我国规范体系下,环境公共信托理论有着深厚的规范支撑和解释空间。2001 年 4 月发布的《信托法》,是我国法律层面首次对信托制度进行系统性的规定。《信托法》第 60 条明确,为了发展环境保护事业,维护生态环境而设立的信托,属于公益信托。该法第 70 条规定:"授权委托人、受托人或者受益人在公益事业管理机构违反本法规定时具有向人民法院起诉的权利。"虽然该法规定的公益信托并非等同于理论意义上的环境公共信托,但是确立了信托的基本结构和框架,也为环境公共信托理念的落实提供了一定的观念空间。

根据我国《宪法》,我国的一切权力属于人民,政府公权力源于人民通过代议制进行的委托,各级人民政府是各区域人民获得公共服务的受托者。〔2〕以国务院为代表的政府公权力具有建设生态文明的法定职责,因此可以认为生态文明建设属于人民通过立法对政府公权力的委托事项,而政府需要在法律授权的范围内对受托事项恪尽职守。《宪法》第 9 条第 1 款规定,矿产资源、水、森林、山岭、草原、荒地、滩涂等自然资源,属于国家所有,即全民所有。《土地管理法》《水法》《矿产资源法》等自然资源单行法进一步规定。全民所有,即土地/水/矿产资源的国家所有权由国务

〔1〕参见刘雪斌:《论代际正义的原则》,载《法制与社会发展》2008 年第 4 期。
〔2〕参见张宝:《环境规制的法律构造》,北京大学出版社 2018 年版,第 148 页。

院行使。虽然学界对国家所有权的性质仍未达成共识，[1]但这一从全民所有到国务院行使的逻辑为环境公共信托理论的适用奠定了最基本也最为关键的逻辑基础：首先，政府与公众之间就自然资源国家所有权的行使形成了一种代表或代理模式，这种代理是基于公众对政府的委托。在具体行使自然资源国家所有权时，国务院基于"委托—代理"制度委托地方政府实施。因此，环境公共信托理论是实施当前我国"委托—代理"制的前提或基础，回答了中央政府何以委托地方政府行使代理事项这一基本问题。其次，基于此种代理模式，政府拥有了形式层面的自然资源所有权，而公众拥有实质层面的自然资源所有权。最后，政府形式意义上自然资源所有权的行使，本质上是为了公众实质意义上自然资源所有权的实现。张宝亦认为自然资源国家所有权更多的是一种价值宣示，是为了防止大气、水等公共物品为私人垄断后导致公益损害，从而根据国民的公共信托设立国家垄断，并在此基础上赋予行政机关广泛的职权以保护生态环境。[2] 2022年，中共中央办公厅、国务院办公厅印发《全民所有自然资源资产所有权委托代理机制试点方案》，强调国务院代表国家行使全民所有自然资源所有权，授权自然资源部统一履行全民所有自然资源资产所有者职责，进一步完成了全民—国务院—政府行政机关的逻辑延伸。

简言之，我国自然资源国家所有权的实际运行逻辑是符合环境公共信托的理念要求的，可以说，《宪法》第9条第1款作为描述国家作为自然资源所有人的宪法条款，确立了政府与公众在自然资源国家所有权结构中的地位，[3]第26条确立了政府与全体公众在保护生态环境方面的地位。在这一信托关系中，作为受托人的政府负有为了社会公众的利益对生态环境和自然资源进行积极、妥善的利用、控制、管理、保护的义务和责任；作为委托人和受益人的社会公众则有权享受政府管理环境和自然资

---

[1] 参见王涌：《自然资源国家所有权三层结构说》，载《法学研究》2013年第4期；巩固：《自然资源国家所有权公权说》，载《法学研究》2013年第4期；税兵：《自然资源国家所有权双阶构造说》，载《法学研究》2013年第4期；徐祥民：《自然资源国家所有权之国家所有制说》，载《法学研究》2013年第4期。

[2] 参见张宝：《环境规制的法律构造》，北京大学出版社2018年版，第246页。

[3] 参见王涌：《自然资源国家所有权三层结构说》，载《法学研究》2013年第4期。

源所带来的良好、清洁环境这一环境公共利益,并有权在政府不履行或怠于履行环境与资源管理职责时向法院提起诉讼,要求政府履行环境管理义务。

(三)环境公共信托理论对我国政府环境监管职责的重塑

公共信托理论虽然诞生并发展于英美普通法,但其核心要义对于我们重新认识与解释我国政府的环境监管职责具有重要的意义,某种程度上可以重塑我们对环境监管的目的、权力结构与制度设计的认知。因此,我们还是可以借鉴现代意义上改良版的环境公共信托理论来重新思考我国政府的环境职责,以期能破解当前的环境监管困境。

首先,以环境公共利益为导向的信托关系可以重塑政府环境监管的规范目的,并有效缓解我国环境监管中长期以来因上下级政府之间的"委托—代理"关系而陷入的困境。在"中央政府—地方政府"这一委托代理关系中,地方政府为中央政府下放受托义务的代理履行方,承担环境保护义务,以实现委托人设定的法律与政策目标。中央政府或上级政府作为委托方有权对地方政府下放受托义务的履行情况进行考核、评价。这一组织关系存在以下问题:其一,委托方与代理方/受托方之间存在信息不对称与利益博弈,代理方/受托方或出于自身利益的考量或基于委托内容的模糊性,往往会发展出与中央政府不一样的利益结构,进而偏离保护环境公共利益的初衷。其二,"委托—代理"制下地方政府环境职责的实施是对上级政府乃至中央政府的指令或委托事项负责,并不一定会实现环境公共利益。其三,在监督与问责方式上,委托代理制依赖于中央与地方或上级与下级政府之间的政治性、单向性问责,具有一定的封闭性,缺乏来自司法机关、公众或社会的监督,有损害环境公共利益的风险。而环境公共信托理论可以弥补以上缺陷。一方面,其对于政府整体环境保护义务的重视,意味着无论是中央政府政策与法律的制定还是地方政府环境法律的执行,都应当以维护环境公共利益为首要目的。另一方面,政府环境保护权利与义务的主要来源除了中央/上级政府的委托,还有公众的委托,主要目的除了落实中央/上级政府的命令,更要实现环境公共利益。因此,地方政府的环境职责不仅是落实中央政府所委托或下达的相关环境指令,还需维护本行政辖区内的环境公共利益,既要对中央政府负责,也要对本行政辖区的公众负责。在二者存在冲突的情形下，应当以维护环境公共利益为优先考量。除此之外，信托关系也将重塑环境治理结构的规范目的，即无论是企业的自我规制还是其他私主体参与规制，目的依然是更高效地实现环境公共利益的保护目标，政府作为受托人在环境治理中仍需发挥担保、协调等保护公共利益的兜底保障功能。

其次，以环境公共利益为核心目的的信托关系可以重塑我国环境监管与环境治理的结构体系，从监管—守法二元结构走向监管—守法—环境公共利益保护三元结构。首先，我国传统的环境监管结构以政府—企业之间的自上而下的、对抗性的关系为核心，忽视了环境公共利益代表人这一主体的结构性参与。公众作为环境资源事务的委托人，是当然的环境公共利益代表主体，其在当前环境监管结构体系中的缺位使得在政府失灵时环境公共利益无法得到充分保护。因此，未来环境监管权的实施必须引入环境公共利益代表人机制。这一机制可以表达保护环境公共利益的诉求，基于环境公共利益对环境监管权进行监督，并在环境公共利益受损时请求损害赔偿。这一结构模式也为环境公益诉讼的发展提供了理论支持。其次，在传统的政府作为单一主体对环境进行管制的模式下，政府在环境监督管理事项上具有绝对主导权，而企业、公众则处于被动地位，整体结构呈现失衡状态。而环境公共信托理论对于三方结构的重视有利于强化企业与社会力量的主体地位与积极作用，鼓励其为维护自身和公共利益而积极承担公民的责任，最终实现政府、企业、公众共治的环境治理体系。最后，环境公共信托关系对于委托人/受益人对政府委托义务履行的司法监督的重视也有助于完善我国环境监管的司法监督机制。在“委托—代理”关系中，科层体制内部的问责机制，如目标考核评价、党政同责、自然资源离任审计构成了对政府环境监管权力进行监督的主流方式，但是这种内部问责制度关注的主要是政策与法律的整体执行情况，缺乏对个案、具体的环境监管行为之合法性的追问。以审查行政行为的合法性为核心的司法监督可以实现这一目的。除此之外，我国立法已经建立了环境民事、行政公益诉讼以及生态环境损害赔偿诉讼等多种以保护环境公共利益为目的的诉讼制度。然而，蓬勃发展的公益诉讼背后却是行政权与司法权的错位，司法机关成为保护环境公共利益的执法者，却忽视了其作为监督者的本位。环境公共信托理论对法院监督者这一地位的重视为我们重塑环境公益诉讼的目的与制度设计指明了方向，即环境公益诉讼的首要目的应当是督促行政机关依法履职，进而实现保护环境公共利益的最终目的。

第二节 政府环境监管职责之规范反思

一、政府环境监管职责之规范内涵：积极性权力抑或消极性责任？

前文提到的环境公共信托理论充分论证了政府进行环境监管的权力渊源。当前我国政府的环境监管职责在法律中的表达主要是国务院的生态文明建设职责以及地方政府环境质量责任制，这也是监管部门履行环境监管职责的基础。1989 年我国颁布《环境保护法》，明确规定地方政府应当对其行政区域内的环境质量负责。2014 年修订的《环境保护法》在重申“地方政府要对地方环境质量负责”这一规定的基础上，进一步规定了环境保护目标的考核评价机制，这有助于提升地方政府环境保护义务在地方政府各项事项中的地位。其后修改的各单行法也重申了地方政府在各个环境领域的保护责任，如 2018 年修正的《大气污染防治法》在第 3 条第 2 款明确规定：“地方各级人民政府应当对本行政区域的大气环境质量负责，制定规划，采取措施，控制或者逐步削减大气污染物的排放量，使大气环境质量达到规定标准并逐步改善。”这些关于政府环境质量责任的规定受到环境法学界的推崇，以期可以解决当前长期困扰我国的环境执法问题。[1] 然而，对于如何理解“地方政府要对本行政区域环境质量负责”这一制度，学界常有不同的看法。很多学者着力于构建一种政府环境保护的消极责任，即通过要求党政领导干部承担消极法律责任的方式督

---

〔1〕参见任沁沁、顾瑞珍、罗沙：《我国通过史上最严新环保法 新法于明年 1 月 1 日施行》，载中国人大网，http://www.npc.gov.cn/zgrdw/npc/xinwen/lfgz/2014-04/25/content_1861207.htm。

促他们严格执法、自觉守法。[1] 这些研究“急切盼望对提高环境质量具有立竿见影、一蹴而就、‘一剑封喉’功效的法律创制，他们不惜为应对环境危机而对损害环境的‘要犯’，对关键的责任主体‘用重典’‘下猛药’”。[2]

然而，这种对政府责任的认知是片面的，忽略了责任本身的多层含义。政府责任除了以上所指政府机关及其工作人员因违反法律规定的义务、违法行使职权时所承担的否定性法律后果这一狭义的消极责任外，还有广义的积极性责任。张成福认为，从最广义层面来看，政府责任是指政府能够积极地对社会民众的需求做出回应，并采取积极的措施，公正、有效率地实现民众的需求和利益。从相对广义的层面来看，政府责任意味着政府组织及其公职人员需要履行其在整个社会中的职能和义务，即法律和社会所要求的义务。[3] 从一个法律研究的视角来看，最广义责任过于宽泛，包含了诸多法律职责以外的政府与社会需求，而一个相对广义的范围则较为合适。本书认为，地方政府环境质量责任除应包括前面学者提到的消极性法律责任和政治责任外，还应包括政府环境保护的积极责任，即通过地方立法、财政、技术、税收、价格等手段积极履行环境保护的职权，是一种“建设性责任”。[4] 地方政府积极环境责任的明确与清晰是落实政府消极环境责任的前提与基础。此外，从主体的角度而言，政府也有广义与狭义之分，广义的政府是指包括立法机关、司法机关和行政机关在内的国家机关，而狭义的政府仅指行政机关。本书并不试图探讨立法机关与司法机关如何履行环境保护职责，而是聚焦于行政机关的环境保护职责。

基于这一理解，我们需要从规范角度对地方保护主义与环境监管执

---

〔1〕 参见杨朝霞、张晓宁：《论我国政府环境问责的乱象及其应对——写在新〈环境保护法〉实施之初》，载《吉首大学学报（社会科学版）》2015 年第 4 期；唐薇：《新〈环保法〉对政府环境责任规定的突破及落实建议》，载《环境保护》2015 年第 1 期。

〔2〕 徐祥民：《地方政府环境质量责任的法理与制度完善》，载《现代法学》2019 年第 3 期。

〔3〕 参见张成福：《责任政府论》，载《中国人民大学学报》2000 年第 2 期。

〔4〕 参见徐祥民：《地方政府环境质量责任的法理与制度完善》，载《现代法学》2019 年第 3 期。

法的关系进行反思,即要分析我国环境法是否为地方政府环境质量责任制以及环境监管提供了明确的规范框架,以及相关法律规定是否足够严厉,足以对地方政府相关责任人员形成有效的威慑。如果法律规定较为模糊,地方政府便可能以经济利益之名不履行环境保护责任或者履行环境保护责任不到位,甚至对环境执法进行不当干预。正如本杰明·范·罗伊所指出的那样,遵守法律的能力部分来自法律本身的合理性。[1] 不切实际的法律要求或难以执行的法律规定必然将导致违法行为的猖獗和执行力被削弱。

因此,本部分将着重分析和讨论《环境保护法》中关于环境保护责任和问责机制的法律规定的明确性与确定性。为了理解 2014 年修订后的《环境保护法》能够在多大程度上破解地方层面的执法困境,下文将探讨以下三个问题:(1)《环境保护法》所规定的地方政府环境责任含义和内容是否清晰?(2)《环境保护法》关于地方政府的问责机制设计是否合理,是否可以有效阻止地方官员的违规行为?(3)如何完善政府环境职责的规范内容?以下部分将围绕这三个问题展开。

二、政府环境监管职责之规范内容:法律规定是否清晰?

"了解和理解规则是遵守和执行规则的首要条件。"[2] 清晰明确的规则不仅便于执行,还能限制权力行使者的自由裁量权,防止权力滥用或腐败行为。[3] 相比之下,复杂、模糊和相互矛盾的法律阻碍了法律的有效执行。[4] 法律的确定性要求尽可能具体和详细地起草法律,从而最大限度地减少开放性解释和误解的可能性。地方政府依法积极履行其环境保护职责的前提,就是在《环境保护法》中明确地方政府的职责范围、负责

---

〔1〕 See Benjamin van Rooij, *Regulating Land and Pollution in China, Lawmaking, Compliance, and Enforcement: Theory and Cases*, Leiden University Press, 2006, p. 116.

〔2〕 See Benjamin van Rooij, *Regulating Land and Pollution in China, Lawmaking, Compliance, and Enforcement: Theory and Cases*, Leiden University Press, 2006, p. 39.

〔3〕 See Benjamin van Rooij, *Regulating Land and Pollution in China, Lawmaking, Compliance, and Enforcement: Theory and Cases*, Leiden University Press, 2006, p. 39-40.

〔4〕 See J. B. Ruhl et al., *Environmental Compliance: Another Corporate Integrity Crisis or Too Many Traps for the Unwary?*, 17 Natural Resources and Environment 24(2002).

方式以及负责的环境事务。

（一）受托主体：中央政府抑或地方政府？

从公共信托理论的规范逻辑来看，包括中央政府与地方政府在内的各级政府为了维护环境公共利益承担相应的受托义务。根据我国《宪法》，国务院代表全民行使自然资源所有权，并根据“委托—代理”制将部分环境资源管理事务委托给地方政府行使。国务院具有建设生态文明的职责，其所领导的各级地方政府当然也具有生态文明建设的职责。从这个意义上讲，确立中央政府的环保义务是落实公共信托原则以及要求地方政府履行其环保义务的基础。综观我国《环境保护法》的规定，涉及环境保护事务央地划分的主要是第 10 条、第 13 条、第 15 条、第 34 条与第 44 条。总结而言，中央政府主要负责以下事务：统一监督管理全国环境保护工作的实施，具体工作由国务院环境监管部门负责；国务院负责审批国家环境保护规划；中央环境监管部门负责制定国家环境质量标准与污染物排放标准；海洋环境保护；下达重点污染物排放总量控制指标。这些中央政府的环境职权在防止逐底竞争、防止污染的跨区域转移以及保护国家与社会公共利益方面发挥了重要作用。[1] 然而，相比于法律对地方政府环境职责的规定，对于中央政府的环保义务的规定仍然略显粗略，尚未明确规定中央政府的环境质量责任，因此，难以回答为何只有地方政府对本行政区域内环境质量负责这一问题，更是无法基于中央与地方之间的“委托—代理”关系来理解地方政府的环境质量责任制。此外，当前的法律与政策专注于中央政府对地方政府的监督与问责，缺乏对中央政府消极性环境责任的规定。

在我国的单一制政府体制下，四级地方政府——省（含自治区、直辖市）、地级市、县和乡级政府——广义上都被称为地方政府，各级地方政府在提供公共服务和执行法律法规方面都被赋予不同的角色和责任。在联邦制国家中，地方政府通常与联邦和州一级政府并列使用，而在我国，地方政府的含义和范围则相对较为灵活，往往取决于所使用的语境。大多

---

〔1〕 参见王慧：《环保事权央地分权的法治优化》，载《中国政法大学学报》2021 年第 5 期。

数文献随意使用“地方政府”，而没有明确其范围。例如，齐烨等人使用“地方政府”来涵盖从省级到最基层的政府，[1]而郑永年文章中的地方政府则指向中央与地方关系中的省级政府。[2] 地方政府作为一个法律术语，在《环境保护法》中并没有进行清楚的范围界定，多数条文采用的是“县级以上地方人民政府”或“设区的地市级以上人民政府”的表述，这种相对弹性的范围界定在实践中难免会引发政府环境职责的确定困境以及法律执行的困境。

由于地方政府对当地的环境问题更了解，且更有能力根据当地情况动员资源并制订具体的解决方案，因此其更具备保护公众财产和健康免受环境损害和风险的能力。从理论上讲，不同级别的地方政府应在不同的环境问题上拥有不同的权力和责任。例如，相较于省级政府，地市级和县级政府更有可能执行水污染相关的法律法规，因为他们更容易与当地水污染者建立直接联系，[3]省级政府则因其资源和能力的优势，更有能力应对气候变化、濒危物种保护和跨辖区污染等大型环境问题。各级地方政府权力和责任的分散意味着没有一个主体能够单独负责环境保护的所有方面。在这种情况下，仅规定“地方政府对行政区域内的环境质量负责”，而不界定不同地方政府的不同负责事项，事实上无益于政府环境质量责任的履行。

在规定地方政府的环境保护职责时，当前法律对职责规范发挥的多层级特点不够重视，地方政府职责规范呈现高度的“重复同构”，并未明确哪一级政府最适合负责管理哪些特定的环境问题，也没有考虑不同级地方政府之间的互动关系，客观上造成了不同层级地方政府履职逃逸或推

---

〔1〕 See Ye Qi et al., *Translating a Global Issue into Local Priority: China's Local Government Response to Climate Change*, 17 The Journal of Environment and Development 379 (2008).

〔2〕 See Yongnian Zheng, *Power to Dominate, Not to Change: How China's Central-local Relations Constrain Its Reform*, 153 EAI Working Paper 1(2009).

〔3〕 See Ye Qi & Lingyun Zhang, *Local Environmental Enforcement Constrained by Central-local Relations in China*, 24 Environmental Policy and Governance 216(2014).

诿行为的发生,失去了此类职责应有的规范功能。[1] 因此,在面对需要上级或下级政府合作解决的环境问题时,某一级地方政府可能会感到非常困惑。例如,在农村地区清理一块受污染的土地时,县级政府应该承担多少责任?对于地方政府来说,更具挑战性的问题是如何治理需要有效协调的跨行政区域的环境问题,如区域空气污染和跨区域水污染问题。北京市、天津市和河北省三地政府在协同治理京津冀地区大气污染的过程中暴露的问题就是典型例证。针对这一问题,2015 年修订的《大气污染防治法》在重点污染区域推行区域大气污染联防联控机制。然而,由于相关地方政府在利益、法规、制度和减排成本等方面存在分歧,大气污染综合治理的战略和行动仍面临多重挑战。[2] 2015 年修正的《立法法》虽然赋予设区的市一定的环境保护立法权,但是仍未对高度依赖政府合作与协调的跨辖区问题可能出现的规范冲突进行明确规定,因此反而可能使问题进一步复杂化。在这种情况下,地方政府往往选择推卸责任,或是以牺牲邻近辖区的环境利益为代价追求自己的局部利益。[3]

(二)受托事项:环境质量抑或环保目标?

根据权责相一致原则,地方政府的负责事项和评价内容理应保持一致。《环境保护法》第 6 条要求地方政府对当地的环境质量负责,但第 26 条规定,对地方政府及其相关部门负责人的考核主要依据环境保护目标的完成情况。从理论上讲,制定环境保护目标的目的是改善环境或达到一定环境质量水平。这两条法律规定具有很强的关联性,但在很多方面又存在差异。因此,地方政府如何区分环境质量与环境目标,并将二者联系起来,将在很大程度上决定这两条法律规定对环境监管的作用。

---

〔1〕 参见黄锡生、叶舟:《法典化背景下地方政府职责的纵向划分与规范配置》,载《内蒙古社会科学》2023 年第 5 期。

〔2〕 See Dan Wu, Yuan Xu & Shiqiu Zhang, *Will Joint Regional Air Pollution Control Be More Cost-effective? An Empirical Study of China's Beijing-Tianjin-Hebei Region*, 149 Journal of environmental management 27(2015).

〔3〕 See Scott Moore, *Hydropolitics and Inter-Jurisdictional Relationships in China: The Pursuit of Localized Preferences in a Centralized System*, 219 The China Quarterly 760 (2014).

环境质量指的是特定区域环境的实际状况,而不是指环境的应然状态。决定环境质量的因素较多,主要有以下几个:[1](1)固体废物的数量以及水、土地和空气等环境要素的污染状况;(2)能源效率和消耗情况;[2](3)生物多样性、森林和湿地等生态系统的保护状况。[3] 对于空气和水等每一种环境要素,都有相应指标来描述和衡量其状况。由于不可能对每种污染物都进行监管,我国与大多数国家一样,也将环境质量标准[4]作为重要的监管手段,对排放量较大或危害较大的污染物进行监测和测量,以判断某一区域的环境质量状况。例如,我国和美国都将二氧化硫(SO_2)、一氧化碳(CO)、氮氧化物(NO_x)、臭氧(O_3)、空气颗粒物(PM10 和 PM2.5)和铅(Pb)视为衡量空气质量标准污染物。[5] 根据这些污染物的实时监测数值可以判断某一地区的环境质量,区分其是未受污染、轻度污染还是重度污染。

对那些特定发展时期排放量巨大又对环境质量有显著影响的污染物,我国主要采用具有法律约束力、强制性和问责制的环境保护目标进行管理与监管。[6] 中央政府制定环境保护目标或减排目标并向下级政府下达量化的指标,根据指标完成情况衡量地方官员环境保护方面的政绩。

---

[1] 2015 年,原环境保护部发布了《生态环境状况评价技术规范》,建立了生态环境质量指标体系,通过生物丰富度指数、植被覆盖指数、水网密度指数、污染指数等多种指标来评价我国的环境状况。

[2] 例如,当降低能源强度的全国目标被分配给省级和地级市政府时,这一目标的实现被视为衡量当地环境质量的一种方式。

[3] 我国政府每年都会发布环境公报,包括淡水、空气、噪声、辐射、草原环境等方方面面的环境状况。气候变化、能源状况和自然灾害也是环境状况的组成部分。

[4] 环境质量标准是对物理环境中某一特定部分法律允许的最大污染水平的科学制定和数字表达的规范,参见 William Howarth, *The Progression towards Ecological Quality Standards*, 18 Journal of Environmental Law 3(2006)。

[5] 参见原环境保护部《环境空气质量标准》(GB 3095—2012); Environmental Protection Agency, U. S., *National Ambient Air Quality Standards*, EPA, https://www.epa.gov/criteria-air-pollutants/naaqs-table。

[6] See Jiaqi Liang & Laura Langbein, *Performance Management, High-Powered Incentives, and Environmental Policies in China*, 18 International Public Management Journal 346 (2015).

环境保护目标的设定往往是经济发展与环境保护之间妥协与衡量的结果。环境保护目标也会定期被审查和修改,以反映中央政府当下时段对污染物控制的优先排序。例如,在"十一五"规划中,中央政府只对二氧化硫和化学需氧量这两种主要污染物进行了环境保护目标的量化性规定,规定到2010年年底这两种污染物的排放量要减少10%。而《环境保护"十二五"规划》则规定了氮氧化物、二氧化硫和化学需氧量的减排目标,规定到2015年年底,在2010年基础上降低10%、8%和8%。

中央政府认为建立量化目标可以带来更好的组织效果,[1]于是通过命令—控制手段,将环境目标分配给地方政府的省长、市长、县长和国有企业领导人。[2] 然而,"被衡量的才是最重要的"。[3] 地方政府往往只关心那些设定了环境目标并会被评估和考核的环境问题。此外,由于目标分配过程的高度政治化,分配给地方政府的目标在很多情况下可能无法反映当地的实际情况和环境问题,[4]因此反而给地方政府的环境履责带来一些问题。这些问题包括:如何在中央目标分配和地方环境关切之间做出权衡?那些不太容易被公众识别或感知,或与特定的强制性目标无关的有害排放物,如挥发性有机化合物和煤烟,该如何进行监管?如果所分配的环境目标与所要求的环境质量不相符,如果达到了其中一个而未能达到另一个,会产生怎样的法律后果?不相容的环境目标怎么办?其中最为突出的问题是单项污染物减排与总体上的环境质量改善之间的关系,官方考核与公众感知及满意度之间的反差。[5] 尽管许多研究讨论

---

〔1〕 See George Boyne & Alex A. Chen, *Performance Targets and Public Service Improvement*, 17 Journal of Public Administration Research and Theory 455(2006).

〔2〕 See Alex Wang, *The Search for Sustainable Legitimacy: Environmental Law and Bureaucracy in China*, 37 Harvard Environmental Law Review 365(2013).

〔3〕 See Gwyn Bevan & Christopher Hood, *What's Measured is What Matters: Targets and Gaming in the English Public Health Care System*, 84 Public Administration 517(2006).

〔4〕 See Kostka Genia, *Command Without Control: The Case of China's Environmental Target System*, 10 Regulation & Governance 58(2016).

〔5〕 参见王金南、蒋春来、张文静:《关于"十三五"污染物排放总量控制制度改革的思考》,载《环境保护》2015年第21期。

了设定约束性环境目标的利弊，[1]但很少有研究分析环境目标与环境质量之间的不一致性及潜在冲突。

尽管我国环境立法的准确性与科学性在近几年有了极大的提升，但是不同法律内容仍存在模糊性与冲突条款。这虽然有利于法律在一个地域辽阔、快速变化的社会中获得灵活性和适应性，[2]但也为地方变通执法或消极执法提供了空间。地方政府普遍认为环境法是“软性的”、象征性的，极少会被严格执行。[3] 就2014年修订的《环境保护法》而言，对地方政府环境保护责任制的内容这一关键制度，即对谁负责、负责什么和如何负责等核心问题的规定尚不清晰，无法为地方政府的环境履责提供充分、清晰的规范供给。

三、地方政府环境监管职责之责任机制：问责制是否明确？

作为管理组织内外各种诉求的手段，良好的问责制度可以使公共机构对内部政治指令和外部社会需求负责并作出回应。[4] 一个有效的问责制度，可以在很大程度上避免地方官员对环境目标的忽视，提高环境执法的积极性。1989年《环境保护法》过于注重对污染者的监管，而没有明确地方政府领导人或环保部门负责人的责任。2014年修订的《环境保护法》在一定程度上填补了这一空白，将监管焦点部分转向政府及其相关部

---

[1] See Kostka Genia, *Command Without Control: The Case of China's Environmental Target System*, 10 Regulation & Governance 58(2016); Ran Ran, *Political Incentives and Local Environmental Governance Under a "Pressurized System"*, 167 Comparative Economics and Social Systems3(2013); Minzner Carl F., *Riots and Cover-Ups: Counter-productive Control of Local Agents in China*, 31 University of Pennsylvania Journal of International Law 53(2009).

[2] See Van Rooij Benjamin, *Regulating Land and Pollution in China: Lawmaking, Compliance, and Enforcement: Theory and Cases*, Amsterdam University Press, 2006, p. 44-46.

[3] See Ran Ran, *Perverse Incentive Structure and Policy Implementation gap in China's Local Environmental Politics*, 15 Journal of Environmental Policy and Planning 15 (2013).

[4] See Barbara S. Romzek & Melvin J. Dubnick, *Accountability in the Public Sector: Lessons from the Challenger Tragedy*, 47 Public Administration Review 227(1987).

门。鉴于一些关于地方政府环境责任的法规是根据2014年修订的《环境保护法》制定的，下文也将对其进行分析。

（一）环境法中的政府问责制

1. 环境保护目标责任制

在我国的政治体制下，中央政府通过对地方政府官员的任免对各级地方官员每年的政绩进行考核，考核评价内容与标准通过“责任书”予以落实，[1]具体内容包括经济发展、环境保护、民生改善和社会稳定等方面。[2] 这种管理体制可以更好地激励地方政府执行中央政府的指令，还可以加强问责并提高地方公共服务效率。[3] 但在这种政绩评价标准下，对地方官员的评价方式在很大程度上影响着地方政府对环境问题的反应。在过去相当长的一段时间里，我国日益恶化的环境状况可归因于以GDP、人均GDP、地方财政收入和农村居民人均年收入等经济增长为中心的政绩晋升制度。[4] 上述政绩标准成为一些地方官员选择廉价但易污

---

〔1〕 See Carlos Wing Hung Lo & Shui Yan Tang, *Institutional Reform, Economic Changes, and Local Environmental Management in China: The Case of Guangdong Province*, 15 Environmental Politics 190(2006). 责任书是实施评价的一种方式，一般是上下级政府之间，或者政府与污染企业之间，就责任目标、评价指标、责任等签订责任书。通过这种方式，行政命令或目标从中央逐级传递到地方。各级政府之间的责任书有很多共同之处，但政府层级越低，责任书的内容往往更具体。可参见贵州省人民政府于1999年印发的《贵州省环境保护目标责任制实施办法》。除贵州外，吉林、海南、云南、广东等省都有各自的省级环境目标责任制措施。根据中央政府下达的目标，各省为实现目标，可以自行决定是否建立目标责任制。

〔2〕 中央政府和中共组织部已经发布了一些评估地方政府官员和党委领导人的方法和指导方针。经济发展、经济社会可持续发展、人与自然和谐发展、社会稳定、民生改善等指标是评价地方官员的重要指标。可参见中共中央办公厅于2009年发布的《关于建立促进科学发展的党政领导班子和领导干部考核评价机制的意见》。

〔3〕 See Hon S. Chan & Jie Gao, *Putting the Cart before the Horse: Accountability or Performance?*, 68 Australian Journal of Public Administration 51(2010).

〔4〕 See Susan Whiting, *The Cadre Evaluation System at the Grass Roots: The Paradox of Party Rule*, in Dali L. Yang and Barry Naughton eds., Holding China Together: Diversity and National Integration in the Post-Deng Era, Cambridge University Press, 2004, p. 104.

染的技术和设备,以牺牲环境为代价促进经济繁荣的原因之一。[1]

我国自2006年"十一五"规划引入环境目标责任制以来,对地方政府的评价标准慢慢发生了改变,从以产出为导向的GDP衡量方式转变为更为注重绿色GDP的评价标准。然而,在绿色GDP评价标准下,对于未能实现环境目标的后果,目前尚缺乏明确的界定。在实践中,若地方政府屡次未能完成所分配的环境目标,可能会导致环评项目审批受限,地方官员可能面临开除、降职或调职等负面后果。[2] 这些结果本质上是一种政治责任。2014年修订的《环境保护法》规定了以环境目标为基础的环境绩效评价标准,并要求向公众披露评价结果,但没有明确说明评价结果具体包含哪些内容。它仍然依赖于上述政治问责方法来追究地方政府及相关负责人的责任。由此看来,2014年修订的《环境保护法》在问责方面的规定并不详尽。因此,地方政府以问责为动力开展环境保护的程度,仍然取决于如何进行政治问责。

2. 地方党政干部的政治问责

除了上述适用于特定时间段和综合环境目标完成情况的目标评价外,地方官员还可能因某一具体问题被问责,即"对领导干部在具体政策问题上因行使自由裁量权而导致的负面政策结果进行的及时、公开和严厉的处罚",[3]以遏制某些特定的自由裁量行为,应对社会危机和公众质疑。[4] 然而,由于处理问责原因、对象、类别等方面的规定不明确、不一致,其实际应用仍存在问题。[5] 为分析这一问责制度在新环保法时代对地方官员的影响,下文将重点关注其两个显著代表性问责方式:党政同责以及自上而下的督察问责与环保约谈。

---

[1] See Ruixue Jia, *Pollution for Promotion*, Stockholm University Working Paper, 2012, p. 1.

[2] See Alex L. Wang, *The Search for Sustainable Legitimacy: Environmental Law And Bureaucracy in China*, 37 Harvard Environmental Law Review 365(2013).

[3] See Mei Ciqi & Margaret M. Pearson, *Killing a Chicken to Scare the Monkeys? Deterrence Failure and Local Defiance in China*, 72 China Journal 75(2014).

[4] See Mei Ciqi & Margaret M. Pearson, *Killing a Chicken to Scare the Monkeys? Deterrence Failure and Local Defiance in China*, 72 China Journal 75(2014).

[5] 参见余凌云:《对我国行政问责制度之省思》,载《法商研究》2013年第3期。

(1)党政同责。“党政”是“党和政府”的简称,在不同的语境场合下具有不同的范围指向。从纵向层级看,我国政治生态语境中的“党政”概念一般涵盖中央和地方各级党委、政府两套系统,其中地方包含省级至乡镇(街道)一级的党政机关。[1] 在我国,党委在各级政府的组织、行政机构和公共服务领域发挥着广泛的主导作用,并与负责政府日常运作的政府首长分享决策权。为了监督问责具有实际实施决策权的党政领导,中共中央办公厅、国务院办公厅在2015年颁布《党政领导干部生态环境损害责任追究办法(试行)》,将地方县级以上各级党委及其领导干部纳入环境监管体系,强化党政领导干部生态环境和资源保护职责。对那些不顾生态环境、盲目决策并干扰正常决策过程,造成严重后果的党政领导干部,要追究其责任,而且是终身追究。为落实生态环境责任提供强有力的制度保障。如果政府官员和党委领导的决策违反了环境法或环境规划,包括但不限于插手环评、干预主要污染物减排工作,以及指使下属做出不合法的审批行为等,从而干预正常的环境管理工作;或者授意、指使下属修改、虚构环境监测或环境统计数据,干扰基层正常的环境执法,使违法者逃脱处罚;再或者干预司法活动,特别是插手生态环境和资源方面的具体司法案件处理等,以上种种行为,都将受到严厉追责。生态文明建设的权威蓝图《生态文明体制改革总体方案》也通过对离任官员自然资源资产管理情况的审计,确认了这一连带责任。相关政治处罚包括诫勉谈话、公开道歉、调离岗位、引咎辞职、免职、降职等处分。甘肃省三名副部级党员因对祁连山生态履行监管职责不力而受到纪律处分,[2]这便是党政同责的典型例证。一旦发现党员领导干部对严重生态环境损害负有责任,无论事后是否调离、晋升或退休,对其行政责任追究都是追溯性和终身性的。

(2)环保督察和环保约谈。环保督察,即是“以督察地方党政领导干

---

[1] 参见任恒:《我国环境问责制度建设中的“党政同责”理念探析》,载《北京工业大学学报(社会科学版)》2018年第2期。

[2] 参见《中共中央办公厅　国务院办公厅就甘肃祁连山国家级自然保护区生态环境问题发出通报》,载中国政府网,https://www.gov.cn/xinwen/2017-07/20/content_5212107.htm。

部环境履职情况为出发点,通过‘督察进驻’‘移交移送’等常态化和规范化的制度约束,减少党政寻租和环境保护‘不作为’或‘不到位’,给环境问题‘退烧消炎’”。[1] 为了监督地方政府官员和党委负责人的环境履责情况,中央政府派出了“环保钦差”——高规格的环保督察组,对地方政府如何处理中央政府密切关注并引起公众强烈不满的突出环境问题进行监督检查。根据中央改革领导小组审议通过的《环境保护督察暂行办法》,对失职渎职、滥用职权的,将依据相关法律和党纪政纪从严惩处。另外一个对地方政府环境保护失职进行问责的方式是环保约谈。环保约谈在生态环境部督查办与市(地、州、盟)人民政府主要负责人之间进行。根据生态环境部2020年修订的《生态环境约谈办法》,对党和国务院的指示落实不力、环境保护工作推行不力、群众反映强烈、超过国家重点污染物排放总量控制指标、建设项目违法情形严重等多种情形均可启动环保约谈。这些情形中既包括地方政府环境质量职责整体履行不力的情形,也包括具体的环境监管不力的情形。地方官员必须在规定期限内对部委官员提出的环境问题做出回应并提出整改建议。对约谈整改重视不够、推进不力并造成恶劣影响的,视情况采取函告、通报、专项督察等措施。

3. 地方政府对人大的报告制度

根据我国法律的规定,行政机关由人民代表大会选举产生,受人民代表大会监督,并向人民代表大会报告工作。人大监督政府具有合法性、法定性和强制性。[2]《各级人民代表大会常务委员会监督法》详细规定了对行政机关的监督方式。根据该法,地方政府的工作报告应由地方人大进行述职和审议,其收入支出也须经立法机关批准。全国人大常委会有权开展执法检查,对法律的实施效果进行评估,并提出整改意见。对于需要澄清的重要问题,全国人大常委会可以发起询问、要求解释或进行调查。如果确定地方政府没有遵守法律,可以罢免相关责任人员。这意味着,立法机关始终参与政府行政的全过程。2014年修订的《环境保护法》

[1] 翁智雄、葛察忠、王金南:《环境保护督察:推动建立环保长效机制》,载《环境保护》2016年第1期。

[2] 参见曹伟:《政府问责:人大怎能集体失语》,载《成都大学学报(社会科学版)》2005年第1期。

首次规定了立法机关在环境问题上的监督地位。第27条规定,县级以上政府应当向本级人民代表大会或者其常务委员会报告当地的环境状况、环境保护目标的完成情况和重大环境事件。就在2014年修订的《环境保护法》实施一年多之后,全国人大常委会开展了环保执法检查,对各级政府履行环保职责的情况进行评估。此后连续五年对环保法的实施情况进行检查。[1] 随后,国务院对检查报告中指出的执法问题逐一作出回应。

4. 其他地方政府及其工作人员的法律责任

2014年修订的《环境保护法》在第68条和第69条中规定,政府直接负责的主管人员和其他直接责任人员实施违法行为将受到记过、降级、撤职、引咎辞职等纪律处分。这些违法行为包括:在不符合行政许可条件的情况下准予许可证;掩盖或包庇违法行为;未依法作出责令停业、关闭的决定;未对违法者进行相应处罚;伪造监测数据;以及未公开应公开的环境信息;等等。与之前的规定相比,2014年修订的《环境保护法》对违法行政行为的明确列举具有重要的规范意义。

在司法机关问责方面,2014年修订的《环境保护法》并没有取得显著进展,其授权非政府组织为了保护公共环境利益对污染环境与生态破坏行为提起诉讼,随后最高人民法院颁布的司法解释将诉讼对象限制在民事主体。2017年《行政诉讼法》修改后,允许检察机关对地方政府或其行政机关在环境和自然资源保护案件中滥用职权或不作为的行为提起诉讼。在向法院提起诉讼之前,检察院必须依法向相关政府或行政机关提出纠正行为或履行职责的检察建议。这些规定成为司法机关对行政机关进行监督的主要方式。

(二)政府问责制:政治责任与法律责任的交错

根据以上分析可以发现,《环境保护法》及相关规定为规范地方政府的环境行为设立了两种问责方式:一是政治问责,通过内部政治程序对党政部门的环境治理绩效进行评价;二是法律责任,主要由行政部门或法院

---

[1] 栗战书:《全国人民代表大会常务委员会执法检查组关于检查〈中华人民共和国环境保护法〉实施情况的报告》,载中国人大网2022年9月2日,http://www.npc.gov.cn/npc//c2/c30834/202209/t20220902_319170.html。

按照既定的法律程序对政府官员的具体环境监管行为进行监督问责。从理论上讲,这两种问责机制适用于不同的情况,各自具有不同的渊源、适用主体、关系动态、惩罚后果和程序。[1] “政治责任是指政治官员制定符合民意的公共政策并推动其实施的职责及没有履行好职责时应承担的谴责和制裁。”[2]政治责任的承担者主要包括各级党委委员、各部门党组书记、县级以上各级政府负责人。其中,党的政治责任直接由上级党组织进行追究,而政府责任主要由权力机关监督政府部门履行,包括听取和审议政府工作报告之中有关环保工作的报告,对环保法律等制度的实施情况运用调查、监督、质询、评议、罢免和撤销等手段实现政治责任的追究。[3] 法律责任的承担者主要是各级政府及其工作部门的公务人员,是在法律法规、规章制度对行政公务人员的职责、义务作出明确的实体和程序规定的条件下,依法依规对违反相关规定的公务人员追究的责任,具体可以包括行政法律责任(行政处分)、刑事法律责任和民事法律责任。法律责任强调的是机构外部监督者与行政机关之间的关系。[4] 外部监督者,主要是上级行政机关与法院,负责对实施具体行政行为的机关工作人员实施法律制裁。[5] 这两种问责方式可以互为补充,从不同角度对地方官员进行监督。[6] 然而,在我国目前的实践中,这两种问责方式的适用存在混淆,一方面,政治责任不仅在未能实现环境目标、决策不当和政府环境绩效不佳的情况下被广泛使用,在违反环境法律法规的情况下也被使用。另一方面,法律责任也包含了一些传统上被认为是政治责任的惩罚后果,如引咎辞职。虽然这两种问责制在改善地方政府的环境行为方面各有优劣,但正如后文所述,它们的混合应用可能会削弱威慑作用。

---

[1] 参见张贤明:《政治责任与法律责任的比较分析》,载《政治学研究》2000 年第 1 期。

[2] 张贤明:《政治责任与法律责任的比较分析》,载《政治学研究》2000 年第 1 期。

[3] 参见张贤明:《政治责任与法律责任的比较分析》,载《政治学研究》2000 年第 1 期。

[4] See Romzek Barbara S. & Melvin J. Dubnick, *Accountability in the Public Sector: Lessons from the Challenger Tragedy*, 47 Public Administration Review 227(1987).

[5] See Romzek Barbara S. & Melvin J. Dubnick, *Accountability in the Public Sector: Lessons from the Challenger Tragedy*, 47 Public Administration Review 227(1987).

[6] See Zhu Xiao & Adam Moser, *The Laws, Policies and Politics of Regulating Lead Pollution in China*, 9 Frontier of Law in China 186(2014).

1. 政治责任

在我国这样的单一制国家中，政治问责制有可能产生相对积极和有效的问责结果。例如，在各种政治问责方法中，我国为了使官员在政治上负责或出于内部管理的目的，经常采用以目标为基础的绩效考核来实施环境问责制。此种方式可以约束地方政府的怠惰行为，在实现特定被分配的环境目标方面发挥着核心作用。[1] 其还可以团结各级政府的行政人员，以实现共同的环境目标，[2]有助于地方政府更好地履行中央政府的环境指令，并提高环境事务在地方政府各项事务中的优先级。[3] 然而，这种自上而下的评估系统也会产生一些不良后果，如对其他非考核目标的排斥和为了更好的环境绩效而伪造数据。[4]

政治问责制在很大程度上依赖于自下而上的数据报告，即从官方声明、环境监测站、环境统计部门和污染物排放者处收集的统计数据。[5] 这些统计数据的质量、准确性和可靠性会对上级政府准确评估下级政府的环境绩效造成影响。[6] 此外，中央政府制定的环境目标大多以平衡、统一方式统筹部署，但各个地区的发展目标和需求是不一致的，中央政府制定的整体性目标可能不符合地方利益和公众关切。因此，《环境保护法》所强化的环境保护目标考核评价机制，可能会使地方官员在保持对上

---

[1] See Jiaqi Liang & Laura Langbein, *Performance Management, High-Powered Incentives, and Environmental Policies in China*, 18 International Public Management Journal 346 (2015).

[2] See Chan Hon S. & David H. Rosenbloom, *Four Challenges to Accountability in Contemporary Public Administration: Lessons from the United States and China*, 42 Administration & Society 11S(2010).

[3] See Alex Wang, *The Search for Sustainable Legitimacy: Environmental Law and Bureaucracy in China*, 37 Harvard Environmental Law Review 365(2013).

[4] See Kostka Genia, *Command Without Control: The Case of China's Environmental Target System*, 10 Regulation & Governance 58(2016).

[5] See Wang Alex L., *The Search for Sustainable Legitimacy: Environmental Law and Bureaucracy in China*, 37 Harvard Environmental Law Review 365(2013).

[6] See Jonathan E. Sinton, *Accuracy and Reliability of China's Energy Statistics*, 12 China Economic Review 373(2001).

级政府的高度响应与满足地方公众利益之间产生两难并带来问责的混乱。[1] 自上而下的环境督察问责也有类似的问题。其好处是可能迫使地方官员在短时间内采取严肃的环保行动,但也可能产生意想不到的后果,如造成了地方政府的机会主义行为和有组织作弊。[2] 若频繁采用环境督察和环保约谈等方式,也可能扰乱日常执法的发展,违反正当法律程序,破坏可持续执法所需的程序正义。[3]

2. 法律责任

政治问责的广泛使用恰恰表明,法律责任在我国环境法律框架中的应用较为有限。[4] 威慑理论认为,遵守法律与否是由对违法行为的制裁程度与被发现的概率共同决定的。[5] 现阶段我国环境法律责任制度相对薄弱,不仅是因为法律制裁力度较轻,更重要的是制度化、有效的法律制裁程序尚不完善。实践中形成了排除立法或司法介入的循环模式:环境污染事故—媒体曝光—高层领导指示—责任官员问责。[6] 如果不能对地方官员的环境违法行为实施明确、迅速、严厉的法律制裁,环境法律就无法发出可信的威慑信号,也无法为未来地方政府的行为提供

---

〔1〕 See Chan Hon S. & Jie Gao, *Putting the Cart before the Horse: Accountability or Performance?*, 68 Australian Journal of Public Administration S51(2009).

〔2〕 See Jiaqi Liang & Laura Langbein, *Performance Management, High-Powered Incentives, and Environmental Policies in China*, 18 International Public Management Journal 346(2015).

〔3〕 See Benjamin van Rooij et al., *Centralizing Trends and Pollution Law Enforcement in China*, 231 The China Quarterly 583(2017).

〔4〕 例如,根据2014年颁布的《江苏省环境保护约谈暂行办法》,地方政府未完成环境目标、环境质量恶化、监测数据弄虚作假、环境事件或群体性事件处理不力等情形,都可以启动环境约谈。这些情形中,部分实际上涉及违法,理应承担相应的法律责任。然而,环保约谈这种问责方式将这些违法情形变为一种政治性问题。

〔5〕 See Gary S. Becker, *Crime and Punishment: An Economic Approach*, 76 Journal of Political Economy 169(1968).

〔6〕 参见杨朝霞、张晓宁:《论我国政府环境问责的乱象及其应对——写在新〈环境保护法〉实施之初》,载《吉首大学学报(社会科学版)》2015年第4期。

依据。[1]

在当前的法律体系中,立法机关在追究政府官员责任方面的作用相对有限。当地方政府官员未能报告其环境绩效或未能实现环境目标时,地方立法机关可以采取哪些问责措施,《环境保护法》没有明确规定,同时,也缺乏关于责任启动、调查和决定的规则。此外,《环境保护法》也未能解决诸如审查、询问和解雇等决策过程的程序问题。对于行政处罚,谁是责任人、责任追究的程序如何,以及责任人如何承担责任的条款仍然模糊不清。

最后,司法机关作为一种追究政府责任的手段,近几年来获得了极大的立法与司法突破,但仍存在重视行政机关责任、忽视地方政府责任的问题。2014 年修订的《环境保护法》及相关司法解释将污染者作为民事公益诉讼的主要对象。针对造成生态环境损害的行为,我国现有法律制度是以损害担责为基本原则,围绕损害行为人构建的,责任分配上倾向于重视环境污染者、生态破坏者等民事主体的责任,但都忽视了生态环境损害的政府责任。在具体救济方式上,我国建立了行政救济与司法救济并存的双重路径。就行政救济路径而言,法律赋予负有环境监督管理职责的行政机关"责令修复+行政代履行"的行政职责,即要求行政机关通过行政命令与行政强制等环境行政执法手段追究相关行政相对人的生态修复责任,以实现对环境公共利益的保护。就司法追责而言,主要是政府提起的生态环境损害赔偿诉讼,以及环保组织与检察机关提起的环境民事公益诉讼,要求造成生态环境损害的民事主体承担生态修复与赔偿责任。针对监管部门的具体监管职责,我国通过建立行政公益诉讼对其依法履职情况进行监督。检察机关通过提起诉前检察建议,法院通过责令采取补救措施、责令重新作出行政行为以及限期履行等方式确保行政机关承担对生态环境损害行为人的监管责任。对于政府违反相应监管职责时是否应当承担生态环境修复的法律责任,法律则缺乏明确、详细的规定。

---

〔1〕 See Mei Ciqi & Margaret M. Pearson, *Killing a Chicken to Scare the Monkeys? Deterrence Failure and Local Defiance in China*, 72 The China Journal 75(2014).

第三节 完善政府环境监管职责之规范重塑

鉴于我国长期存在的执法困境,2014 年修订的《环境保护法》希望通过制定环境保护目标考核评估制度来解决这一问题,以加强地方政府的环境质量责任。然而,在没有充分分析法律规定本身的规范内涵及所产生的威慑效果时,简单地将环境执法不力归咎于地方政府,是一种过于武断的判断。正如前文所述,2014 年修订的《环境保护法》关于环境质量责任的法律规定存在抽象、模糊、不明确的问题。缺乏关于中央政府环境保护职责的总体性论述,不同层级的地方政府很可能对各类环境问题的责任归属感到困惑。为了完善地方政府的环境质量责任制,在国家层面的立法中明确地方政府的含义、负责的内容以及问责的方式至关重要。

一、职责主体上明确各级政府的环境事权

对于政府环境职责的履行,首先需要对各级政府的环保事权进行合理配置,为不同层级政府环境职责的履行提供足够的规范供给。政府环境质量责任的实现需要多元利益协调与资源调配,不同层级地方政府在治理目标、能力匹配、事权划分等方面存在差异。

环境公共事务的类型极为复杂,有全国性乃至全球性环境问题如气候变化,有区域性环境问题如空气质量恶化与长江流域生态系统的问题,也有地方性环境问题如水污染、土壤污染以及噪声污染等,这就导致中央与地方,以及不同层级地方政府的环境事权在不同类型的环境公共管理事务上必然要有所区别。

有学者提出环境事权划分必须依据激励相容性、外部性和信息复杂性这三个原则。[1] 具体而言,与经济增长、财政收入增长激励不相容的环境事权,如应对气候变化、节能降碳等环境事权需要上收至更高层级的政府;需要进行跨地区协调、受益范围大的环境事权,如跨区域环境污染,

---

〔1〕 参见楼继伟:《中国政府间财政关系再思考》,中国财政经济出版社 2013 年版,第 288 页。

以及用于考核地方政府指标的数据收集事权，也应该上收至较高层级的政府；信息复杂度较高的事权，如噪声污染与土壤污染问题，可以主要保留在市、县级政府。[1] 也有学者根据“行政立法权—行政管理权—行政执法权”的环境事权差异性标准将地方政府环境职责纵向划分为制度建构型、综合管理型、具体执法型三种类型，根据地方政府的实际履行能力将三种类型职责在地方四级政府间进行再分配。[2] 例如，省级政府侧重全省环境规划、标准制定等重大环保决策，地市与区县政府则侧重环境综合管理的区域组织协调与具体环保决策。

笔者认为，未来立法或修法可以结合运用以上两种标准，尽可能打破不同层级政府间职责同构的困境，为政府环境职责的履行提供基础性规范供给。同时，要充分合理地运用立法法赋予设区地市级的环境保护立法权，明确市县级不同层级地方政府的环境质量责任。符合条件的省市可以制定更具体的环境法规，明确各级地方政府对于不同环境问题的角色和责任。[3] 相关地方立法还应当明确管理跨管辖区环境问题的责任机制，即通过同级政府协调管理来进行合作治理的协调机制或是在现有环境保护法框架内针对特定的跨区域环境问题制定更高一级的条例。[4]

二、职责内容上区分整体监管职责与具体监管职责

政府的环境职责具有多种类型，不仅存在政治性职责，也存在法律性职责，而法律性职责不仅见诸宪法，也见诸一般行政法律、环境基本法和

---

〔1〕 参见马光荣、刘孟鑫、戚庆源：《政府间环境事权划分与污染治理——基于省以下环保机构垂直化改革的研究》，载《财贸经济》2023年第8期。

〔2〕 参见黄锡生、叶舟：《法典化背景下地方政府环境职责的纵向划分与规范配置》，载《内蒙古社会科学》2023年第5期。

〔3〕 在环境保护方面已经有相当多的地方立法，如2016年颁布的《泰州市水环境保护条例》规定了市、县、乡政府在水资源保护中的不同角色。

〔4〕 例如，濮阳市立法机关制定的《濮阳市马颊河保护条例》为保护跨越多个县区的马家河提供了规划和合作机制。

环境单行法。〔1〕政治性职责如落实中央或上级政府的环保政策,宪法性职责如生态文明建设职责不在本书的讨论范畴。从法律规定来看,政府在履行其环境保护职责的过程中往往既涉及政府的整体监管职责又涉及具体行政机关的个案监管职责。这种划分并非绝对,政府在一些特殊情形下也具有具体的个案监管权。例如,《水污染防治法》第84条规定,"在饮用水水源保护区内设置排污口的,由县级以上地方人民政府责令限期拆除,处十万元以上五十万元以下的罚款",这事实上是对政府具体监管权的一种规定。这两类职责类型在法律依据、行使方式以及问责方式上有诸多区别,塑造了维护环境公共利益的不同路径。以往的讨论往往将两者混为一谈,或过于关注行政机关的具体监管职责,导致政府责任被忽视或掩盖。

政府的整体监管职责又称为综合性管理职责,〔2〕源于法律的一般性授权,如"地方政府应当对本行政区域内的环境质量负责""地方各级人民政府应当根据环境保护目标和治理任务,采取有效措施,改善环境质量"等规定就是典型的对地方政府环境监管职责的法律规定,并不涉及具体的权力行使。除非有法律的特别规定,地方政府一般不具备行政命令、行政处罚以及行政强制等法定监管权力,一般并不与具体企业建立监管与被监管的法律关系,而是依据法律所赋予的管理职责及其职权对公共利益进行概括式甚至兜底式保护。〔3〕这些职责中既有相对柔性的法律职责,如各级地方政府对环境保护的财政、税收或技术方面的支持,也有相对确定与刚性的法律职责,如编制或审批规划环评、保护生态红线以及制定限期达标规划等。职责内容越具体、越具有刚性,与环境公共利益的关系更为紧密。

〔1〕参见邓可祝:《环境行政公益诉讼请求权基础研究》,载《中国地质大学学报(社会科学版)》2024年第4期。

〔2〕参见陈德敏、谢忠洲:《论行政公益诉讼中"不履行法定职责"之认定》,载《湖南师范大学社会科学学报》2020年第1期。

〔3〕参见张力、黄琦:《环境行政公益诉讼中"行政机关是否履行法定职责"的司法审查——第137号指导性案例裁判要旨司法适用规则的构建》,载《山东法官培训学院学报》2021年第4期。

而具体监管职责则基于法律对某政府部门具体权力行使的规定，通过依法执行法律的规定实现环境公共利益的保护，一般以行政处罚、行政强制等强制性法定监管措施为履行保障。行政机关与行政相对人（主要是污染环境、破坏生态的企业）建立具体、特定、有羁束力的行政法律关系，主要关注行政行为与企业行为的合法性问题。例如，对于违法向环境中排放污染物的，生态环境监管部门有权对其进行行政处罚，这便是一条对具体个案执行权的规定。

这两者行使的思维与相关的问责方式是有差异的。整体监管职责的履行基于法的政策性思维方式，强调法律实施必须回应社会需求，以实现特定的目的。〔1〕 因此，其不专注于讨论具体个案中的合法性以及权利救济，甚至有可能基于目的解释对法律规范的执行作出一定调整，以实现保护环境公共利益的目的。〔2〕 而具体监管职责的履行基于法的规范性思维方式，排斥功利目的，强调法律规范必须得到执行、法律原则必须得到遵守。〔3〕 在问责方式上，政府整体监管职责的责任主要是一种政治性责任，即基于环境质量没有达标、严重恶化或政府违法决策等未能维护环境公共利益行为的结果进行问责。对于这种结果责任，目前主要是一种针对各级党委委员、各部门党组书记、县级以上各级政府负责人的政治责任，即“政治官员制定符合民意的公共政策并推动其实施的职责及没有履行好职责时应承担的谴责和制裁”。〔4〕 对于因政府违法行使职权而损害生态环境的行为政府是否应承担修复与治理的法律责任，法律规定较为缺乏。而具体监管职责主要是一种法律性责任，即上级行政机关或司法机关根据法律规定对具体的负责人员或执法人员进行合法性判断，对于法律所规定的违法的行政行为，司法机关可能予以撤销、判决违法或要求重新作出，而行政机关工作人员的违法，则可能导致行政处分的法律后果。

---

〔1〕 参见曹炜：《环境监管中的“规范执行偏离效应”研究》，载《中国法学》2018 年第 6 期。

〔2〕 参见曹炜：《环境监管中的“规范执行偏离效应”研究》，载《中国法学》2018 年第 6 期。

〔3〕 参见曹炜：《环境监管中的“规范执行偏离效应”研究》，载《中国法学》2018 年第 6 期。

〔4〕 张贤明：《政治责任与法律责任的比较分析》，载《政治学研究》2000 年第 1 期。

三、职责对象上从环境保护目标转向生态环境质量目标

如前所述,我国环境法建立了环境质量负责制以及目标责任考核评价制度。然而,实践中环境保护目标条款与环境质量条款存在矛盾之处,对环境目标的实施与考核并未在客观上实现环境质量的提升。因此,有必要反思当前以环境保护目标为中心的政府环境履责内容,转向关注生态环境质量目标是否实现的履责内容。

从理论上讲,环境保护目标与生态环境质量目标遵循的都是总行为控制主义,既不关心个体行为的法律控制,也不关心需要控制的个体数量,只关心区域内所有个体总行为产生的结果。[1] 但是,生态环境质量目标与环境保护目标有着极为不同的理论依据、实施机制以及问责方式。生态环境质量如清洁的空气、干净的水、安全的土壤、良好的生物多样性、平衡的生态系统等是区域内污染排放行为或利用行为总结果作用于生态环境上的后果,本质上属于公共物品。[2] 因此,无论是相关生态环境质量标准或规范的制定、执行还是问责都是围绕环境公共利益展开的。"抽象的环境公共利益在环境法律上往往是通过其客体'环境'状况来体现的,而环境状况则又是通过各类环境质量标准来明示一个国家一定时期的环境公共利益的水平特征的。"[3] 例如,根据《生态环境标准管理办法》,环境质量标准与规范的制定以保护生态环境,保障公众健康,增进民生福祉为目的,通过对排放量较大或危害较大的污染物进行监测和测量,将污染物控制在一个安全、健康的水平。通过生态环境质量标准的制定与执行,我国法律法规明确了政府环境行政的基本原则与制度,如利益协调、预防为主、风险防范、公众参与和损害担责等基本原则,以及环评、排污许可、生态红线、损害赔偿等制度,以确保对环境公共利益的全方位保护。在问责方面,生态环境质量的恶化或环境质量未达标实际上损害了

---

〔1〕 参见徐祥民:《论我国环境法中的总行为控制制度》,载《法学》2015年第12期。

〔2〕 此处的"生态环境质量"这一术语借鉴了环境标准中"生态环境质量指数"的用语,用于指环境质量、水域覆盖、植被覆盖、土地负荷以及生物多样性等内容,以与仅涵盖大气环境质量、水环境质量以及声环境质量等内容在内的"环境质量"相区别。

〔3〕 朱谦:《环境公共利益的法律属性》,载《学习与探索》2016年第2期。

环境公共利益,因此政府及其有关负责人应承担相应的政治责任与法律责任。相反,环境保护目标的制定依据并非完全基于生态环境质量或公众健康等环境公共利益标准,而主要是特定时期的减排压力与减排潜力。

环境公共利益要求政府环境保护职责的履行需要从以环境保护目标为核心转向以生态环境质量目标为核心,确立生态环境质量目标的法定地位,建立一个可量化、可实现、可测量、可追责和可监督的政府生态环境质量责任体系。[1] 具体而言,可以借鉴美国《清洁空气法》的经验,在相关法律中明确中央政府享有生态环境质量标准与规范的制定权、生态环境质量目标的审批权以及目标发布权。[2] 中央政府在生态环境质量标准与规范的基础上,根据地方政府发展阶段与环境状态的不同设置具体的生态环境质量目标,并通过生态环境质量目标的实现来评价、衡量地方政府环境保护职责履行业绩,为后期政府环境责任追究提供尺度和程序依据。相应的,地方政府有权参与标准制定与目标设置,以保证目标的可行性,并有权根据辖区内的客观环境与社会状况选择适应本地区需要的环境执法手段或环境保护措施。[3] 在以生态环境质量目标为中心的环境法律体系中,环境保护目标作为实现环境质量目标的手段仍然具有一定的必要性,只不过需要明确的是,环境保护目标的制定与执行必须以环境质量目标或环境质量标准为依据。事实上,我国在这方面已经做出了诸多改变,"环境质量改善"正代替污染物"总量控制管理"成为我国环境保护的核心理念和管理目标。2015 年修订的《大气污染防治法》也要求根据空气质量的改善情况来评价地方政府的环境责任。

四、政府责任上区分政治责任与法律责任

正如前文所述,《环境保护法》规定了复杂的问责制度,既包括政治责

[1] 参见曹树青:《结果导向型的政府环境责任建构》,载《南京林业大学学报(人文社会科学版)》2020 年第 6 期。

[2] 参见姜渊:《探寻与建构中央和地方同时"在场"的环境质量目标制度——以环保督察常态化之争为切入点》,载《政法论丛》2021 年第 2 期。

[3] 参见姜渊:《探寻与建构中央和地方同时"在场"的环境质量目标制度——以环保督察常态化之争为切入点》,载《政法论丛》2021 年第 2 期。

任也包括法律责任。政治责任代表了一种传统的自上而下的方式，以确保地方政府对中央指令的回应和执行，法律责任则表明了我国环境法对地方负责人进行公开性问责的一种尝试和努力。然而，在没有正确认识这两种问责差异的情况下，将二者混合运用，并不能有效地实现《环境保护法》改变地方官员激励结构和环境行为的目标。因此，实现政府环境监管职责需要在划定不同层级地方政府的权责范围、区分权责类型的基础上恰当区分政治责任与法律责任的适用。

前文提到，政府的环境职责既包括整体监管职责也包括具体监管职责，未依法履行职责都有可能损害环境公共利益。针对具体监管部门的具体监管职责，我国通过建立行政公益诉讼对其依法履职情况进行监督。检察机关通过提起诉前检察建议，以及法院通过确认行政行为违法、责令采取补救措施、责令重新作出行政行为、限期履行和判决变更等方式确保行政机关承担对生态环境损害行为人的监管责任。对于政府的整体监管职责的监督以及责任追究，目前主要依赖行政机关的内部监督与政治问责，如对相关党政负责人追究人身属性的党纪政纪处分，包括诫勉、责令公开道歉、调离岗位、引咎辞职、降职等。对于政府是否应当承担生态环境修复与治理的法律责任，法律尚缺乏明确、详细的规则设计。

事实上，政府的环境保护职责首先是一种整体性、综合性监督管理职责，因此，如果政府未依法履职的行为造成了生态环境损害，也需要承担相应的法律责任。根据中共中央办公厅、国务院办公厅于 2015 年印发的《党政领导干部生态环境损害责任追究办法(试行)》，政府党政领导干部造成生态环境损害的表现形式较为多元，总结而言可以大致分为四类：(1)执行不力、领导不力或查处不力等履职不力的情形；(2)违反法律法规作出决策的或者违反法律法规造成严重后果的，如作出的决策与生态环境方面政策、法律法规相违背的，违反主体功能区定位或者突破资源环境生态红线的；(3)对下级政府或本级行政机关监察失职或者违法包庇违法行为的；(4)未依法履行法律法规授权的职责的，如未依法实施责令停业、关闭决定。对于以上四类情形，首先应当判断是承担政治责任还是法律责任。违反政策、指令以及其他不具有法律约束力的文件，或者只是履职能力低下等原因导致的损害，目前难以纳入政府应当承担的行政法律责任的情形，而应当主要承担政治性责任。其余的情形，应当根据其与生态环境损害后果的关系判断是承担主体性修复责任还是补充性修复责任。例如,在上述第二种情形下,如果政府违反法律法规作出决策、违反相关主体功能区规划或突破生态红线作出决策,往往会直接产生生态损害的后果,因此应当承担相应的法律责任,即对生态环境进行修复的主体性责任。而在上述第三种情形下,政府的失职或包庇只是导致生态环境损害的间接原因,应当承担补充性修复的法律责任。在上述第四种情形下,政府行使的本质上是一种具体管理权,应由造成生态环境损害的私主体承担主要的修复责任。

简言之,政治责任与法律责任可以同时应用,但不应相互替代。不适当的政策或决定可能不会引起法律责任,但可能会引起政治责任。政治问责制的普遍应用长远来看会损害环境法治,因此不应被过分强调。由于法律问责的公开性、确定性和可预见性,明确而清晰的法律责任可以对地方政府产生更好的威慑效果。因此,通过司法审查和公众监督来追究地方政府的责任对我国来说更为必要,尤其在我国《行政诉讼法》已经对环境行政公益诉讼作出了明确规定的情形下。应当通过不断完善相关环境行政公益诉讼的规则,如明确"负有监督管理职责"的含义、厘清依法不履行职责的判断标准以及确立政府未能依法履职的责任承担方式来实现与政府环境职责的有效监督。

第五章 环境监管不力的法治纾解：监管权行使的规范化

由于市场失灵的存在，以产品价值和自由交易为核心的市场机制无法有效配置具有一定非排他性和非竞争性的环境公共物品，现代各国政府均通过制定专门的环境保护法律、建立专门的环境管理机构和发展环境管制手段实现对环境问题的应对。换句话说，环境公共利益保护目标的实现需要行政权力的依法创设、行政监管机构的合理设置、行政管制法律制度的切实实施，以及行政监督管理机制的高效运行。[1] 因此，环境监管的核心内容与要求便是环境行政管制权力的规范化。

权力的规范化关注的是行政机关行政行为在形式上的合法性与合理性，并为此提供了一套完整的评价体系。在规范主义之下，规范执行依赖于立法机关制定出的完善且详细的规则以及法院通过个案的裁判来进行，行政机关只需要像“传送带”(Transmission Belt)一样执行立法机关通过的法律。[2] 因此，规范执行包含了授权、程序和司法审查三方面具有前后次序又彼此相连的要求：(1)行政机关作出针对私人的执法决定或执法权限，必须得到立法机关的授权；(2)行政机关所依循的决定程序必须有助于确保行政机关遵从上述要求；(3)为了确保行政机关遵从上述两个

---

〔1〕 参见柯坚：《环境行政管制困局的立法破解——以新修订的〈环境保护法〉为中心的解读》，载《西南民族大学学报(人文社科版)》2015年第5期。

〔2〕 参见曹炜：《环境监管中的“规范执行偏离效应”研究》，载《中国法学》2018年第6期。

要求，必须有相应的司法审查对行政机关进行监督。[1] 规范主义之下的环境监管可以最大限度地防止行政机关超越权限或滥用职权，确保行政机关的监管行为可审查和可救济。[2] 当然，有学者对这种基于规范主义的环境执法提出疑问，认为其遮蔽了环境监管活动和过程的复杂性，忽略了行政机关在监管中的积极作用，也没有为行政机关提供实质性的目标，导致了行政僵化，并在此基础上以功能主义为基础对当前我国环境监管中颇为普遍的规范执行偏离问题进行解释。[3] 然而，需要看到的是，规范执行偏离问题在我国环境领域的主要表现并不是行政机关为了实现实质性目的而采取的策略性执法选择，而是由于行政机关基于部门利益或被规制俘获等原因导致的未依法执法现象，具体包括完全的不作为、没有严格的执行规范、违反比例原则执法、没有遵守法定程序、超越职权范围执法，以及在裁量中没有考虑相关因素或者考虑不相关因素。因此，就我国而言，环境监管权力行使的首要任务仍然是确保行政机关权力行使的规范化。

为了解决规制俘获或不规范运行的困境，美国的环境规制采用多种方法来预防或解决这一问题。例如，在环境立法中限制环境规制机关的自由裁量权；激励公众参与环境规制的决策过程和实施过程，特别是引入公民诉讼制度；强化规制过程的信息公开。[4] 总结而言，其核心在于明确行政监管权的权限，以及健全行政规制权的制约机制和监督机制。这些方法和措施都可以为我国提高环境监管权的规范化运行提供一定的参考。需要注意的是，我国环境法诞生的历史背景决定了环境监管常常受制于层出不穷的环境政策。这些环境政策往往挑战、塑造和修改了正在进行的环境立法与环境法治实践。因此，在我国环境立法体系已经非常完善的情形下，环境监管的规范运行需要首先从政策性应对走向法治践

---

〔1〕 参见[美]理查德·B.斯图尔特：《美国行政法的重构》，沈岿译，商务印书馆2011年版，第6~10页。

〔2〕 参见曹炜：《环境监管中的“规范执行偏离效应”研究》，载《中国法学》2018年第6期。

〔3〕 参见曹炜：《环境监管中的“规范执行偏离效应”研究》，载《中国法学》2018年第6期。

〔4〕 参见陈亮：《环境规制俘获的法律防范——基于美国经验的启示》，载《环球法律评论》2015年第1期。

行。环境监管规范化运行的前提是权力内容的清晰和确定,在我国,这具体体现为要明确环境监管的职责,并厘清环境监管裁量权的行使规则。规制俘获理论不仅关注规制主体的内部设计,还强调对其外部监督的重要性,以防范规制俘获导致的规制过程扭曲。[1] 因此,强化行政管理体制的内部权力制约以及建立对规制权力的司法监督也极为重要。

第一节 环境监管从政策依赖走向法治践行

作为两种相互独立又相互影响的环境治理工具,环境政策和环境法律均在当下环境保护议题中发挥着重要的作用,各自具有不可替代的价值和功能。[2] 环境政策指的是党和国家为了完成某一时期的环境保护任务而制定的关于国家环境保护行动的目标、理念、准则、任务、方案、步骤和具体措施,[3]既包括较为原则与抽象的政策,也包括具体实施性政策。一般而言,环境政策的出台是为了实现特定目的:或为弥补现行法律的不足或漏洞,或为突破现行法律中不符合实践要求的规定,或为了满足一定的公共治理目标。在我国环境法制尚不健全的时代,这些政策发挥了不可替代的作用。在很长一段时间内,我国环境立法相对比较粗放和滞后,而环境政策因其灵活性和自上而下的政治推动性,在某些领域甚至起到了比环境法律更为显著的作用,成为环境行政监管在实践中主要驱动力与执法依据。一些环境监管工具常常先是在环境政策中予以试点或确定,在实践极为成熟时再写入立法。例如,在污染物排放总量控制、排污许可等重要的环境行政监管措施的形成及发展演变过程中,相关政策

---

[1] 参见陈亮:《环境规制俘获的法律防范——基于美国经验的启示》,载《环球法律评论》2015 年第 1 期。

[2] 参见郭武、刘聪聪:《在环境政策与环境法律之间——反思中国环境保护的制度工具》,载《兰州大学学报(社会科学版)》2016 年第 2 期。

[3] 参见郭武、刘聪聪:《在环境政策与环境法律之间——反思中国环境保护的制度工具》,载《兰州大学学报(社会科学版)》2016 年第 2 期。

都发挥了极为重要的作用。[1] 随着我国环境立法水平的提高，环境监管对政策的依赖并未显著弱化，环境政策对环境法的制定与实施依然具有不可忽视的影响。

第一，我国的环境政策深刻影响了环境监管的理念、发展方向和具体制度。基于我国党和国家权力高度结合的体制以及执政党在国家事务中的领导核心地位，这种影响可能更为广泛、深刻和长远。自党的十二大到党的十八大以来，党中央相继提出了可持续发展、科学发展观、两型社会和生态文明等环境治理理念，这意味着生态环境问题成为中国政治的重要议题。特别是党的十八大以来，对生态文明这一理念的强调，极大地推动了规制领域的制度转型和创新。不可否认，环境监管体制的垂直改革、环保督察制度以及党政同责等制度的建立和发展，均是在执政党环境理念和政策的推动下实现的。由中共中央会议审议通过并由党政联合发文的党的政策，很大程度上决定了当前及今后一段时间我国环境规制发展的目标、原则和主要措施。[2] 例如，《生态文明体制改革总体方案》确立了 2020 年之前建立“产权清晰、多元参与、激励约束并重、系统完整的生态文明制度体系”的制度目标，之后各部门密集出台了近 200 部环境经济政策，涉及环境信用、环境财政、绿色税费、绿色信贷、绿色价格、生态补偿、排污权交易等多个方面。这些政策不仅促进了经济激励手段在环境规制领域的适用，也为我国建立包括命令控制、经济激励、社会参与等规制手段的多元规制体系提供了政策依据。部分技术性、操作性强的政策虽由国家行政机关制定并单独发布，但它们很有可能也源于党的决策。[3]

第二，环境政策可以弥补环境法律的一些内在不足。环境法律以稳定性为特征，在一些情况下难以及时应对纷繁复杂的环境问题以及快速发展的环境科技。在这种情况下，环境政策因其不需要经过烦琐冗长的立法程序，亦无须征求公众意见而具有极大的灵活性、回应性与及时性，

---

〔1〕 有关该问题可参见赵绘宇、赵晶晶：《污染物总量控制的法律演进及趋势》，载《上海交通大学学报（哲学社会科学版）》2009 年第 1 期；孙佑海：《实现排污许可全覆盖：〈控制污染物排放许可制实施方案〉的思考》，载《环境保护》2016 年第 23 期。

〔2〕 参见陈海嵩：《中国环境法治中的政党、国家与社会》，载《法学研究》2018 年第 3 期。

〔3〕 参见陈海嵩：《中国环境法治中的政党、国家与社会》，载《法学研究》2018 年第 3 期。

可以及时解决各种行政性、社会性问题,补强环境法律的不足。例如,2012年前后,我国面临严重的空气污染问题,但2000年颁布的《大气污染防治法》已经无法满足应对空气污染的现实需要。为此,国务院在2013年发布《大气污染防治行动计划》(以下简称"大气十条"),为防治大气污染确定了十个方面的措施。"大气十条"中的部分内容也被吸收进2015年修改的《大气污染防治法》。又如,在2018年我国正式颁布《土壤污染防治法》之前,2016年出台的《土壤污染防治行动计划》曾是防治与治理土壤污染问题的主要依据。

第三,环境政策常常会参与行政决定与司法裁判的过程,影响行政决定与司法审判的结果。公共政策主要通过以下两种方式介入行政裁量过程:一是行政机关基于对特定时期社会公共政策的判断直接援引其作为个案具体裁量的依据;二是较高层级的行政机关根据特定时期社会公共政策的现实需要,制定具有裁量基准性质的规范性文件以供一线行政执法机关使用。[1] 公共政策进入司法也有多种方式,既可以作为裁量基准依据,也可以作为裁判规则依据。[2] 在法院裁判需要追求法律效果、环境效果和社会效果的多重要求下,法官往往诉诸各种环境政策与司法政策来进行司法说理、利益衡量或确定责任分担。司法机关亦会通过制定司法解释和其他司法文件的方式将公共政策转化为司法政策进而指导法官的司法行为。[3] 除此之外,司法政策也常常作为诉讼制度或诉讼规则创新与改革的依据。近几年来,最高人民法院通过发布司法意见与司法通知影响着我国的诉讼规则与具体司法实践。例如,在我国立法尚未明确赋予环境行政机关环境公益诉讼资格以及环境损害赔偿起诉资格的情况下,最高人民法院曾发布《关于为加快经济发展方式转变提供司法保障和服务的若干意见》,要求各级法院要依法受理环保部门代表国家提起的

---

〔1〕 参见章志远:《作为行政裁量"法外"依据的公共政策——兼论行政裁量的法外控制技术》,载《浙江学刊》2010年第3期。

〔2〕 参见方乐:《司法参与公共治理的方式、风险与规避——以公共政策司法为例》,载《浙江社会科学》2018年第1期。

〔3〕 参见方乐:《司法参与公共治理的方式、风险与规避——以公共政策司法为例》,载《浙江社会科学》2018年第1期。

环境污染损害赔偿案件。又如,最高人民法院发布的《关于充分发挥审判职能作用为推进生态文明建设与绿色发展提供司法服务和保障的意见》将气候变化诉讼与环境污染以及自然资源诉讼相并列,深刻影响了气候变化相关纠纷的司法应对。

然而,我们需要认识到法律和政策是两种不同性质的工具,二者在外在形式、内在价值、实施机制及稳定性与实效性方面有着根本不同。[1]除此之外,法律往往表现为一种常态管理,而政策表现为因应管理。[2]随着环境法制体系的逐步完善,对环境政策的依赖就会产生一系列的问题。一方面,环境政策的合法性与合理性难以控制与保障;另一方面,环境政策与环境法律之间可能会存在冲突,这给行政执法和司法裁判在选择依据时带来了困境;同时,环境政策的广泛使用也可能会冲击或减损环境法治建设的效果。

首先,政策具有非常强的问题应对性特点,往往缺乏整体的制度设计或全面的政策考量,造成政策之间的冲突,这进一步为环境行政监管带来了更多的困境。例如,为了简化行政审批,国务院在2015年发布《推进简政放权放管结合转变政府职能工作方案》,在此基础上,原环境保护部和生态环境部在2018年分别发布了《关于强化建设项目环境影响评价事中事后监管的实施意见》和《关于生态环境领域进一步深化"放管服"改革,推动经济高质量发展的指导意见》,为生态环境监管领域的简政放权提供了指导方案。我国环评行政审批的政策改革主要集中在以下方面:(1)审批时限压缩;(2)环评行政审批权的下放和取消;(3)环评告知承诺制;(4)环评审批豁免制;(5)环评与排污许可同步审批制。例如,有的省将原环境保护部下放的轨道交通、扩建机场等项目环评审批进一步下放到市级政府环保部门;有的省则已经将95%以上的项目环评审批权限下放

---

〔1〕 参见王清军:《法政策学视角下的生态保护补偿立法问题研究》,载《法学评论》2018年第4期。

〔2〕 参见郑敬高、田野:《从"国家意志"到"行政法治"——在法律与政策关系上的泛法律观》,载《中国地质大学学报(社会科学版)》2007年第5期。

到地县级政府环保部门。[1] 然而,这一简政放权改革在推进过程中,与我国同时进行的环境管理体制改革之间缺乏充分的调和与连接,从而导致环境监管面临更多的体制障碍。环评审批涉及大量且复杂的科学和技术问题,县级政府环评审批部门在作出环评审批时,往往难以邀请到具有特定专业知识的专家参与评审,因此,其是否能对建设项目的环境影响作出科学的判断确实存在疑问。为了打破地方政府因追求经济增长而忽视环境保护所形成的地方保护主义,中共中央办公厅、国务院办公厅印发了《关于省以下环保机构监测监察执法垂直管理制度改革试点工作的指导意见》,根据该意见,县级环保部门调整为市级环保部门的派出分局,由市级环保部门直接管理。县级环保部门的监察权和监测权上收至省级环保部门。改革之后县级环保部门的法律地位和权力内容发生了极大的变化,其是否能继续进行环评审批,以及是否能承接得住如此专业性的环评审批,都存在疑问。

其次,因应性的政策制定往往反映了党和国家对当下主要经济和社会问题的回应,导致其可能与现有环境法律规定产生冲突,不仅会冲击环境法律的立法目的,也会消解环境法所建立起来的监管权之合法性。例如,在国务院颁布一系列关于优化营商环境的政策之后,地方政府之间形成了竞相加速审批、放水、豁免环评的"数字锦标赛"。[2] 有的地方环评审批部门不断压缩原本不算长的审批期限,从《环境影响评价法》规定的60日和30日的法定审批时限压缩到1日内办结。伴随此种审批效率提高而来的,是环评审批预防以及风险预防功能的消失殆尽。[3] 有的地方政府实行环评"告知—承诺"制改革,通过制定正面环评项目清单,豁免了清单外企业根据《环境影响评价法》本应遵守的环评法律义务。这一改革可能突破环评风险预防的功能底线、架空环评否决的制度设计、挤压环评

[1] 参见新京报:《下放环评审批权不等于放任不管》,载新华网,http://m.news.cn/comments/2018-02/03/c_1122362085.htm。

[2] 参见马允:《环评体制改革的央地逻辑——基于合法性与效率的二元视角》,载《公共行政评论》2023年第1期。

[3] 参见马允:《环评体制改革的央地逻辑——基于合法性与效率的二元视角》,载《公共行政评论》2023年第1期。

的实质合法性。[1] 总而言之,在上述环评典型案例中,政策实施的结果导致环评审批以提高效率之名牺牲环评审批自身的合法性,进而冲击《环境影响评价法》的稳定性与权威性,加重了《环境影响评价法》的执法困境。

再次,环境政策的颁布也可能会冲击已经存在的规范结构或者已经建立起来的法律制度,进而带来权力结构的扭曲和执法秩序的混乱。例如,《环境保护法》赋予环保组织针对环境损害而提起民事公益诉讼的原告资格。但中共中央办公厅和国务院办公厅联合印发的《生态环境损害赔偿制度改革方案》也授权省级和地市级政府作为本行政区域内生态环境损害的赔偿权利人,有权向造成生态环境损害的责任人提起生态环境损害赔偿诉讼。二者具有重叠的适用范围、相同的被告、相同的诉讼目的以及类似的责任承担方式。上述两种诉讼在实践中常常存在冲突,这又引起了如何处理两种诉讼顺位的问题。

最后,环境政策虽然可以弥补法律的不足,成为行政裁量与司法裁判的依据,但是其也带来了诸多不良影响与风险。例如,公共政策介入行政裁量过程容易助长裁量怠惰现象的发生。[2] 公共政策会给司法裁判中的"事实"与"规范"都注入开放性结构与不确定性因素,加剧了司法裁判的不确定性。[3] 此外,在执行上,尽管政策目标可以依靠政府短期内最大限度地调用人力、物力和财力等自身资源得以落实或实现,但这种"运动式"实现机制却常常偏离了以稳定性、合法性、可预见性为特征的法律治理路径,[4]反而为规制本身制造了更大的合法性困境。因此,环境政策在环境法治中的作用不能被无限放大,否则必将违背环境法治的基本要义。在具体的环境监管中,破除对环境政策的过度依赖尤为必要。

---

[1] 参见朱谦:《环评告知承诺审批改革的实践面向及其合法性审视》,载《学术论坛》2021年第1期。

[2] 参见章志远:《作为行政裁量"法外"依据的公共政策——兼论行政裁量的法外控制技术》,载《浙江学刊》2010年第3期。

[3] 参见方乐:《司法参与公共治理的方式、风险与规避——以公共政策司法为例》,载《浙江社会科学》2018年第1期。

[4] 参见何香柏:《我国威慑型环境执法困境的破解——基于观念和机制的分析》,载《法商研究》2016年第4期。

在生态文明体制改革开展十余年之后,我国环境立法、环境管理体制、环境执法以及环境司法的格局发生了根本性变化。以往依赖环境政策进行环境监管的正当性已然消失,因此,我们必须转向依法开展环境监管。首先,随着我国《环境保护法》的修订以及新一轮环境单行法的修改与颁布,我国的环境立法在填补立法空白、纠正立法问题、细化法律责任以及完善环境管理手段等方面都取得了明显的进展,环境法律体系已经较为完善。例如,《大气污染防治法》《水污染防治法》《固体废物污染环境防治法》《海洋环境保护法》《噪声污染防治法》等基本的单行法在2017年之后全部进行了修改;同时,以保护生态系统的整体性为核心追求的《长江保护法》《黄河保护法》《湿地保护法》等法律亦开始实施。其次,我国环境监管体制在纵向和横向层面都进行了深入改革,很大程度上破除了环境执法的体制障碍。环境监管部门的权力也在《环境保护法》修改之后获得了极大的扩充,不仅可以实施按日计罚,还具有了查封、扣押等行政强制权力。最后,环境司法,特别是以监督环境行政监管权为核心目的的环境行政公益诉讼制度的建立也在客观上要求环境监管权的法治化转向。在此背景下,我国环境监管不能也不应再依赖大量具有不确定性和规范性的环境政策。党中央也提出,要建立严密的生态环境法律制度,用制度保护环境,这为我国环境监管从政策依赖向法治践行提供了最基本的政治环境。

第二节　环境监管体制的改革:从过度分权到监管权的适度集中

在过去的几十年里,地方政府拥有大量的自由裁量权,并且这种权力与对经济发展的过度追求相结合,导致了地方保护主义的盛行和环境监管的薄弱。因此,我国所开展的生态文明体制改革在很大程度上是通过集中或整合环境监管权以及限制地方环境监管自由裁量权来打破地方保护主义。例如,环境保护目标考核制度的建立、党政同责机制的落实、环境管理体制的垂直改革以及不断强化的环保约谈与环保督察,都是环境监管权集中化,特别是向上集中的表现。此外,环境监管权的集中还表现为在纵向上市县级环保部门的部分监管权集中到省级生态环境部门以增强独立性,以及在横向上污染防治与生态保护的职责集中到生态环境部门,以增强环境监管权的整体性。

通过克服监管权的碎片化以及环境保护弱激励的问题,环境监管权的集中确实可以在某种程度上破解当前分权治理模式带来的问题,特别是地方保护主义的困境。环境监管权的集中也有助于提高环境保护在各级地方政府各项任务中的地位,进而提高环境执法的水平。然而,我们需要承认,监管权的集中依然面临一些困境。首先,监管权集中需要更加准确而全面的信息,以确保政策制定、目标设定与执行方案选择的科学性与合理性。然而,我国环境监管数据的准确性与科学性是一个长久以来未能解决的瓶颈问题。其次,监管权集中无法针对不同地方政府的环境治理任务作出有效回应,同时也容易挫伤地方在环境治理创新以及市场化改革方面的积极性。地方政府仍然是一个异质性群体,在经济发展程度、环境问题的重难点、利益诉求、政府动机、环保监管能力以及地方发展的限制性因素等各个方面存在显著差异,因此简单的权力集中并不能从根本上解决环境监管所面临的困境。[1] 在环境问题以及环境治理效果具有高度可视性(如大气污染),以及环境治理能产生积极或广泛经济影响的领域(如能源效率提升或清洁生产),放权给地方政府能产生更积极的治理效果。最后,监管权集中可能进一步产生"中央保护主义"的问题,特别是当中央政府所管辖的国有企业存在较为严重的逃避环境监管行为时。[2] 因此,简单地对监管权进行集中并非解决问题的灵丹妙药,权责匹配、事权与财权相匹配、治理任务与信息与能力相匹配更为重要。此外,无论何种权力配置,立法均需要对不同层级政府以及政府内部不同环境监管部门的权力作出相对清晰的规定,减少职责推诿的空间。环境监管权的配置仍需要以完善的监督机制作为保障,否则无论集中还是分权都将无法避免权力滥用、利益"寻租"的可能性。

---

〔1〕 See Genia Kostka & Nahm Jonas, *Central - Local Relations: Recentralization and Environmental Governance in China*, 231 The China Quarterly 567(2017).

〔2〕 See Sarah Eaton & Genia Kostka, *Central Protectionism in China: The "Central SOE Problem" in Environmental Governance*, 231 The China Quarterly 685(2017).

一、环境监管权的独立性转向

在纵向关系上，为了克服地方保护主义，减少地方政府对其环保部门执法的不当干预，加强对地方政府环保职责的监督，我国开展了以增强地方环保部门监管能力和监管的独立性为核心的环保垂直管理制度改革。中共中央办公厅与国务院办公厅于2016年印发《关于省以下环保机构监测监察执法垂直管理制度改革试点工作的指导意见》（以下简称《环保监测监察执法指导意见》），提出环保监测、监察和执法机构实行由省级环保部门统一管理的垂直管理制度。截至2024年年底，环保垂直管理制度改革已在全国范围内基本完成。改革之后，在机构设置方面，县级环保局不再作为同级政府的组成部门，调整为上级环保部门的派出分局，由市级环保局直接管理；市级环保部门获得了相对独立性，实行以省环保厅（局）为主的双重管理，但仍为市级政府工作部门。与此相对应的，人事任命权也大幅度往上集中，市级环保局领导班子成员由省级环保厅党组负责提名、征求市级党委意见，县级环保局领导班子成员由市级环保局直接任免。在环境监管权的分配方面，环境监测和环境监察权统一上收到省级，由省环保部门统一负责和管理，通过向市或跨市、县区域派驻等形式实施环境监察与监测；由省级环保部门统一行使下辖市、县环保部门的环境监察职能，对本省范围内市级和县级政府履行环境保护职责和执行环境保护法律法规政策的情况进行监督检查。环境执法重心下移，由市级环保部门统一管理、统一指挥本行政区域内县级环境执法力量，由市级承担人员和工作经费。由于市级环保局接受以省级环保厅为主的双重管理，因此环境执法事权由县级上收至市级，部分受省级环保厅直接管理。

从理论上来看，加强环境监管部门独立性并集中环境保护事权的垂直管理改革可以打破地方政府对环境监管执法的干预，消除相关的地方保护主义，进而增强执法的独立性和行政执行力，以解决原本县级政府环境保护事权过多所带来的激励不相容和外部性问题，[1]为解决环境监管

[1] See Bing Zhang, Xiaolan Chen & Huanxiu Guo, *Does Central Supervision Enhance Local Environmental Enforcement? Quasi-Experimental Evidence from China*, 164 Journal of Public Economics 70(2018).

不力困境提供了不可缺少的体制环境。然而,需要注意的是,这一改革主要是针对环境监管中存在的地方保护主义困境而采取的,但不可避免地可能会忽视与既有行政改革以及现有法律规定的协调,缺乏整体性或系统性思考。因此,在强化环境监管机构与权力之独立性的同时,还需要处理好以下两种矛盾关系。

第一,简政放权改革与环境监管权上收的矛盾。自2015年我国开始深度推进简政放权改革以来,环境领域的相关审批权限,如危险废物经营许可权、环评审批权、用地审批权、行政处罚权等权力也不断下放。例如,《行政处罚法》第24条规定,省、自治区、直辖市根据当地实际情况,可以决定将基层管理迫切需要的县级人民政府部门的行政处罚权交由能够有效承接的乡镇人民政府、街道办事处行使。环境监管的放权改革在环评领域表现得尤为明显。我国2016年通过修改《环境影响评价法》以及发布一系列的环评改革政策,〔1〕重塑了我国环评审批的权力配置。大部分项目的环评行政审批权不断被下放到县级环保部门。

行政权下放指的是行政事权通过改变权力归属和责任主体自上而下地移转给下级机关,对政府的纵向权力结构进行重新配置。〔2〕因此,放权主体往往是上级政府及相关职能部门,拥有较多的主动权,在放权事项、范围、方式的责任承担方面占据主导地位。我国环境领域的行政权下放更多是政策推动而非法律推动的结果,法律依据、责任配置方法以及放权的范围与程序等不够完善,与我国以环境监管权上收为基调的环境管理体制垂直改革产生了冲突,同时也暴露出当前我国环境监管体制中一些尚未解决的深层次问题。首先,在行政权的下放过程中,放权主体往往倾向于从自身利益和角度出发,下放那些自身获益较少但责任承担较重的行政管理事项,如危险废物经营许可权与环评审批权,从而割裂了权力

〔1〕代表性政策包括2016年原环境保护部出台的《关于印发〈"十三五"环境影响评价改革实施方案〉的通知》;2018年生态环境部出台的《关于生态环境领域进一步深化"放管服"改革,推动经济高质量发展的指导意见》;2020年生态环境部出台的《关于统筹做好疫情防控和经济社会发展生态环保工作的指导意见》。

〔2〕参见渠滢:《放管服改革背景下行政管理事项下放法制路径研究》,载《政府法制研究》2021年第6期。

体系的整体性和完整性,导致权力下放的随意性和片面性。这种权力下放,实质上是上级政府将处理经济发展与环境保护的核心矛盾转移给下级政府,将承担环境污染或生态破坏风险的责任也转移给下级政府。这与垂直改革中不断强化的省级环保部门的监管权产生了冲突。其次,由于权力下放缺乏相应的法律标准与法律程序,放权主体在放权之前缺乏科学的论证与调查,缺乏对承接主体的实际需求和承接能力的了解,也缺乏对权力事项下放后的执法资源的有效供给,导致承接主体,特别是基层政府,往往难以有效应对下放的行政事项。例如,在环评审批权下放给县级环保主管部门的过程中,为了更好地对环评实施进行后续监管,理论上对环评执法至关重要的监察权与监测权也应同步下放。然而,垂直改革之后县级环保部门的监察权与监测权实际上被上收,这导致整个部门的监管水平和监管能力的降低,难以承接具有专业技术要求的环评审批工作,致使环评审批流于形式。同时,即便县级环保主管部门具有作出科学的环评审批的能力,但由于垂直改革之后,其已经不再具有独立的主体资格,在司法实践中也面临无法成为相对人行政起诉对象,无法就其行政审批行为进行司法审查的困境。

因此,在对环境监管体制进行垂直改革,强化监管权的独立性时,有必要跳出独立性的狭隘视角,从权力配置的整体性和系统性的角度思考管理体制的改革。环境监管体制改革涉及中央与地方之间环境事权与责任的分配,涉及地方政府环境质量责任的实现机制。首先,需要在法律层面对地方各级政府的事权进行合理配置,这是管理体制改革的基本前提。对此,前文已有述及,此处不再赘述。其次,各级政府之间环境事权的划分亦需要合理的财政权力分配机制。环保事权与财政权是相互依赖和相互决定的关系,更多的环保事权需要更多的财政权,或者说更多的财政权决定了该级政府需要承担更多的环保事权。政府间财权的合理分配直接关系各级地方政府环境保护职权的履行,关系各级政府在整个国家政权机关体系中的地位,甚至关系地方自治与国家结构和国家体制等国家运行的根本性问题。[1]

---

〔1〕 参见刘剑文:《财税法治的破局与立势——一种以关系平衡为核心的治国之路》,载《清华法学》2013 年第 5 期。

第二，垂直改革与县级政府环境质量责任制实现的矛盾。此次垂直改革，县级环保部门的改革最为彻底。县级环保部门直接被裁掉，不再作为县级政府的组成部门，而是成为市级环保部门的派出机构。这一改革对落实《环境保护法》第67条规定之“上级人民政府及其环保主管部门应当加强对下级人民政府及其有关部门环境保护工作的监督”提供了体制上的可行性。在履责方面，其职责主要是完成市（地）级环保部门内部赋予的工作职责，包括环境政策制定、环评审批与排污许可管理、污染防治等行政活动。

然而，这种权力结构的调整与我国现行环境法所建立的地方政府环境质量责任制产生了一定程度的冲突。县级生态环境分局的环境日常监管权、环境统一监管权与县级政府的环境目标和任务分配权、考核评价权等环境监管权完全分离，无法在统一的机制中运行。[1] 我国《环境保护法》与大多数的环境单行法均规定，县级以上地方人民政府对本行政区域的环境质量负责，而县级以上环境保护行政主管部门对本行政区域内的环境保护工作进行“统一监督管理”。为了落实这一地方政府环境质量负责制，《环境保护法》赋予县级政府编制环境规划、改善环境、保护生态、处理生活废弃物以及提供财政支持等职责，而县级环保主管部门则被赋予了现场检查、行政处罚、行政强制等权力。这两者相辅相成，共同作用于县级生态环境保护。但是，垂直改革后，这两者的权力呈现分离状态。垂直改革在某种程度上损害了地方政府环境保护职权的完整性，削弱了其主体责任意识。一般而言，除非有法律法规的明确授权，派出机构不具有行政主体资格，因此其无法独立以自己的名义进行环境执法，落实环境保护职责，亦无法作为独立的法人进行起诉或应诉。同时，垂直改革之后，县级环保部门的核心权力——监察权与监测权被上收至省级环保部门，对县级政府履行环境质量责任制造成了客观阻碍。例如，《水污染防治法》第72条规定：“县级以上地方人民政府应当组织有关部门监测、评估本行政区域内饮用水水源、供水单位供水和用户水龙头出水的水质等饮用水安全状况。”垂直改革之后，县级人民政府如何落实这一法律规定值

---

〔1〕 参见丁霖、竺效：《垂改背景下县级环境监管权的重组模式及其优化方向》，载《中国行政管理》2021年第8期。

得思考。如何处理好改革后的派出机构与县级政府的关系是一个艰巨的挑战,这不仅决定着县级政府环境质量责任的落实,也决定着上级政府对下级政府环境保护工作的落实。在未来的垂直改革实践中,可以探索通过立法的形式明确赋予县级生态环境部门行政主体资格,或者明确县级政府环境保护工作的责任清单,或者提高政府环境质量责任的政府层级,直接由市级人民政府统一负责行政区域内的环境质量。

二、环境监管权的整体性转向

为了提高环境监管部门的地位和权威性,2008 年国家环境保护总局升格为环境保护部,并在 2018 年的机构改革中整合了其他部门的污染防治职责成为生态环境部。其中,2018 年的机构职能整合更是主要解决了环境监管权的碎片化问题。党的十九大报告提出,“设立国有自然资源资产管理和自然生态监管机构,完善生态环境管理制度,统一行使全民所有自然资源资产所有者职责,统一行使所有国土空间用途管制和生态保护修复职责,统一行使监管城乡各类污染排放和行政执法职责。”2018 年十三届全国人大一次会议通过《国务院机构改革方案》,决定组建生态环境部与自然资源部,力图打破不同职能部门之间权力分割、交叉的局面,进一步理顺自然资源资产和生态环境管理体制机制。生态环境部在原环境保护部的基础上组建,最大限度地整合了污染防治的职责,整合了原环境保护部和原国土资源部、原国家海洋局、国家发改委、水利部、原农业部等部门中与污染防治相关的职责,进一步充实污染防治、生态保护、核与辐射安全三大职能领域,承担生态环境制度制定、监测评估、监督执法和督察问责四大职能,从机构上保证了 2014 年修订的《环境保护法》建立的“环保部门统一监管、有关部门分工负责、地方政府分级负责”管理体制的落实。生态环境部总结此次机构和职能重组实现了环境行政监管的“五个打通”,即打通了地上和地下、打通了岸上和水里、打通了陆地和海洋、打通了城市和农村、打通了一氧化碳和二氧化碳。[1] 自然资源部则整合了原国土资源部及原国家海洋局、原国家测绘地理信息局、国家发改委、

---

〔1〕 参见新华社:《环保部就“打好污染防治攻坚战”相关问题答问》,载新华网,http://www.xinhuanet.com/politics/2018lh/zb/20180317d/index.htm。

住房和城乡建设部、水利部、原农业部和原国家林业局的相关职责，着重履行“两统一”职责，即统一自然资源调查监测、自然资源确权登记、自然资源所有者权益和自然资源开发利用；统一国土空间规划、国土空间用途管制和国土空间生态修复。这些改革措施对从整体上推进环境行政监管职能整合具有决定性意义。

从环境保护到生态环境，其中不仅有监管对象与范围的概念变迁，更有权力配置的重新划分与调整。生态环境部的组建有利于改变原来以污染防治为核心的监管模式，逐渐向以环境质量改善为核心的管理模式转变，监管范围与监管权力也明显扩大，涵盖了山水林田湖草等系统性生态环境问题。相应地，生态环境部门的监管权力与责任也更为整合，由简单的担负环境污染监管治理职责转变到对整个生态环境质量负责。然而，生态环境主管部门现有的职责范围其实很大部分都是原有其他负有环境保护管理职能的部门职责的转移。在这种转移过程中，基于生态环境的分散性与交叉性，转移并不彻底，导致各部门之间仍然存在大量的职权交叉和利益关联，最终导致监管机制运行不畅，问责制度亦无法有效落实。[1] 因此，一方面，我们需要承认环境监管职权的分散性或碎片化不可避免，这是由生态环境本身的特点所决定的。故体制改革的焦点不应该是消除碎片化，而是应该在承认碎片化之客观必然性的基础上寻找可以减少碎片化的合理路径。另一方面，环境监管职权的整体性转向依然需要以职权范围和内容的清晰化、规范化为基础，这意味着要进一步完善生态环境监管部门监管职责的责任清单制度。

责任清单或权力清单指的是用清单方式列明政府或政府相关职能部门的权力、责任等事项，以明晰政府权责边界，规范行政权行使，既包括正面清单也包括负面清单。[2] 作为一种现代政府规范化运作的重要工具，责任清单有助于厘清党委与政府、政府与市场、政府与社会各自环境责任

[1] 参见熊超：《我国生态环境部门职责履行责任清单机制构建——以环保部门机构垂直管理改革为背景》，载《学术论坛》2020 年第 5 期。

[2] 参见王湘军、李雪茹：《从“碎片化”到“整体化”：清单管理制度健全路径探论》，载《行政论坛》2019 年第 2 期。

的边界范围。[1] 在微观层面上,权力清单制度的推行能更有效地实现对行政权的规范和控制,也是面向简政放权改革实践的现实需求、实现实质法治的内在要求。[2] 早在2015年,中共中央办公厅、国务院办公厅《关于推行地方各级政府工作部门权力清单制度的指导意见》对如何编制权力清单做了详尽的顶层设计。在环境领域,2020年2月,中共中央办公厅、国务院办公厅联合印发《关于构建现代环境治理体系的指导意见》,要求"制定实施中央和国家机关有关部门生态环境保护责任清单"。2020年3月,中共中央办公厅、国务院办公厅联合印发《中央和国家机关有关部门生态环境保护责任清单》,进一步明确了中央和国家机关有关部门的生态环境保护责任。在此政策的基础上,诸多省、市、县各级地方政府均出台其行政区域内的环境责任清单。例如,浙江省发布《浙江省生态环境保护工作责任规定》,明确了各级党委、人大、政府、政协、纪委监委、法院、检察院以及政府各职能部门在生态环境保护工作中应当履行的监督管理、配合协助等职责。此后亦制定了《浙江省省直有关单位生态环境保护责任清单》,要求各职能部门在其管辖范围内履行相应的环境监管职责。在我国纵横两个环境监管体制层面进行深入的改革之际,建立环境责任清单能够尽可能地克服监管机构在生态环境保护职责履行过程中经常出现的权力交叉、责任真空与责任模糊等痼疾,从而实现环境监管职责的整体性转向。[3] 在建立环境监管各职能部门的环境责任清单时,有两个问题尤其值得关注:一是需要明确责任清单的编制依据,确保监管职权的行使具有规范性依据;二是需要明确监管对象的整体性转向。

首先,传统理论认为,政府公权力的行使应当坚持"法无授权不可为"的基本原则,然而,由于法律规定的粗略与模糊,政府在行使权力时可能会突破这一基本原则,在寻找权力依据时会诉诸政策与实践。梳理各地环境责任清单的编制实践可以发现,清单的编制依据极为多元:党和国家

---

[1] 参见王清军:《环境责任清单的规范进路》,载《吉首大学学报(社会科学版)》2023年第3期。

[2] 参见王太高:《权力清单:"政府法治论"的一个实践》,载《法学论坛》2017年第2期。

[3] 参见王清军:《环境责任清单的规范进路》,载《吉首大学学报(社会科学版)》2023年第3期。

生态环境政策、党内法规、法律法规规章、地方性法规、地方规章、“三定”（定职责、定机构、定编制）方案、中央或上级的环境责任清单以及“地方实际需要”均可作为环境责任清单的编制依据。[1] 一方面，我们需要承认，基于我国政府职权划分的特殊性，国务院办公厅与中共中央办公厅以党内法规形式发布、长期指导政府部门机构编制和权责配置的“三定”规定虽不属于《立法法》所界定的“法”，但长期以来其作为政府部门的职责分工和权责配置的依据，可以进一步成为各级政府职能部门编制环境监管责任清单的依据。在内部，“三定”规定既可以作为行政机关履行职责的依据，也可以作为行政机关之间职权纠纷裁决的依据；在外部，其可以在相关法律缺位的情况下被司法机关援用，成为判断被诉行政行为的职责合法性的依据。[2] 另一方面，环境责任的清单编制仍然需要坚持职权法定，将法的范围限定在《立法法》所确认的法律、法规和规章之内，以尽可能地减少行政机关恣意设定编制依据，逃脱依法行政的规则之治的风险。在依法行政越来越依靠职权清单的情况下，我们更需要强调清单编制依据的合法范围。我国《立法法》明确授予设区的市级人大及其常委会“生态环境保护”立法权，授予设区的市级政府“生态环境保护”规章制定权。因此若地方环境监管的实践能够被地方条例和规章所吸收，那么这些条例和规章亦可以作为清单编制的依据。[3]

其次，在环境监管的职责范围上，应从单纯的污染防治向生态系统保护与管理转变。我国《环境保护法》与其他单行法所明确规定的环境问题分为两类：环境污染与生态破坏（包括自然资源破坏与纯粹的生态破坏）。两类环境问题基于不同的原因，亦采取相异的法律回应制度。然而，随着社会的发展，环境、生态、资源的界限日趋模糊，逐渐融合，环境污染与生态破坏亦相互影响、相互掣肘。因此，这种单一的环境问题二分法已经不能涵盖实践中出现的新型环境问题，如气候变化、转基因生物安全等问

〔1〕 参见王清军：《环境责任清单的规范进路》，载《吉首大学学报（社会科学版）》2023年第3期。

〔2〕 参见李德旺：《论“三定”规定的性质与效力》，载《法治现代化研究》2022年第6期。

〔3〕 参见王清军：《环境责任清单的规范进路》，载《吉首大学学报（社会科学版）》2023年第3期。

题,环境问题的类型需要重新扩展;同时,长期以来环境法的内容与制度事实上只关乎环境污染防治,缺乏对资源保护与生态保护的法律关照。因此,环境监管职责的整体性转向应该以保障生态价值、维护系统完整性为目标,涵盖资源保存、污染防治、生态保护以及绿色发展、清洁生产、循环经济、生态建设等主要内容,根据自然生态状况和系统平衡要求确定管护任务和建设目标,统筹安排污染防治、资源利用和生态保护相关制度举措。[1]

第三节 厘清影响环境监管自由裁量权行使的制度性因素

由于环境问题本身具有复杂性、科技上的不确定性和利益冲突的多元性等特点,环境行政往往是风险行政、复杂行政、系统行政、过程行政,具有科技化、政治化、民主化、社会化和市场化等重要特点。[2] 对此,立法机关的有限理性难以作出事无巨细的规定,环境监管机构往往被赋予一定的自由裁量权来确立环境监管的强度、平衡监管中的利益或风险以及选择可以实现规制目的工具。换言之,环境行政除了要"依法行政",还要"依裁量行政"。例如,2014 年修订的《环境保护法》实施之后,我国生态环境行政机关的行政执法权限得到了扩张,其在采取风险应对措施、行政处罚、行政命令以及行政强制措施时拥有广泛的裁量空间。这种行政机关自由裁量权的扩张可能威胁传统法治主义下的规则确定性、可预测性以及对公民自由权的尊重与保障,同时也引发了对裁量权过大或规制俘获的担忧。一般而言,这种担忧可以通过两个路径进行回应:厘清裁量权行使的约束性因素和对裁量权的司法控制。对于后者将在下文司法监督部分进行整体性讨论,本节将主要讨论影响裁量权行使的主要制度性

---

〔1〕 参见巩固:《环境法典基石概念探究从资源、环境、生态概念的变迁切入》,载《中外法学》2022 年第 6 期。

〔2〕 参见王明远:《上下求索》(卷首语),载高鸿钧、王明远主编:《清华法治论衡》(第 22 辑),清华大学出版社 2014 年版,第 5 页。

因素。政府监管或政府规制是一个包含了不同权力主体之间的博弈的复杂过程，规制空间中不同主体所处的制度环境、自身的运作逻辑、主体可支配的资源、互动的习惯等都影响着规制网络中不同主体的互动作用。[1] 因此，必须将规制机构自由裁量权的范围及其限制放置于一个综合了政治、法律、社会和市场等因素的规制体系中来理解和分析。具体而言，需要分析立法模式与立法授权、监管机关对规制工具的偏好、企业的规制俘获以及社会力量的监督等多种因素的塑造和约束。

一、立法模式对环境监管权的影响

在叶俊荣看来，环境立法有两种模式：管制性立法和政策性立法。在不同的立法模式下，立法的授权标准不同，行政机关的权力范围和手段选择也各异。

管制性立法的特点是详细确定管制结构的内容，即针对不同的环境介质，制定特定的管制目标，通过不同的手段，以维护或改善环境质量。相对应地，管制性立法的规范重点是针对某一管制事项，指定主管机关、界定规范对象、厘清管制目的、选择合适的管制工具以达成管制目的、运用执行手段以推促管制工具的落实。[2] 为此，立法者需要制定大量详细而全面的法律，对行为义务（主要是企业的行为义务）和违反行为义务的法律责任作出明确规定。这一“规则+罚则”模式往往“锁定”了监管机构的权力范围，即只能通过特定手段，如污染物排放标准、排污许可证，以及特定程序，如环境影响评价制度，来实现法律所设定的环境保护目标或环境质量目标。同时，由于追求法律规则的详尽与具体，这一模式下监管机构的权力规则和法律责任也相对清晰。我国以单项污染介质或自然生态环境对象为保护目的的污染防治类和自然资源保护类法律多采用此种立法模式。此外，基于环境问题本身的科技性和专业性，立法机关通常也会

[1] See Leigh Hancher & Michael Moran, *Organising Regulatory Space*, in Leigh Hancher and Michael Moran eds., Capitalism, Culture, and Economic Regulation, Clarendon Press, 1989, p. 271-300.

[2] 参见叶俊荣：《环境立法的两种模式：政策性立法与管制性立法》，载高鸿钧、王明远主编：《清华法制论衡》（第19辑），清华大学出版社2013年版，第8页。

留给监管机关一定的自由裁量权。例如,生态环境部有一定的权力决定环境质量标准和污染物排放标准的水平,也有权力对环评的分类管理目录做出调整。

"由于语义的模糊性、现实的复杂性、行政的专业性,面对种类繁多、几乎弥漫于社会生活各个领域的行政行为,立法者无法做出精确到每个细节的规范。"[1]因此,管制性立法在应对具有复杂性、不确定性、全球性特点的环境问题时具有无法克服的局限性,因为这些环境问题的解决往往不能依靠具体但僵化的管制规则,而是需要各种价值与利益的持续了解、交流、权衡与妥协。[2] 在这一方面,政策性立法具有相对的优越性。其超越了单一环境媒介管制模式,并不锁定单一管制领域或事项,而是确立环境政策方向、厘清经济和环境的关系、明确政府的环境责任,以及规定环境保护的基本原则和基础制度,因而具有高度的政策引导性。[3] 与管制性立法关注监管机构的权力和对企业行为的命令式监管不同,政策性立法以政府及职能部门为规范对象,确立其实现环境政策目标的义务,强化法院的争议解决和司法审查的功能,并通过公众参与进行公共对话。[4] 因此,监管机构在选择监管工具和确立监管强度方面具有更为广泛的自由裁量权,在某些情形下甚至可以授权企业自我规制和允许社会参与规制。需要注意的是,政策性立法模式要求立法应当尽可能地明确授权标准,清晰表达立法目的,以防止监管机构滥用自由裁量权。监管机构在制定监管规则或进行手段选择时,应当合理地阐释立法者的意图,合理地解释法律术语,合理地将法律适用于特定事实,并受到司法和社会的监督。[5]

---

〔1〕 陈文清:《论行政自由裁量权的内部控制》,载《政治学研究》2011 年第 5 期。

〔2〕 参见叶俊荣:《环境立法的两种模式:政策性立法与管制性立法》,载高鸿钧、王明远主编:《清华法制论衡》(第 19 辑),清华大学出版社 2013 年版,第 7 页。

〔3〕 参见叶俊荣:《环境立法的两种模式:政策性立法与管制性立法》,载高鸿钧、王明远主编:《清华法制论衡》(第 19 辑),清华大学出版社 2013 年版,第 10 页。

〔4〕 参见叶俊荣:《环境立法的两种模式:政策性立法与管制性立法》,载高鸿钧、王明远主编:《清华法制论衡》(第 19 辑),清华大学出版社 2013 年版,第 11 页。

〔5〕 参见叶俊荣:《环境立法的两种模式:政策性立法与管制性立法》,载高鸿钧、王明远主编:《清华法制论衡》(第 19 辑),清华大学出版社 2013 年版,第 11 页。

2014年我国修订的《环境保护法》确立了环保领域的基本原则和基本制度，明确了地方政府的环境质量责任制、环境目标考核评估制度和公众参与制度，这在一定程度上摆脱了对于单一环境行政管制的路径依赖，具有某些政策性立法的特点。然而，由于在立法过程中，对《环境保护法》的定位应当是基本法而非政策法的观点占了主流地位，[1]其在不断扩大政府环境监管权力的同时，并没有建立起相应的权力审查机制和法律问责机制。立法机关、法院、公众以及公民团体等在内的"第三方主体"并未被赋予足够的监督权。[2] 而现有的政治性考核评估制度具有很强的过程封闭性和不确定性，在规范和制约有关环境的政府决策，纠正政府失灵或避免规制俘获方面的作用有限。再者，风险预防的理念和原则在该法中的缺失也极有可能导致政府以保障集体安全之名过度侵蚀公民个人的自由与权利。[3] 这些因素说明通过立法来规范我国环境监管的空间、强度和手段仍然比较薄弱。环境监管的未来不仅取决于行政管制手段的制度性整合路径，更取决于国家与社会、政府与市场、立法权与行政权之间建立的论辩与对话机制。[4]

二、监管机关的监管手段选择

由于政治国家和市民社会之间权力与权利关系在价值取向和法律规范特性上的变化，现代国家的行政任务已从单纯的秩序行政、给付行政走

---

〔1〕 前者指的是宣布国家环境政策与指导思想、基本原则与基本理念的政策法，其规范的对象主要是政府行为；后者指的是在环境保护领域里具有基础性、统领性的基本法，全面调整环境法律关系，而非仅针对政府的环境行政。参见邹雄、刘清生：《论我国〈环境保护法〉的结构布局——兼评新〈环境保护法〉》，载《福州大学学报（哲学社会科学版）》2014年第6期。

〔2〕 参见王曦：《论我国〈环境保护法〉的改革与发展》，载《河南工程学院学报（社会科学版）》2014年第3期。

〔3〕 参见吕忠梅：《〈环境保护法〉的前世今生》，载《政法论坛》2014年第5期。

〔4〕 参见柯坚：《我国〈环境保护法〉修订的法治时空观》，载《华东政法大学学报》2014年第3期。

向风险行政。[1] 就环境规制而言,规制机关的任务不只是对确定性环境损害的防治,也包括对不确定性环境风险的预防。前者主要依赖于直接设定行为义务和法律责任的法律法规,依赖于规制机关命令控制式的直接规制。后者则向立法机关的有限理性、承担预防风险职责的行政机关的处理问题能力和决策正当性提出了更高的要求和更大的挑战。[2] 同时,现代环境风险不再是一个简单的技术或科学问题,而是具有一定的主观性和建构性,这使风险规制的措施选择面临更大的合法性和合理性压力。[3] 这决定了环境规制不能单纯依赖于以命令、许可、禁止等传统行政干预措施为手段的"损害/危险—排除"(命令—控制)范式,[4] 而必须通过"以权利制约权力"的参与型规制或开放协商机制等手段来平衡风险规制的现实需求与行政权力的规范要求。[5] 遗憾的是,可能是受立法者风险意识的影响,2014 年修订的《环境保护法》并未明确规定风险预防原则,所以"损害/危险—排除"(命令—控制)手段依然是环境规制的主流。

除了命令—控制手段之外,经济激励手段也是环境规制实践中常用的环境规制工具。命令—控制规制手段具体可包括环境标准、行政许可和行政处罚等,这些手段具有直接、明确、相对公平、可预测性等优点,但同时也存在程序烦琐、行政管理成本高昂、缺乏灵活性等问题。以经济激励为核心的市场手段在我国主要体现为环境税费和排污权交易。[6] 这些

---

〔1〕 参见韩德明:《风险社会中的司法权能——司法改革的现代化向度》,载《现代法学》2005 年第 5 期。

〔2〕 参见[德]哈贝马斯:《在事实与规范之间:关于法律和民主法治国的商谈理论》,童世骏译,生活·读书·新知三联书店 2003 年版,第 535 页。

〔3〕 参见何香柏:《风险社会背景下环境影响评价制度的反思与变革——以常州外国语学校"毒地"事件为切入点》,载《法学评论》2017 年第 1 期。

〔4〕 参见杜辉:《挫折与修正:风险预防之下环境规制改革的进路选择》,载《现代法学》2015 年第 1 期。

〔5〕 参见金自宁:《风险规制与行政法治》,载《法制与社会发展》2012 年第 4 期。

〔6〕 例如,2018 年《环境保护税法》正式实施、2014 年国务院发布《关于进一步推进排污权有偿使用和交易试点工作的指导意见》、2017 年国家发改委印发《全国碳排放权交易市场建设方案(发电行业)》。

手段赋予了企业较多的灵活性,鼓励技术创新并降低了规制负担,但其并没有权力决定环境规制的程度,同时也面临定价困难、难以监管、实施效果不可预测等难题。[1] 因此,规制机关在作出规制选择时需要根据不同的规制对象,综合考虑规制工具的成本收益、对创新的激励效果以及行政管理成本等因素。[2]

我国在20世纪70年代以后确立的环境保护基本制度多为行政手段和命令控制型制度。对其所形成的路径依赖仍然深刻地影响了规制机构的规制选择。命令—控制手段在实施效果上的问题除自身缺陷外,还受制于监管困境、执法难题和问责障碍。[3] 经济激励型工具的选择和运用需要有发育程度较高的市场机制、成熟的市场中介,以及产权明晰、规则明确的法律保障。[4] 然而,虽然近十年以来经济激励手段不断丰富和发展,排污权交易等市场工具仍然受到多方面因素的限制,包括缺乏足够的法律依据、尚未建立有效的"监测、报告和核查"机制,以及政府对市场运行干预过多等,[5]这些因素限制极大地影响了规则工具的选择和实施效果。

三、企业规制俘获能力与环保团体监督能力的角力

如前文所述,规制机构在选择规制手段和强度时会考虑企业规制遵从的成本和进行技术创新的积极性,反过来,企业规制遵从的水平和状态也会影响规制策略的选择。在企业守法水平较低的背景下,我国更倾向于采取更严厉、更直接的命令—控制手段来遏制企业的违法行为。如

---

[1] 参见张锋:《环境治理:理论变迁、制度比较与发展趋势》,载《中共中央党校学报》2018年第6期。

[2] 参见刘丹鹤:《环境规制工具选择及政策启示》,载《北京理工大学学报(社会科学版)》2010年第2期。

[3] See Genia Kostka, *Command without Control: The Case of China's Environmental Target System*, 10 Regulation and Governance 58(2016).

[4] 参见王红梅、王振杰:《环境治理政策工具比较和选择——以北京PM2.5治理为例》,载《中国行政管理》2016年第8期。

[5] See Alex Y. Lo, *Challenges to the Development of Carbon Markets in China*, 16 Climate Policy 109(2016).

2014年修订的《环境保护法》为了解决"违法成本低,守法成本高"的现象,规定了按日计罚、限产停产以及行政拘留等新型规制措施。命令—控制型规制为企业通过规制俘获来影响规制选择和规制强度提供了可能性。

环境规制目标的实现依赖于具有信息和技术优势的企业的规制遵从,因此企业等利益集团对环境规制的"俘虏"无可避免。在我国财政分权的制度框架下,地方政府对地区政治经济资源具有较大的支配权,一些企业有通过俘获地方政府而获取规制强度、财政补贴等方面的利益的行为动机;[1]同时,一些官员在面临政治与财政的双重激励时,也可能被地方利益集团俘获。[2] 规制机构在规制工具选择和规制强度设定方面拥有的自由裁量权,以及规制者与规制对象的利益结盟进一步增加了规制俘获的可能性。[3] 拥有政治和经济影响力的国有企业甚至能通过环境标准的制定来影响环境规制,如我国的石油和化工企业形成了强大的行业协会和技术协会,并垄断了炼油质量标准的制定权。

在大多数情况下,规制俘获的可能性可以因公众或环保团体基于环境公共利益的诉求而降低。被规制的企业和受规制影响的公众在环境规制立场和利益诉求上存在深刻的对立,前者贯彻的是反环保的"资本的逻辑",后者贯彻的是保护环境的"生活的逻辑"。[4] 规制俘获在保护企业经济利益的同时,极有可能损害了分散的公众或环保组织的利益。公众和环保组织需要有对等的规制参与机会和参与能力来平衡规制中的代表利益。在我国,由于公众和环保团体在组织能力、规制参与能力、社会监督能力等方面存在不足,企业和公众在环境规制过程中一直处于力量失

---

〔1〕 参见陈抗、Arye L. Hillman、顾清扬:《财政集权与地方政府行为变化——从援助之手到攫取之手》,载《经济学(季刊)》2002年第4期。

〔2〕 参见聂辉华:《政企合谋:理解"中国之谜"的新视角》,载《阅江学刊》2016年第6期。

〔3〕 参见余光辉、陈亮:《论我国环境执法机制的完善——从规制俘获的视角》,载《法律科学(西北政法大学学报)》2010年第5期。

〔4〕 参见吴卫星:《论环境规制中的结构性失衡——对中国环境规制失灵的一种理论解释》,载《南京大学学报(哲学·人文科学·社会科学版)》2013年第2期。

衡的状态。[1] 企业可以针对过高的规制强度提起诉讼,公众或环保组织却不能针对过低的规制强度或规制不作为提起诉讼。虽然我国 2017 年修改后的《行政诉讼法》将提起诉讼的适格原告扩张到了"与行政行为有利害关系的公民、法人或其他组织",公民个人或组织在环境公共利益因政企合谋遭受损害之际仍然不具有提起行政公益诉讼的资格,而现有的允许环保组织基于环境公共利益损害提起的环境民事公益诉讼制度,本质上仍然是一种针对污染者的民事诉讼,对政府被规制俘获的制约力量有限。

第四节　威慑型环境执法的反思与优化

以威慑理论为基础的环境执法,依赖于企业对违法行为的成本效益评估,是一种立足于法律强制力以实现特定执法目标的外部力量。然而,由于缺乏对特定执法对象的甄别和对执法关系的分类,难以产生理想的威慑效果。对执法困局的法治化破解首先需要理解企业的多元守法动机,进行动态化分类;其次需要建立执法者与执法对象的动态连接,执法者应情景化地思考,与执法对象进行结构式对话,尽量优先选用干预程度较低的合作性执法措施,如果这些措施失灵,执法者将逐步采取干预程度更高的惩罚性执法措施。

我国正处于经济转型、社会转型和制度转型错综复杂的交汇时期,环境执法过程中不可避免会出现各种利益的博弈和价值的冲突,加之我国环境法律诞生的特殊背景和运行环境所带来的问题,环境执法必将经历痛苦的博弈和层层的挑战。同时,环境执法应该抓住转型期所带来的机遇和催生的"环境时刻",突破长久以来在环境管理体系中形成的固有观念和"路径依赖",对威慑执法的内在逻辑进行规范性和实践性反思,将考察的视角由外而内地从执法主体转向执法对象,从而带来执法模式的转型和变革。对执法者而言,其必须改变长久以来形成的从政府角度理解

---

[1] 参见吴卫星:《论环境规制中的结构性失衡——对中国环境规制失灵的一种理论解释》,载《南京大学学报(哲学・人文科学・社会科学版)》2013 年第 2 期。

执法的片面观念,将执法还置于相对人,放置于广阔复杂的社会关系中。一个以企业守法为视角的执法机制不仅有助于弥补威慑型执法流程中的预设缺位和逻辑裂缝,也将改变我国环境执法以自上而下为主、一定程度上存在的单一执法倾向和传统执法理念,以企业类型化为切入点改善行政主体与企业的互动关系,并可通过建立回应型执法关系与执法机制,努力实现环境公益和企业私益的平衡和"双赢"。

一、威慑型环境执法困局的再思考:以企业为基点的观念考察

事实上,威慑型环境执法在域外的应用十分普遍。前文已有述及,美国的环境执法长期以来即是以威慑理论为主要基础,通过环境检查、环境监督,以及民事、行政、刑事处罚等措施威慑企业的违法行为。美国的《清洁水法》、《清洁空气法》以及《资源保护与回收法》中对违法行为规定了高达25,000美元的罚款(《清洁空气法》在2009年将最高限额提高到37,500美元),并且这些法律还包含了按日处罚的规定。这些规定正是以威慑为基础的环境执法方式的集中体现。[1] 该手段对于美国环保署以及州环保局发现并纠正企业的违法行为,提升企业的守法意识产生了十分积极的作用。在执法实践中,美国的环境执法者同时也意识到,这种以威慑为基础的执法方式并不是没有任何问题的,[2]从20世纪90年代开始,很多州开始进行执法方式的改革并逐步采取更多的合作性执法手段,但是以威慑理论为基础的执法方式仍然占主流地位。

在我国,由企业导致的环境污染和环境事件也频频发生,上到大型国有企业下到中小型企业都存在环境违法行为,然而,"环保风暴"以及日益频繁且严厉的环境执法并未有效遏制此种情况。因此,探究为何在中国,建立在威慑理论基础之上的环境执法方式没有能够充分发挥积极效果也十分重要。只有这样,才能保证整个执法的逻辑流程是正确和流畅的,使执法的威慑效果发挥到最优。

---

〔1〕 参见张建宇、严厚福、秦虎编译:《美国环境执法案例精编》,中国环境出版社2013年版,第7页。

〔2〕 See Clifford Rechtschaffen, *Deterrence vs Cooperation and the Evolving Theory of Environmental Enforcement*, 71 Southern California Law Review 1186(1997).

威慑型环境执法就其本质而言，虽借力于企业对违法行为的成本效益评估，却是一种建基于法律强制力以实现特定执法目标的外部力量。而企业作为执法对象，其本身的角色定位、守法意识、守法能力以及企业对执法的回应才是决定威慑执法效果的内在因素。仅关注执法机关外部力量的单向度强化而忽视执法对象内部结构的多元、平衡和稳定，是一种舍本逐末的改革策略。“环境法律要回归到法律血统，必须始终以对人的行为的控制为着眼点和中心。”[1]因此，本书将视角从执法主体转向执法对象，对其进行从观念到机制的考察和剖析，以探究威慑型环境执法在我国的表象与实质、现实与未来，进而寻找执法困局的破解之道。

（一）“理性经济人”的单一角色预设

理性经济人这一经济学假设的提出，极大地促进了人对利益的充分觉醒，成为经济发展的原始动力，促进了资本主义初期经济的发展与市场机制的建立。但同时，它也鼓励人们为了经济利益竞相无度地使用带有公共物品性质的环境和生态资源，最终导致了人与自然的对立和日益严峻的生态危机。[2] 在环境法律面前，理性经济人假设认为，如果违法收益大于守法收益，以经济利益最大化为导向的企业必然会选择违法，并采取各种手段隐藏违法行为，躲避违法检查处罚。但是，如果说理性经济人假设的提出在经济关系相对简单的西方资本主义初期具有正当性和无可比拟的优势，那么，在企业所处的社会经济关系日益复杂、企业身份日益多元的背景下，这个假设能否想当然地、绝对地移植到我国的环境执法领域就存在疑问。

匈牙利环境伦理学者索尔奈认为，人的行为选择动力具有多样性，可能基于理性的自利（self-interest），也可能基于责任（duty）和爱（love）。[3] 阿

---

〔1〕 吕忠梅、刘超：《水污染治理的环境法律观念更新与机制创新——从滇池污染治理个案出发》，载《时代法学》2007 年第 2 期。

〔2〕 参见胡军、蔡学英：《“经济人”与“生态人”的统一》，载《湘潭大学社会科学学报》2002 年第 S1 期。

〔3〕 See Zsolnai Laszlo, *Rational Choice and the Diversity of Choices*, 27 The Journal of Socio-Economics 613（1998）.

马蒂亚·森认为,伦理对一个人行为具有极大的影响力。[1] 在不同的情况下,很难说哪一种选择更重要或者更好。一个被广为接受的理论是美国学者马奇和挪威学者奥尔森所提出的对行为逻辑的划分,“后果期待逻辑(logic of consequences)”和“适当性逻辑(logic of appropriateness)”。[2] 前者以理性主义为基础,认为作为理性行为者的执法对象基于对行为的成本和收益计算而选择违法或守法,以达到自身利益最大化的目的;后者认为,行为主体会基于其身份、地位、义务、规则以及对行为的适当性的认识而选择守法或违法。[3] 环境民事、行政和刑事责任是以前者为基础的执法方式的集中体现,而以后者为基础的执法方式则主要包括协商、公民诉讼以及守法援助和守法激励。如果说前者是以“经济人”为逻辑起点,后者则以“社会人”为起点和归宿。企业除了可能根据“后果”进行行为选择外,也有可能基于其在社会关系中的角色,为了追求社会公正、社会公益和社会稳定而选择符合其身份的行为。周旺生教授认为,法律调整的利益关系,除了具有经济人、社会人两种形态外,还具有生态人这第三种形态。[4] 有的学者通过扩展“经济人”的内涵,引入生态理性的考量,提出“生态理性经济人”这一概念,力图平衡人类对经济利益和生态利益的追求。[5] “生态人”的概念是在人与自然关系矛盾不断激化的背景下提出来的,是继社会人之后对人的本性和基本特征的进一步发展,也是法律调整对象和范围不断扩大的结果。[6] 它强调人既存在于社会中,也存在自然界之中,既具有社会性也具有生态性,是人与人的关系和人与自然的

---

〔1〕 参见龚群:《经济伦理关于“经济人”概念的再审视》,载《中国人民大学学报》2001年第6期。

〔2〕 See James G. March & Johan P. Olsen, *The Institutional Dynamics of International Political Orders*, 52 International Organization 943(1998).

〔3〕 See James G. March & Johan P. Olsen, *The Institutional Dynamics of International Political Orders*, 52 International Organization 943(1998).

〔4〕 周旺生:《中国法理学的若干迷点》,载中国法理网2005年5月18日,http://www.jus.cn/ShowArticle.asp?ArticleID=664。

〔5〕 参见焦君红、孙万国:《从“经济人”走向“生态理性经济人”》,载《理论探索》2007年第6期。

〔6〕 参见蔡守秋、吴贤静:《论生态人的要点和意义》,载《现代法学》2009年第4期。

关系的综合体现。[1] 在此基础上,理性的生态人以生态意识、生态理性、生态良心为本质内涵,[2]不仅关注当代人利益,也关注资源的代际配置,关注人和社会的可持续发展。[3] 虽然"生态人"这一概念具有强烈的伦理色彩和道德宣示意味,且其必然性和正当性在法学上尚缺乏足够的论证,但是它至少可以让我们反思并重新认识日益复杂的社会关系。

可见,单纯以理性经济人为假设前提的威慑理论忽视了社会、经济和环境的不断发展演变所带来的复杂关系,也简化了企业进行守法或违法行为选择的外在机制。如果执法机关仅局限于对企业守法/违法的经济分析,而没有充分利用企业作为社会人和生态人这一特点去促使企业守法,用一对多的模式去寻找、定位、管理企业,就不可避免地会导致执法效能的低下。近年来,大型企业的环境社会责任不断增强,环境非政府组织也在日益壮大成熟,同时社会公众的环境意识正在逐渐觉醒,这些因素都极大地促使环境法律不断改变对企业本性的多元化认知,应将其置于经济人、社会人和生态人的多元法律关系中,以此来设计和采取相应的执法方式,提高执法的效果。

(二)对企业本性和能力的固化认识

理论和实践证明,环境法律法规的有效落实不仅取决于执法者本身的执法方式和水平,更取决于被执法者(本书指的主要是企业)的守法意愿和守法能力。[4] 而且,企业的守法意愿以及守法能力与执法机关的执法方式密切相关,只有厘清企业守法或违法的主客观原因,考虑违法者的不同状态和表现,执法机关才能有的放矢地选择执法方式,减少行政执法的难度,提高环境治理的效果。

---

[1] 参见蔡守秋、吴贤静:《论生态人的要点和意义》,载《现代法学》2009年第4期。

[2] 参见胡军、蔡学英:《"经济人"与"生态人"的统一》,载《湘潭大学社会科学学报》2002年第S1期。

[3] 周旺生:《中国法理学的若干迷点》,载中国法理网2005年5月18日,http://www.jus.cn/ShowArticle.asp? ArticleID=664。

[4] See Soren C. Winter & Peter J. May, *Motivation for Compliance with Environmental Regulations*, 20 Journal of Policy Analysis and Management 675(2001).

威慑型环境执法只有在违法行为是企业理性做出的选择的前提下才具有实施的意义,其考虑的重点是企业的守法意愿(compliance commitment),并没有涉及企业的守法能力(compliance capacity)问题。但实践中经常存在这样的情况:某些企业主观上愿意(无论是基于后果分析、身份认同还是基于环境责任)遵守环境法律法规,但是由于自身认识和能力的限制等客观原因没有意识到自己违法、不知道如何守法或无法做到守法,在这种情况下,威慑型执法是否依然适用就是一个需要回答的问题。

如何对企业的守法和违法行为进行解释并作出回应在很大程度上是由法律对企业本身的认识所决定的。美国学者萨尔兹曼等人根据企业自身的守法选择认为,企业不仅是理性行为者(rational actors),还可能是良好行为者(good apples/good faith actors),即他们认为企业是潜在的守法行为主体,愿意并试图去遵守那些复杂的甚至相互矛盾的法律法规。[1]这种观点认为企业守法并非出于对违法惩罚的恐惧,而是出自企业遵守法律的内心意愿和对法律的内心认同[2]——那些"良好"的法律(那些良好的法律往往得到了立法机关的同意和支持,具有可归责性、程序正当、专业性以及效率性等特征[3])应当被社会所普遍遵守。[4]也就是说,企业的违法行为在很多情况下并不是企业的主动选择,而是由于守法能力不够或者信息不足导致。企业守法与否取决于企业监督和控制自身环境行为的能力,而非执法机关的检查和制裁。[5]这种认识认为传统的威慑型执法方式对这类企业并不是最优选择,应当进行改革,通过教育和合作性援助等手段发挥企业自身的守法潜能。

不同的企业在守法意愿和守法能力上是存在差异的,因此环境执法需要对主客观两方面进行甄别分类、排列组合,从而有针对性地采取执法

---

〔1〕 See James Salzman et al., *Regulatory Traffic Jams*, 2 Wyoming Law Review 253(2002).

〔2〕 See Timothy F. Malloy, *Regulation*, *Compliance and the Firm*, 76 Temple Law Review 451(2003).

〔3〕 See Robert Baldwin, Martin Cave & Martin Lodge, *Understanding Regulation: Theory, Strategy and Practice*, Oxford University Press, 2012, p. 107.

〔4〕 See Tom R. Tyler, *Why People Obey the Law*, Princeton University Press, 2006, p. 19.

〔5〕 See Timothy F. Malloy, *Regulation*, *Compliance and the Firm*, 76 Temple Law Review 451(2003).

方式。例如,对那些有守法能力但是故意违法的企业应当采用威慑执法,加大环境检查的力度提高处罚的严厉程度,从而达到预期的威慑效果。而对于那些有守法意愿但是能力不足的企业,执法机关应侧重于提供守法指导和守法援助,而非采取威慑式处罚。这种有针对性和区别性的执法策略也能够赢得企业的信任,为鼓励企业自觉纠正违法行为和主动守法提供了良好的制度空间。

(三)对二元环境执法结构的定型化

以威慑理论为基础的执法方式认为政府执法机关与企业之间是单一的控制与被控制、互相对立的"零和"关系。在企业基于自身利益最大化而采取具有环境负外部性的行为时,就需要作为管制者的政府以公共利益最大化为目标和原则进行干预和制止。[1] 王明远教授用"猫"和"老鼠"的形象分别代表政府(主要指环保主管部门)与制造环境污染的企业以及两者之间的博弈关系:"猫"的职责就是发现和消灭"老鼠","老鼠"就是要躲避"猫"的追寻,"老鼠"和"猫"是不可能和平共处或展开合作的,而猫鼠之间的利益苟合是导致环境灾难和悲剧的原因所在。[2] 笔者并不认同此观点,一方面,这种简单的定位导致了执法手段的简单粗暴;另一方面,也忽视了"猫鼠"关系所适用的特殊社会背景。在威慑环境执法盛行的20世纪七八十年代,关于环境问题的市场解决机制尚未成熟,公民环境运动对企业的压力也并不显著,将执法机关和企业定位为对立关系就具有历史的合理性。但是,几十年后,环境问题在我国的政治、经济和社会领域获得了前所未有的话语权,威慑理论适用的背景发生了极大的变化。由此引发了一个重要的问题:执法机关和企业之间是不是在所有的环境问题上依然是非"零和"即"合谋"的对立关系?二者有没有为了达成共同的环境目标而进行合作的可能性?

事实上,随着社会的不断发展,执法机关与企业之间单一的、线性的对立关系正在被打破。特别是市场机制的不断成熟、非政府组织的不断

---

[1] 参见朱德米:《地方政府与企业环境治理合作关系的形成——以太湖流域水污染防治为例》,载《上海行政学院学报》2010年第1期。

[2] 参见王明远:《关于环境司法的若干思考》,载《人民法治》2015年第5期。

发展以及社会公众环境诉求的高涨,极大地重塑了中国的环境治理中政府和企业的关系结构。以公众参与为核心和特征的环境治理(environmental governance)理念的兴起正是看到了政府与企业二元结构的缺陷,进而主张打破市场与经济、公共领域与私人领域的传统两分法思维模式,[1]倡导引入、运用和灵活的组合行政调整机制、市场调整机制和社会调整机制。它要求环境执法除了采用传统的命令式执法外,更应该运用社会机制、信息公开、市场机制等力量与企业建立灵活的、动态的平衡关系,实现从"行政主体→行政相对人"向"行政主体↔行政相对人"执法关系的转变,[2]改变企业对行为后果的认识,促使企业自觉守法,最终形成环境治理的合力。

除此之外,威慑效果的产生源于企业对执法后果的反应机制。威慑理论假设,在执法机关与企业的对立关系中,企业会根据执法者执法行为的频繁程度和严厉程度做出相应的反应。而要实现这一点,依赖于执法机关和企业之间建立透明的、完全的信息交流和沟通机制,[3]即执法机关可以预测企业的违法行为并进行公平、合理的处罚,企业基于对自己行为后果的预测进行守法和违法的行为选择。但在实践中,由于我国的环境信息(包括政府环境信息和企业环境信息)公开制度尚不完善,执法机关与企业在信息方面存在不对称性。一方面,由于我国环境执法机关在普法以及法律培训方面的不足,没有将违法后果以一种及时、直观、可见的方式传递给企业,很多企业,特别是中小企业面对复杂交叉甚至重叠冲突的环境标准和法律要求时往往无所适从,也不清楚违反这些环境标准或者法规后将会承担何种后果。另一方面,企业往往出于自身短期利益的考虑并不愿意将重要的环境污染信息向环境主管部门公开,甚至故意隐瞒或欺骗主管部门,这在很大程度上不仅会影响环境政策的制定以及

[1] 参见蔡守秋:《善用环境法学实现善治——治理理论的主要概念及其含义》,载《人民论坛》2011年第5期。

[2] 参见肖金明:《论政府执法方式及其变革》,载《行政法学研究》2004年第4期。

[3] See Robert Baldwin, Martin Cave & Martin Lodge, *Understanding Regulation: Theory, Strategy and Practice*, Oxford University Press, 2012, p. 107.

环境标准设计的准确性、公平性，[1]也会影响执法机关对执法工具和措施的选择。因此，执法机关与企业之间尚不完善的信息沟通机制导致执法机关难以完全准确地预测企业的环境法律行为，而企业也无法准确地对执法机关的执法行为作出回应。

（四）脱离守法目的的执法手段异化

在美国，环境执法并不以执法本身为目的，而是致力于促进和确保企业守法，用西尔伯曼的话说就是，“执法是拉动守法这列火车的发动机”。[2] 针对企业的违法行为所采取的处罚措施也并不以处罚或者威慑为目的，而是以环境效益和处罚效果最大化为目标。[3] 谈判和协商被广泛用于正式和非正式执法阶段，来表达执法者执法的强烈愿望，也传达帮助违法者解决违法问题的诚意。执法者在发现企业违法后，通常会发出警告信、守法命令或违法通知，对企业的违法行为提出警示、责令改正并指出可能的处罚。[4] 企业则会与执法者就哪些行为是违法行为以及如何改正进行协商。因此，虽然美国的诸多环境法律中规定了高额的违法罚款，但是在实践中，美国环保署和州环保局却很少完全按照这些规定进行罚款，而是通过其所拥有的裁量权，灵活采取多种执法手段，[5]以促进环境治理和推动企业守法。例如，美国环保署在作出处罚后可以和企业签订和解协议（settlement agreement），以补充环境项目为条件减少一定

---

〔1〕 托马斯·思德纳认为，“欺骗动机和监督成本是信息不对称情况下政策工具设计潜在问题的两个方面”。参见［瑞典］托马斯·思德纳：《环境与自然资源管理的政策工具》，张蔚文、黄祖辉译，上海人民出版社2005年版，第239页。

〔2〕 See Jon D. Silberman, *Does Environmental Deterrence Work? Evidence and Experience Say Yes, But We Need to Understand How and Why*, 30 Environmental Law Reporter 10523(2000).

〔3〕 参见张建宇、严厚福、秦虎编译：《美国环境执法案例精编》，中国环境出版社2013年版，第44页。

〔4〕 参见张建宇、严厚福、秦虎编译：《美国环境执法案例精编》，中国环境出版社2013年版，第44页。

〔5〕 See Clifford Rechtschaffen, *Deterrence vs Cooperation and the Evolving Theory of Environmental Enforcement*, 71 South California Law Review 1181(1997).

的经济处罚。这既能确保经济处罚的威慑作用得以发挥,又可以缓解执法者和企业之间的对立紧张关系,有利于实现环境治理和改善的执法目标。

在我国,传统以管制为主导的环境执法“过分依赖于管制手段和方法及其工具理性,这往往不可避免地导致行政过程中对环境执法终极价值理性的忽视,甚至可能造成行政管制目的与行政管制手段之间的扭曲和异化”。[1] 环境执法本身常常被当作目的。相反,企业环境行为的提升以及环境质量的恢复或改善并没有成为环境执法的追求目标。这种对环境执法的认识难免导致执法者对执法手段的过度追求,不利于促进企业守法水平的提高。

通过以上关于执法核心的执法对象和执法关系的分析,可以发现现阶段执法模式在一定程度上偏离了企业守法这一基本的目标预设,在对受管制对象的认识上存在简单化、固定化倾向。这种对企业的相对单一且较为僵化的认识和定位难以与现阶段纷繁多样的执法对象以及错综复杂的执法关系相契合,导致了执法手段与守法机制的错位。而就威慑执法而言,若缺乏对特定执法对象的甄别和执法关系的厘清,在复杂多变的执法环境中较难产生有效的威慑效果。

二、威慑型环境执法的优化:以企业守法与回应性执法为核心的执法优化

环境问题的社会化、政治化引发了环境法治的变革和发展,也催生了我国环境基本立法的“环境时刻”。[2] 我国除了需要从环境立法理念和立法实践层面对相关环境立法进行探讨和变革外,也要把握机遇,对威慑型环境执法进行反思和变革,转变其以执法和制裁为出发点和目的的环境执法理念,而促进企业以守法和环境利益最大化为目标,提高执法的效能并使其具有可持续性。

---

〔1〕 参见柯坚:《我国〈环境保护法〉修订的法治时空观》,载《华东政法大学学报》2014年第3期。

〔2〕 参见柯坚:《我国〈环境保护法〉修订的法治时空观》,载《华东政法大学学报》2014年第3期。

值得说明的是,虽然以威慑理论为基础的环境执法在我国环境执法实践中遭遇了重重挑战,但这并不能说明该执法方式本身是无效的。在企业环境违法行为猖獗、环境污染形势严峻、很多中小企业环境社会责任意识淡薄的情况下,以检查、处罚为核心的环境执法方式对惩罚和遏制企业的故意违法行为具有不可取代的基础性作用。要想提高该执法方式对违法企业的威慑效能,必须要完善违法企业的行政法律责任,改变其违法行为的成本收益核算模式。这一方面已有相对成熟的研究,本书不再赘述。法律机制的创新需要以法律观念的更新为基础,因此本书认为,威慑型环境执法需要在对企业认识更新的基础上,以企业守法为核心对执法对象和执法关系进行机制和方法上的重构。

(一)以企业守法意愿与守法能力为基础的类型化执法

前文无论是对企业本性的分析,还是对企业行为选择的探讨,都是强调企业违法行为及原因的多样化。因此执法者需要对企业进行类型化分析,改变政府对企业的角色定位,进而改变对企业环境违法行为的介入方式。企业守法意愿和守法能力的不同排列组合要求执法者采取有针对性的执法方式(见表 5-1)。而威慑型环境执法只有对那些有守法能力却故意违法的企业才具有发挥作用的空间,对于有守法意愿的企业则可能产生适得其反的效果。

表 5-1　企业不同守法意愿和守法能力的排列组合需要以不同的执法方式进行应对

企业的守法意愿	企业的守法能力	执法机关的执法方式
无守法意愿	有守法能力	威慑执法:加大检查频率;提高处罚额度(如提高罚款数额,进行资格罚和人身罚等);公开违法者信息;要求企业定期提交环境监测报告
无守法意愿	无守法能力	威慑执法:以吊销许可证或执照、限制生产、停产整治等处罚手段为主

续表

企业的守法意愿	企业的守法能力	执法机关的执法方式
有守法意愿	有守法能力	守法激励:如减少检查频率、进行政策或税收上的优惠 守法合作:如以进行环境修复和治理代替一定的行政处罚;自愿性环境协议
有守法意愿	无守法能力	守法援助:如提供经济、技术、信息和法律支持

由于守法意愿具有很强的主观性而难以判断,实践中可以通过环境检查时企业的配合程度、环境处罚后企业的行为纠正程度(如一年内重复违法的次数和违法的间隔时间)以及企业的违法历史等因素予以考察。我国自2014年开始实施的《企业环境信用评价办法(试行)》,以及一些非政府组织编制的污染地图都为执法者鉴别判断企业的守法意愿提供了信息和依据。[1] 2014年修订的《环境保护法》要求相关环保主管部门将违法者的违法信息记入社会诚信档案,也是判断企业守法意愿的一个依据。

(二)建立威慑型为主、回应型为辅的执法方式

执法方式的变革意味着政府执法过程中参与者之间相互关系的调整和修正。[2] 反之亦然。对作为执法对象的企业进行类型化之后,必然会在执法者与企业之间形成不同的执法关系,而这意味着必须要对目前单一的单向执法方式做出变革。针对威慑型执法所呈现的局限性,诸多学者提出以合作式(cooperative regulation)执法来代替。[3] 他们认为,基于

---

〔1〕 如公众环境研究中心所编制的污染地图中就有关于污染企业的环境表现和监管信息。

〔2〕 参见肖金明:《论政府执法方式及其变革》,载《行政法学研究》2004年第4期。

〔3〕 See Glicksman Robert L. & Dietrich H. Earnhart, *Depiction of the Regulator-Regulated Entity Relationship in the Chemical Industry: Deterrence-based vs Cooperative Enforcement*, 31 William & Mary Environmental Law and Policy Review 603(2006); Potoski Matthew & Aseem Prakash, *The Regulation Dilemma: Cooperation and Conflict in Environmental Governance*, 64 Public Administration Review 152(2004).

鼓励企业自愿守法的自我管理、自愿性项目、守法援助等执法方式因具有柔性和灵活性,可以在某种程度上弥补强制性和惩罚性的行政执法带来的缺陷,不仅容易被企业所接受,更能够转变企业对环境执法的态度,从消极抵抗变为积极守法,进而不断提高企业的环境守法水平。[1] 然而,合作性执法也有其内在缺陷,其对企业自我披露信息的依赖也增加了企业逃避监管的可能性。有学者指出,合作性执法的根本困境在于,受监管的企业必须确信监管机构不会因为轻微的/自我披露的违规行为而惩罚他们,监管机构必须确信在他们与企业进行合作或提供援助以帮助企业回归合规状态后企业不会继续违法,而这需要双方之间建立一个基于相互信任的长期良性互动关系。[2]

美国学者伊恩·埃尔斯和澳大利亚学者约翰·布雷斯韦特在1992年出版的《回应性监管:超越放松监管的争论》一书中系统提出了回应性监管理论(responsive regulation),试图回避威慑执法或合作执法这一非此即彼的选择,发展强制性政府监管和非政府干预手段的混合模式。[3] 这一理论是在总结经济学的博弈论、犯罪学的恢复正义理念以及吸收了美国学者塞尔兹尼克的"回应性法"(responsive law)理念的基础上提出来的,[4]不仅可以促进企业之间的良性博弈与竞争,克服高度依赖政府威慑监管带来的僵化与低效,也可以在一定程度上回应环境监管法律之"完整性"与"开放性"之间的紧张与抵牾。回应性执法理论的基本观点是为了能够有效监管,监管者和监管手段应该适应被监管机构或者个体的行动,即根据监管对象的反应决定是否要进一步加强对于其行为的干涉

[1] See Melissa Rorie, *Responsive Regulation*, in Oxford Handbooks Editorial Board ed, Oxford Handbook Topics in Criminology and Criminal Justice, Oxford Academic, 2014.

[2] See Potoski Matthew & Aseem Prakash, *The Regulation Dilemma: Cooperation and Conflict in Environmental Governance*, 64 Public Administration Review 152(2004).

[3] See Ian Ayers & John Braithwaite, *Responsive Regulation: Transcending the Deregulation Debate*, Oxford University Press, 1992.

[4] See Parker Christine, *Twenty Years of Responsive Regulation: An Appreciation and Appraisal*, 7 Regulation & Governance 2(2013).

执行。[1]其规范性内容主要包括:(1)以针锋相对法为基本原则(tit-for-tat);(2)首先考虑运用说服教育或自我监管等“软性”或合作性执法措施;(3)最有力的强制手段如吊销许可证和刑事执法措施作为最后选择;(4)逐步提高监管强度。[2] 该理论的核心在于通过引入“执行金字塔模型”(Enforcement Pyramid Model)和“执行策略金字塔模型”(Enforcement Strategies Pyramid Model),融合威慑型执法与合作型执法,以丰富行政机关执行手段的选择。前者指的是面对微观个体时,政府监管者针对其违法状态与违法原因进行的执法策略选择。这具体又可以包括两个方面:一是针对不同类型的企业采取不同的执法策略;二是根据某一特定企业的违法行为及其改正行为采取的针对性执法策略。后者指的是针对整个行业监管政策的设计,也就是决定在多大程度上把政府监管权下放给非政府部门来行使。就宏观的执法策略而言,回应型执法模式要求政府应首先鼓励企业自我监管,如果不能达到目的,可以采用强化型自我监管(enforced self-regulation),如果此策略继续失败,则采取命令—控制型监管。这一对非政府监管的鼓励措施,事实上与后面要探讨的环境治理工具不谋而合,为了保证讨论的充分性,本部分将不对此做过多介绍与分析,而是将主要精力放在对作为微观执法方式的回应型执法机制的探讨上。

首先,要进行分级分类监管执法,即根据不同企业的守法或违法状况来判断行政执法的策略选择。由前面的分析可知,企业的守法意愿和守法能力是最终影响企业行为选择的两大要素,要结合这两个主要因素对企业进行分级或分类,采取不同的监管强度与监管手段。分级分类监管的优点是显而易见的,不仅可以把政府有限的资源集中在严重违法的企业身上,对企业实施的差别性待遇也可以为企业落实主体责任提供外在

---

[1] See Kolieb Jonathan, *When to Punish, When to Persuade and When to Reward: Strengthening Responsive Regulation with the Regulatory Diamond*, 41 Monash University Law Review 136(2015).

[2] 参见杨炳霖:《监管治理体系建设理论范式与实施路径研究——回应性监管理论的启示》,载《中国行政管理》2014 年第 6 期。

激励。[1]

其次，从对微观主体的执法而言，金字塔式的执法策略表明了企业守法/违法原因的多样性以及执法方式的多样性和比例性。回应型执法要求执法者首先假设企业是道德的，愿意遵守法律的规定。这恰好回应了前面我们对企业本性认知的反思，即企业除了是理性行为者（rational actors）外，也可能是良好行为者（good apples/good faith actors），愿意并试图去遵守那些复杂的甚至相互矛盾的法律法规。回应性执法理论也承认，同一个企业在不同的时期或处理不同的事务时，其守法意愿是动态变化的，因此执法者要根据企业的反应，动态调整有针对性的执法策略。以执法策略的严重程度为依据，自下而上的金字塔式梯度安排可包括咨询、劝导、警告、行政处罚、刑事处罚、暂停许可、吊销许可。企业有潜在违法行为或正在实施违法行为的，执法者可以采取劝说、警告等执法方式，预防环境违法。在违法情形较为轻微或者损害后果较小的情况下，可以通过小数额的行政罚款或者一些柔性的执法手段来实现纠正企业违法行为的目的，如采用由政府相关部门设定环境目标，由企业和政府协商完成的自愿性执法模式。在采取了柔性以及相对温和的行政处罚措施之后，如果企业有纠正违法行为的能力但依然不愿意纠正，可以采取更为严厉的执法措施，如吊销许可证、刑事制裁等。

回应型执法的引入，可以缓解因过度依赖威慑型执法而产生的执法者与被执法者之间的紧张或对抗关系，同时也为在环境监管不能的背景下引入以多元执法手段为特征的环境治理进行了铺垫。然而，理论要与国家具体的执法体制和执法实践相结合，才具有可行性，具体分析如下。

首先，我国可以实施分类监管。在我国环境监管立法与实践中，分类监管并不少见。例如，《环境影响评价法》对建设项目实施分类管理，根据不同建设项目对环境影响的大小编制不同的环评文件。《排污许可管理条例》根据污染物产生量、排放量、对环境的影响程度等因素，对排污单位实行排污许可分类管理。虽然这种分类监管主要基于对环境影响的大小，而非聚焦于企业违法的可能性或严重程度，但是这一分类管理思维可

---

[1] 参见杨炳霖：《监管治理体系建设理论范式与实施路径研究——回应性监管理论的启示》，载《中国行政管理》2014 年第 6 期。

以为回应型执法机制的引入奠定良好的规范与实践基础。前面已经提及破解威慑型执法的困局需要对不同企业根据其守法意愿与守法能力进行分类,因此,针对分类后的企业类型,采取相对应的执法措施具有较强的可行性。

其次,在我国执法实践中,要特别关注那些有良好的守法意愿,但是守法能力不足的企业,执法机关在执法过程中应该有针对性地为其提供守法援助服务。受传统执法理念的影响,我国在环境执法过程中缺少对守法援助(compliance assistance)措施的设计。守法援助措施应当立足于为企业提供守法所需的信息和服务(包括政策、法律、技术等内容)、建立顺畅的信息沟通机制、着重于为小企业提供资源和服务。从援助的方式和内容看,主要包括教育类、技术类和资金类援助。这类执法方式旨在鼓励或者帮助(但不强制要求)企业采取措施以确保其守法,主要措施涵盖进行公共教育、提供技术援助、提高企业和非政府组织的环境领导能力等。这类执法方式强调法律的交流功能,认识到通过教育/合作/劝导受规制者,可以促进其采取对环境负责任的行为。法律虽然依靠强制力来保证其实施,但作为一种社会事实,它主要依靠人们的习惯来被服从和遵守,[1]而这些习惯源于人们长久以来对法律规则所形成的认知水平和信任程度。因此,从执法对象的角度出发,提高其法律认知水平极为关键,例如,为企业提供守法指南,以此来增强法律的透明度和确定性。此外,利用经济手段进行守法激励也是促进企业守法的重要方式。通过运用经济手段,从影响成本和收益的角度出发,推动环境问题解决过程中私人成本和社会成本的重合与对应,建立价格与成本的反馈机制,以引导企业的环境行为和选择。[2] 合理的经济激励措施应当立足于企业作为"经济人"的角色,并充分发挥这一角色的作用,引导企业在追求经济利益的同时主动承担环境责任,这有利于降低环境执法机关的执法成本和难度。

需要注意的是,回应型执法是一种远比威慑型执法更为精细和复杂的执法方式,其有效性与可行性主要受以下三个因素的制约:(1)威慑型

---

[1] 参见付池斌:《现实主义法学》,法律出版社2005年版,第45页。

[2] 参见吴秋兵:《企业环境责任经济激励机制研究》,载《黑龙江对外经贸》2010年第5期。

措施的有效性。回应型执法以威慑型执法为兜底保障。柔性的、合作性的执法策略要想实现促进企业守法的目的必须以有效的、及时的威慑型执法措施为保障。用埃尔斯和布雷斯韦特的话说，执法机构应该像"善意的大炮"一样执法，即执法机构通常可以与被执法者进行合作，然而，一旦被执法者频繁违法，执法机构便应毫不犹豫地采取行动。[1] (2)执法权的整体性与协调性。碎片化的执法权会导致执法权威的分离，为企业逃避违法责任提供了可能，这不仅大大增加了执法者与执法对象的信息壁垒与沟通成本，也增加了执法措施的不确定性。(3)执法机构在执法之规范主义与执法之功能主义之间的智慧平衡。一方面，回应型执法以执法的规范化与合法性为前提，即执法者在被执法者中有足够的、可以被信服的权威。另一方面，回应型执法又要求执法者在面对执法的形式主义僵化时有足够的自由裁量权来采取有针对性的执法策略，以帮助企业纠正违法行为以及促进企业守法。这对于执法机构，特别是对执法规范化程度并不高的执法机构而言，实际上是一个极高的要求与挑战。

基于以上分析，我国要想破解实践中因威慑型执法产生的问题，辅之以回应型执法机制，需要继续提高威慑型环境执法的法治化水平与威慑效果，提高监管权的整体化与协调性，在此基础上可以在有条件的地区或领域实施回应型执法方式。除此之外，回应型执法对监管机构的执法能力以及执法机构与执法对象之间的互动与信任提出了极高的要求。监管机构要能够识别其需要执法的企业类型，要对何种执法手段可以促进企业守法有综合性认知，也需要对企业的运作以及企业对执法措施的反应有全面的理解。[2] 故此，有学者建议，回应型执法对于那些与监管机构具有良性互动的大型企业可能效果较好。[3] 然而，在我国环境执法实践中，由于执法规范化存在不足，一些执法机构与大型企业，特别是国有企

[1] See Ian Ayers & John Braithwaite, *Responsive Regulation*: *Transcending the Deregulation Debate*, Oxford University Press, 1992, p. 19.

[2] See Richard Johnstone, *From Fiction to Fact-Rethinking OHS Enforcement*, National Research Centre for Occupational Health and Safety Regulation, Working Paper 11 (2003).

[3] See Neil Gunningham, *Enforcing Environmental Regulation*, 23 Journal of Environmental Law 169(2011).

业之间可能存在利益勾连或执法俘获的问题,这又进一步增加了引入回应型执法的难度。

第五节　完善环境监管的司法监督机制

一切拥有权力的人都容易滥用权力,这是万古不易的道理与经验。[1] 环境监管权力的不断扩大以及环境监管决策的专业性和封闭性都对环境监管权力行使的规范化提出了更高的要求。政府环境监管权的行使,无论是羁束性权力还是自由裁量权,都需要接受人大立法监督、科层体系内部行政监督、司法权以及公众的监督与制约,这些不同的监督方式共同构成了一个完整的监督体系。就人大监督而言,其在宪法、组织法、监督法以及环保法中可以寻找到充足的法律依据。2014 年《环境保护法》第 27 条规定:"县级以上人民政府应当每年向本级人民代表大会或者人民代表大会常务委员会报告环境状况和环境保护目标完成情况,对发生的重大环境事件应当及时向本级人民代表大会常务委员会报告,依法接受监督。"该条款规定了人大监督主要是通过听取政府工作报告来实现的。换言之,人大监督本质上是一种形式监督,对政府的约束意义并不明显。就科层体系内部监督而言,则包括政治性监督与法律性监督。在政治性监督机制下,监管机构会优先考虑关乎其考核评估的环境目标,而法律性监督机制下,监管机构倾向于避免触犯法律规范所禁止的行为。

自党中央提出生态文明理念以来,我国发布了一系列党内法规和文件来完善生态文明绩效考核和责任追究,形成了包括环境保护目标评价考核制度、党政同责、河长制、环境保护督察制度、环境保护约谈制度、领导干部自然资源资产离任审计制度、自然资源资产负债表制度等在内的政治责任体系。可以说,来自科层体系内部的问责机制已经极为严密,对政府及相关部门的负责人形成了高强度的监督。然而,其问责的封闭性决定了这一问责方式的局限性,因此,加强具有开放性、对抗性的司法监

[1] 参见[法]孟德斯鸠:《论法的精神》,张雁深译,商务印书馆 1987 年版,第 154 页。

督必不可少。社会公众的监督，除了宪法与环境保护法所规定的检举、控告的权利外，更多是通过提起行政诉讼来实现的。因此，对破解我国的环境监管不力之困境而言，司法监督是重中之重，本书将对这一监督机制进行重点分析。

鉴于环境行政权在环境治理中的主导地位，其规范化运作关系着环境治理的成败，因此建立完善的司法监督机制以规范行政权力的行使，对于促进依法行政具有重大意义。根据我国《行政诉讼法》的立法目的，行政诉讼不仅旨在“维护公民、法人和其他组织的合法权益”，还通过对行政机关行政行为的合法性进行审查来实现对行政权的监督，防止其异化。如若行使得当，司法监督可以在很大程度上确保行政机关依法执行法律之规定、避免行政机关被利益集团规制俘获、增进行政决策的透明度、合理性和公正性。鉴于环境监管权本身所具有的科学技术性特征，司法机关既应当尊重监管机构的自由裁量权和专业技术判断，又要发挥自身的法律监督功能，对监管权行使的合法性与合理性进行审查。同时，环境监管决定往往涉及多元利益，特别是在与环境风险问题有关时，更牵涉社会公众的风险认知。因此，环境监管需要在科学理性和社会理性之间、在公权力、专家与公众之间进行交流，以取得平衡。法院的司法监督也由此展开，其主要通过以下三个方面来实现：一是确保监管机关不被规制企业俘获，而是根据法律的规定，在遵守相关法律程序并充分衡量各种利益后作出审查；二是确保专家不受监管机关的“俘获”，而是以客观、中立的态度为科学“代言”；三是确保与行政行为相关的各方利害关系人的广泛有效参与，使其利益得到充分尊重与考量。[1]

据此，为了更好地发挥法院的监督功能，行政私益诉讼需要完善原告诉讼资格的相关认定机制或判断标准，并确立环境利益的法律保护地位，为利害关系人起诉与监督行政行为提供便利。就环境公益诉讼而言，则需要拓宽可以提起环境公益诉讼的原告范围，明确行政机关不履行职责的判断标准。在这两种诉讼中，法院均需确立相对统一的司法审查标准，不能因为公私益而区别对待，以此为行政机关提供较为统一且可以确定

〔1〕 参见阮丽娟：《环评审批的司法审查之困境与克服》，载《政治与法律》2017年第10期。

的行政行为规范。

一、完善作为司法监督机制的环境行政私益诉讼

在一般行政私益诉讼中,原告资格的规定主要依据《行政诉讼法》第25条第1款的规定:"行政行为的相对人以及其他与行政行为有利害关系的公民、法人或者其他组织,有权提起诉讼。""利害关系人"是行政法学研究与实践中常见的一个概念,指的是"行政行为的实施将对其权利义务造成重大影响的人"。[1] 其范围有广义和狭义之分。广义的利害关系人包括行政相对人,而狭义的利害关系人指的是环境行政行为相对人之外的实体权利或利益受到环境行政行为影响的相关自然人、法人和其他组织。对行政相对人的范围及诉讼资格的认定并不存在太大困境,但正如前文分析的,对于如何认定"有利害关系的公民、法人或者其他组织",立法和司法实践存有争议。利害关系人诉讼对于监督行政行为的规范化行使至关重要,应先厘清利害关系人的判断标准,在此基础上,再确立环境利益的法律地位。

(一)明确利害关系人的判断标准

近几十年来,我国行政诉讼法和司法经验显示出明显的放宽原告诉讼资格要求的趋势,并且其判断标准逐渐从主观转向客观。行政诉讼原告资格判断标准经历了"直接利害关系标准"、"行政相对人标准"、"法律上利害关系标准"和"利害关系标准"四个发展阶段,[2]可以概括为"直接联系论"和"实际影响论"两种类型。这一判断标准的发展为公众在相关环评纠纷中提起诉讼提供了更有效的司法救济。即便如此,当前的《行政诉讼法》及司法解释对"利害关系"与"利害关系人"的界定依然不够清晰,从而使之成为典型的不确定法律概念,导致了司法裁判实践的不统一。

---

[1] 刘福元:《行政参与的度量衡:开放式行政的规则治理》,法律出版社2012年版,第112页。

[2] 参见章剑生:《行政诉讼原告资格中"利害关系"的判断结构》,载《中国法学》2019年第4期。

为了进一步降低利害关系人标准判断的不确定性,最高人民法院在刘某明诉张家港市人民政府行政复议案[1](以下简称刘某明案)中,“首次以最高人民法院的裁判,将保护规范理论作为行政诉讼原告适格的认定基准”。[2] 在该案中,最高人民法院认为:“保护规范理论或者说保护规范标准,将法律规范保护的权益与请求权基础相结合,具有较强的实践指导价值。即以行政机关作出行政行为时所依据的行政实体法和所适用的行政实体法律规范体系,是否要求行政机关考虑、尊重和保护原告诉请保护的权利或法律上的利益,作为判断是否存在公法上利害关系的重要标准。”通过分析刘某明案的裁判理由,章剑生认为,“保护规范标准”下行政诉讼原告资格的“利害关系”可概括为“三要件”:公法规范要件(“利害关系”原则上限于公法上的利害关系)、法定权益要件(行政机关应当考虑、尊重和保护的权益必须是法定的)与个别保护要件(行政机关作出行政行为所依据的行政实体法要求行政机关考虑、尊重和保护特定的、个别的公民、法人或者其他组织的权益)。[3] 保护规范理论将法律规范保护的权益与请求权基础相结合,“行政实体法与诉讼法之间的衔接对应开始展露端倪”,[4]具有较强的实践指导价值,如果以保护规范理论来统一利害关系判断标准,较之“实际影响标准”,可以减少主观性,增加可操作性。

根据保护规范理论,环评诉讼中关于诉讼资格的判断是审查相关法律是否要求环境监管部门在作出行政决定前考虑、尊重和保护原告诉请保护的权利或利益。根据章剑生教授关于利害关系判断结构的分析,首先,环评中的利害关系基于环评审批这一行政行为而产生,显然是一种公法上的利害关系;其次,行政实体法,即《环境保护法》和《环境影响评价法》均要求考虑与拟议规划或建设项目相关的公众的意见。尚不确定的是第二个要件,即行政机关要保护的利益是法定的,而我国《环境保护法》和《环境影响评价法》虽提到过环境权益,但是对于何为环境权益,规定得

[1] 参见最高人民法院行政裁定书,(2017)最高法行申169号。

[2] 王天华:《主观公权利的观念与保护规范理论的构造》,载《政法论坛》2020年第1期。

[3] 参见章剑生:《行政诉讼原告资格中“利害关系”的判断结构》,载《中国法学》2019年第4期。

[4] 赵宏:《保护规范理论的历史嬗变与司法适用》,载《法学家》2019年第2期。

并不明确。因此,确立对环境权益的法定保护规则是适用保护规范理论判断原告资格的前提。

(二)确立对环境利益的法律保护

我国《环境保护法》与《环境影响评价法》等法律明确规定了公民的环境知情权、参与权与监督权。然而,这些权利能否得到法律上的保障与救济,关键还在于这种权利背后的利益是否属于法律上的利益。[1] 对于人身与财产利益的法律保护自不待言,关键问题是环境利益或环境权益是不是法律所要保护的对象。我国在立法上并无环境利益的表述,在《环境影响评价法》中采用的是"环境权益"的表述。"权益"是我国法律中经常使用的一个用语,是对尚未上升为权利但应当受法律保护的正当利益的统称。所以,环境(或作生态)利益和环境权益在当前讨论中可以交替使用。至于何为环境利益或环境权益,我国现行环境法体系中并无规定。"在现代环境问题产生之前,传统的部门法利益谱系中并没有环境利益的位置",当工业化所带来的环境问题日益严重,环境利益与其他利益(特别是人身利益与财产利益)之间的冲突日益加剧之时,保护环境利益才逐渐发展为一种广泛的诉求,并成为环境法所要解决的核心问题之一。[2] 因此,环境利益不仅是自然环境对人的人身利益和财产利益安全保障需要的一种满足,[3]更是一种独立于传统利益之外的,可以由自然人享有的基于良好自然环境而产生一种利益。在保护环境利益的诸多路径中,对于是否应该规定公民环境权的争论尤为激烈。支持者认为,公民应该享有在良好、健康、清洁的生态环境中生存和生活的基本权利。公民环境权的确立可以对抗、制衡经济性权利对于生态环境的无序破坏,也可以监督环境权力的良性运行。反对者则认为,生态环境的保护依赖于政府的环

---

[1] 参见朱芒:《论我国目前公众参与的制度空间——以城市规划听证会为对象的粗略分析》,载《中国法学》2004 年第 3 期。

[2] 参见史玉成:《环境利益、环境权利与环境权力的分层建构:基于法益分析方法的思考》,载《法商研究》2013 年第 5 期。

[3] 参见刘卫先:《环境法学中的环境利益:识别、本质及其意义》,载《法学评论》2016 年第 3 期。

境保护义务，其涉及经济利益与环境利益的平衡，并不适合通过赋予公民环境权并以司法救济的方式得以实现。况且环境权本身存在权利界定不清、缺乏设定的正当性、缺乏实践支持等重大缺陷，致使其不仅无法通过明确的立法进行规定，而且很难具有可操作性。

权利话语虽然具有一定的正当性，但是设立某种权利更要考察其必要性与可行性。早在 20 世纪，就已经有学者深刻地指出，在涉及具有高科技特点、较高决策风险、高度利益冲突的环境问题领域，并不适合以绝对式的权利分配方式谋求解决。[1] 本书赞同这一观点，认为环境问题的解决、环境利益的保护需要的是各种利益的平衡，需要的是各种环境监管制度的完善，而非一种排他性的权利话语。在对环境权的争论尘埃落定之前，我国环境实体法和程序法均已经承认环境公共利益的存在。虽然对于何为环境公共利益立法上并未给予界定，但是结合《环境保护法》中关于"环境"的定义，可以认为环境公共利益是指与国家环境利益、集体环境利益以及私人环境利益相对的，非独占和非排他性的，各种天然的和经过人工改造的，能够满足人类生存和发展需要的生态利益。[2]《环境保护法》《民法典》《民事诉讼法》《行政诉讼法》都认可环境公共利益是行政权力保护的客体，并对其救济方式进行了明确的规定。对于环境公共利益的保护/损害，既会进一步保护/损害特定民事主体的人身、财产权益，也必然会保护/损害特定主体的环境利益。

以环评制度为例，环评是对规划或者项目建成后可能产生的环境影响进行事前的预测、分析和评估，并通过特定的环境标准或已经制定的规范来衡量环境影响的程度。一个建设项目的建设或运行，可能产生两种类型的消极影响，一是对建设项目周围生态环境的不良影响，即对环境公共利益带来损害；二是对建设项目周边居民的人身和财产权益的影响。因此，作为一个环境保护的预防性制度，环评所要保护的利益并不只是私法上传统的人身健康或财产利益，还包括环境公共利益。而环评中的公众参与旨在尊重、考虑、保护拟议项目的相关公众对特定环境品质的要求

---

〔1〕 参见叶俊荣：《宪法位阶的环境权：从拥有环境到参与环境决策》，载《台大法学论丛》第 1 期(1989 年)。

〔2〕 参见朱谦：《环境公共利益的法律属性》，载《学习与探索》2016 年第 2 期。

所产生的环境利益，具体可以包括两个方面：其一，享有良好环境质量的利益，即环境质量没有因为拟议项目的建设而恶化；其二，享有良好生态服务功能的利益，即资源与生态价值没有因为拟议项目的建设而减损。[1] 在风险社会的背景下，环境利益还应当向风险预防视角拓展，即拟议项目的建设不能增加相关公众在环境风险中的暴露程度，或者所增加的风险得到了利益的弥补。环评中公众参与所保护的环境利益具有公私益交融的性质。一方面，这一环境利益区别于其他非拟议项目周围公众的一般性环境利益，因此具有一定的独特性和可识别性，这是通过司法手段寻求救济的前提条件。另一方面，这一环境利益受保护的程度严重依赖于环境公共利益的保护程度。因此，在实体法中明确环境利益的法律地位对于利害关系人提起诉讼大有裨益，也能更有效地监督行政机关的行政行为。

也正是因为环境利益兼具公私益的性质，常会导致利害关系人的数量相比于一般领域的利害关系人的数量更为庞大。某一个小区的居民、某一范围内的居民、某一沿线的居民，都有可能成为利害关系人。例如，在卢某等诉杭州市萧山区环境保护局环境行政许可案[2]中，原告人数就达204人之多。然而，人数庞大的利害关系人背后必然存在组织性分散以及利益代表不完整性问题。有学者建议建立客观诉讼制度，允许利害关系人基于维护个人的合法权益和促进行政机关合法行政的目的提起行政诉讼。[3] 还有学者建议建立利益代表人制度，允许非政府环保组织作为代表来参与。[4] 无论何种建议，都预示着环境公共利益代表机制和诉讼制度的建立势必在行。

[1] 参见吴宇：《论环境影响评价利害关系人诉讼中"合法权益"的界定及其保护》，载《重庆大学学报(社会科学版)》2021年第3期。

[2] 参见浙江省杭州市萧山区人民法院行政判决书，(2013)行初字6号。

[3] 参见吴宇：《论环境影响评价利害关系人诉讼中"合法权益"的界定及其保护》，载《重庆大学学报(社会科学版)》2021年第3期。

[4] 参见朱谦：《环境公共决策中个体参与之缺陷及其克服——以近年来环境影响评价公众参与个案为参照》，载《法学》2009年第2期。

二、完善作为司法监督机制的环境行政公益诉讼

环境公益诉讼制度是对环境监管行政权的一种补充，即环境公益诉讼制度的建立和发展应当有一个不言而喻的前提：政府被视为环境公共利益的最佳促进者、判断者和维护者。[1] 因此，公益诉讼制度的使命应当是通过司法监督督促政府更好地履行其维护公共利益的职责。在立法尚待完善或者在行政机关权力穷尽的情形下，允许公共利益代表人代表公益提起民事公益诉讼。

（一）厘清环境行政公益诉讼的法律定位

环境公益诉讼是一个包括环境民事公益诉讼与环境行政公益诉讼在内的完整诉讼制度。理论上，这两者应该相互连接、相互补充，共同发挥监督行政机关以及维护环境公共利益的目的。行政公益诉讼的法律顺位需要厘清两个关系：一是环境公益诉讼制度与行政执法的关系；二是环境行政公益诉讼与环境民事公益诉讼的关系。这两个关系本质上是行政权与司法权的关系。二者之间的关系需要遵循两个基本原则：一是行政权优先，司法权是对行政权的补充；二是司法权与行政权要相互尊重，发挥好各自的专长，不会互相越权。在这个基础上形成适当的动态平衡关系。[2] 具体而言，行政权应发挥其主动性、专业性和灵活性，充分考虑各方利益，实现对环境公共利益的保护；司法权要以法律为依据，维护好司法的权威性，体现司法救济的职责。在环境保护领域，环境公益诉讼制度应当是对国家机关维护环境公共利益职责的一种监督与补充。因此，其制度设计应充分尊重政府及生态环境监管部门在维护环境公共利益方面的优先地位及法定职责，不能越俎代庖代替环境行政机关的监管职责。同时，在环境行政机关穷尽了其执法权后，如仍未充分保护环境公共利益，则可以由适格原告针对环境污染者或生态破坏者提起环境民事公益

---

〔1〕 参见吴英姿：《司法的限度：在司法能动与司法克制之间》，载《法学研究》2009 年第 5 期。

〔2〕 参见王明远：《论我国环境公益诉讼的发展方向：基于行政权与司法权关系理论的分析》，载《中国法学》2016 年第 1 期。

诉讼。在此意义上,环境行政公益诉讼应当优位于民事公益诉讼。

根据以上分析,在环境公共利益受损时,首先,需要判断的是环境行政机关是否存在违法作为或者不作为,如果存在,则司法权可以通过行政公益诉讼的方式介入。在真正启动诉讼程序之前,也应优先通过检察建议或司法建议的方式,督促行政机关积极作为或改正违法行为。只有在行政机关不依法履行职责时,才真正进入诉讼程序。其次,如果行政机关并未违法作为或者不作为,或者经过行政公益诉讼之后,环境公共利益依然处于受损状态,则可以启动环境民事公益诉讼。在实践中,为了及时制止违法行为或防止生态环境损害继续扩大,不必也不能等行政公益诉讼结束之后才提起环境民事公益诉讼。但是为了确保行政权的优位性,需要以诉前通知程序确保行政机关勤勉执法。可以参考美国公民诉讼中的"诉前通知"程序设计。美国多数环境法的条款都将"诉前通知"设置为前置程序,要求原告在提起公民诉讼60日前将意欲起诉的违法行为通知环保局局长和违法行为人,如果政府已经勤勉履职或者违法行为人已经改正了违法行为,那么原告就不能再发起公民诉讼。由于我国在设计环境公益诉讼制度时缺乏此种事前通知程序的制度设计,无论是社会组织还是检察机关起诉,原告都没有通知行政机关的义务。这导致环境公益诉讼,特别是民事公益诉讼,实质上成为一种代位执法之诉。正如有学者总结的,"环境民事公益诉讼的制度设计,尽管在表面上模仿了民事诉讼程序,其内核却是行政执法程序:环保公益组织扮演'举报人'的角色,将案件提交司法机关,司法机关负责推进整个程序,'纠问'被告,并依托行政资源全程指导和参与环境修复工作。"[1]因此,未来公益诉讼相关立法或司法解释的修改,有必要确立诉前通知这一程序,以保证行政权的优先性。

(二)拓宽环境行政公益诉讼的原告范围

我国当前的法律规定,检察机关垄断了环境行政公益诉讼的起诉权,公民和社会组织则被完全排除在行政公益诉讼制度之外。然而,正如前

---

[1] 王明远:《论我国环境公益诉讼的发展方向:基于行政权与司法权关系理论的分析》,载《中国法学》2016年第1期。

文分析的,检察机关在环境公益诉讼中的角色定位需要进一步厘清,特别是在行使法律监督权与承担公益诉讼主体职责的职能交叉领域,其权责边界仍需明晰。此外,由于检察机关内部的考核要求,一些检察机关办案人员倾向于选择性诉讼,即优先选择基层政府和行政机关的违法作为或不作为提起诉讼。这不仅难以起到威慑行政机关的制度功能,也在一定程度上导致通过复杂、疑难案件审理而不断完善诉讼规则的司法创新不足。为了解决这一问题,有必要拓展行政公益诉讼的原告资格,允许社会组织针对政府及行政机关违法行使职权或者不作为的情形提起诉讼。而社会组织提起行政公益诉讼也有其正当性的理论基础与法律依据。

首先,根据环境公共信托理论,公众基于共同意愿将人类生存不可或缺的水、空气等自然资源交给国家进行监管和管理,与此同时,部分诉讼权利也转交给国家。因此,在出现损害公众环境的违法行为时,无论这种违法行为是国家行政机关实施的还是私主体实施的,国家必须履行受托方的职责,保护环境公共利益免受违法侵犯。这就突破了传统当事人理论,突破了当事人必须具备"法律上利害关系"的限制性规定,为检察机关、公民、社会组织提起环境公益诉讼提供了可能,这也是世界各国环境公益诉讼制度得以构建的理论基础。[1] 基于环境损害及相关因果关系认定的技术性、专业性和高成本特征,公民在提起环境行政公益诉讼时面临成本高昂、能力不足等难题,但是完全可以赋予具有一定组织能力和专业能力的社会组织提起诉讼的权利。

其次,我国《环境保护法》第58条规定,"对污染环境、破坏生态,损害社会公共利益的行为,符合下列条件的社会组织可以向人民法院提起诉讼"。其中,"污染环境、破坏生态,损害社会公共利益的行为"既可以由私主体实施,也可以由行政机关实施。换言之,从法律解释的角度,我国《环境保护法》并未排除环保组织可以提起行政公益诉讼。因此,完全可以由全国人大常委会或最高人民法院对其作扩大解释,将损害国家和社会环境公共利益的行政行为(包括行政不作为和乱作为)纳入行政诉讼受

---

[1] 参见黄辉、沈长礼:《扩展与限缩:环境行政公益诉讼原告资格之确定》,载《合肥工业大学学报(社会科学版)》2020年第5期。

案范围。[1] 为了保证行政机关的执法优先权,以及与检察机关环境行政公益诉讼中的检察建议诉前程序相对应,也应在立法或司法解释中明确社会组织在起诉前有义务将提起环境行政公益诉讼的意图告知地方政府或相关环境监管部门,敦促其在一定的限期(可以参照检察建议作出后整改的期限——2 个月)内采取有效措施纠正自身或者私主体的违法行为。同样,如果有关行政机关在限期积极执法或违法行为已经停止或改正,则社会组织应不再提起诉讼。

(三)明确公益诉讼中未依法履行职责的法定标准

根据《行政诉讼法》与最高人民法院、最高人民检察院关于公益诉讼的司法解释,检察机关提起诉讼的前提是“行政机关不依法履行职责”,但是并未对何为“不依法履行职责”作出规定,引发了诉讼实践的争议。明确法院对行政行为的审查标准,特别是针对何为(不)履行法定职责的审查标准具有重要意义,不仅可以为行政机关依法履职以及为检察机关判断行政机关是否实施违法行政行为提供具体标准和依据,还有助于矫正当前的环境行政公益诉讼中检察机关主要针对环境行政不作为提起诉讼的现状。[2]

在环境行政公益诉讼中,对于行政机关(不)依法履职的判断标准,司法实务界有不同做法,学术界也有不同观点。总结而言,主要有“行为标准”与“结果标准”两种观点。“行为标准”关注行政机关的履职行为,将行政机关作为义务的全面履行视为一系列连续性、动态性的生态环境监管行为或措施,行为过程中任何一个环节或阶段出现不作为或拖延情形即构成了“未全面履行作为义务”。[3] 而只要行政机关穷尽法律所规定的监管救济手段,或者将被告在个案中所负有的具体职责与被告履职情况逐一对应后发现行政机关已经充分实施了其职权,即便环境公共利益

---

[1] 参见王曦:《论环境公益诉讼制度的立法顺序》,载《清华法学》2016 年第 6 期。

[2] 参见刘超:《环境行政公益诉讼的绩效检视与规则剖释——以 2018 年 140 份环境行政公益诉讼判决书为研究样本》,载《甘肃政法学院学报》2019 年第 6 期。

[3] 参见王清军:《环境行政公益诉讼中行政不作为的审查基准》,载《清华法学》2020 年第 2 期。

仍处于受损状态,也应认定行政机关为依法履职。[1] 与“行为标准”恰好相反,“结果标准”将行政机关的整改行动和实际效果,包括违法行为是否停止、生态环境是否恢复等与环境公共利益相关联的效果作为判断其是否全面履行作为义务的基准。[2] 主张只要环境公共利益仍处于受侵害的状态或者未能实质性好转,那么行政机关即构成未依法履职。[3] 行为标准与结果标准各有优劣,“在行政机关是否全面履行作为义务之判断方面。行为基准强调一种‘穷尽说’,它具有可监测、可量化等显性优势,也存在不当激励和难以实现诉讼目的等弊端。结果基准强调‘实质说’,它虽然契合了诉讼目的实现,但却存在着忽视自然、社会等不确定变量、不当加重行政机关负担等弊端”。[4]

本书认为,首先,选择行为标准还是结果标准需要考虑环境行政公益诉讼的制度目的。环境行政公益诉讼的直接目的是督促行政机关依法履职,间接目的或者最终目的是实现环境公共利益的保护。《中共中央关于加强新时代检察机关法律监督工作的意见》强调,在行政公益诉讼中,检察机关作为唯一主体,通过督促行政机关依法履行职责,确保法律法规统一正确实施。按照这一目的,行为标准更符合公益诉讼的制度设计。这一标准的选择不仅符合检察机关作为“法律监督者”的职能定位,也符合

---

〔1〕 参见王红建:《论行政公益诉讼中不履行监督管理职责的认定标准》,载《河南财经政法大学学报》2022 年第 1 期;李瑰华:《行政公益诉讼中行政机关“依法履职”的认定》,载《行政法学研究》2021 年第 5 期;刘卫先、张帆:《环境行政公益诉讼中行政主管机关不作为违法及其裁判的实证研究》,载《苏州大学学报(法学版)》2020 年第 2 期;张旭勇:《行政公益诉讼中“不依法履行职责”的认定》,载《浙江社会科学》2020 年第 1 期;王灿发:《厘清行政机关全面履行法定职责的判断标准——评山东省庆云县检察院诉该县水利局怠于履行职责案》,载《人民检察》2020 年第 18 期。

〔2〕 参见王清军:《环境行政公益诉讼中行政不作为的审查基准》,载《清华法学》2020 年第 2 期。

〔3〕 参见边肖静:《环境行政公益诉讼中行政违法行为的认定》,载《人民司法》2021 年第 16 期;王万华:《完善检察机关提起行政公益诉讼制度的若干问题》,载《法学杂志》2018 年第 1 期;沈开举、邢昕:《检察机关提起行政公益诉讼诉前程序实证研究》,载《行政法学研究》2017 年第 5 期。

〔4〕 王清军:《环境行政公益诉讼中行政不作为的审查基准》,载《清华法学》2020 年第 2 期。

依法行政的基本原则——职权法定。职权法定原则要求行政机关的职权范围和内容应是法律授予的，手段是法定的，权力行使程序也是法定的。[1] 对于“法”的理解应进行广义解释，不仅要依据法律、行政法规，对行政规范性文件、“三定”方案、权力清单等均需要加以考察。对于履职与否的判断也应坚持实质性考察标准，避免形式履职而实际上损害环境公共利益的情形。同时，我们需要注意的是，我国法律针对政府及环境行政监管建立了复杂的环境监管体制。地方政府负有保护行政区域内环境的职责，生态环境主管部门以及其他相关部门在各自的职权范围内负有相应的监管职责。政府及职能部门的合作与相互配合才能最大限度地实现环境公共利益保护的目的。尽管我国的立法以及管理体制改革已经尽可能地减少权力之间的交叉重叠，但级别管辖、地域管辖与事务管辖的冲突以及统一监管和分部门监管交叉在一段时期内会依然存在。因此，检察机关首先应将关注点放在判断谁是适格被告，谁是损害环境公共利益的主体，以及如何依法履行职责上，以实现对客观秩序的维护，而不是一味追求公共利益保护的实体效果。

其次，采用行为标准并不意味着完全不考虑环境公共利益的保护这一间接目的。正如时任最高人民检察院检察委员会委员胡卫列提到的，“要以法律规定的行政执法机关的法定职责为依据，以是否采取有效措施制止违法行为，是否全面运用法律法规、规章和规范性文件规定的行政监管手段，国家利益和社会公共利益是否得到有效保护为标准”。[2] 最高人民法院在137号指导案例中也认为，在环境行政公益诉讼中，法院应当以相对人的违法行为是否得到有效制止，行政机关是否充分、及时、有效采取法定监管措施，以及国家利益或者社会公共利益是否得到有效保护作为审查行政机关是否履行法定职责的标准。[3] 其中，“充分”“及时”

---

[1] 参见李瑰华：《行政公益诉讼中行政机关“依法履职”的认定》，载《行政法学研究》2021年第5期。

[2] 胡卫列、解文轶：《〈人民检察院公益诉讼办案规则〉的理解与适用》，载《人民检察》2021年第18期。

[3] 参见云南省剑川县人民检察院诉剑川县森林公安局怠于履行法定职责环境行政公益诉讼案，最高人民法院指导案例137号（2019年）。

“有效”“全面”等既是对依法履职行为的实质性评判，也是对履职效果的考量。同时，我们需要考虑行政机关依法履职与保护环境公共利益之间复杂的因果关系，既有一因一果的关系，也有多因一果的关系。因此需要认识到公共利益的保护受制于诸多客观因素，例如，行政机关完全履职受到自然条件、行政相对人的配合、履职程序与履职期限、环境执法行为需要多个相关部门的配合等多种因素的影响。[1] 生态环境损害修复需要特定的技术、经济条件以及时间条件。也就是说，生态修复有自身需要遵循的生态规律，环境污染或生态破坏发生后，即便行政机关积极采取行动、依法履职，生态环境也可能无法或暂时无法恢复到污染之前的状态，环境公共利益仍处于受损状态。例如，森林植被的恢复以及其所伴随的生态服务功能的恢复需要数年时间，即便行政机关责令责任人植树造林或者自己代为植树造林，但是环境公共利益依然处于受损状态，短时间内也无法实质改善。基于此，有学者指出，“恢复植被、修复土壤等是一项长期的工作，真正的恢复需要漫长的时间。只要制定了切实可行的修复方案，即使还没有真正整改到位，也应尊重行政成熟性原则，认定其依法履行了相应职责”。[2]

三、明确法院在环境行政诉讼中的角色

（一）环境司法化中的法院

法院的角色在我国环境司法化的过程中不断被重塑。环境司法化指的是为了应对新的环境治理挑战，一些曾属于立法机关或行政机关的职权现在移交给法院。换句话说，法院或法官审判案件的范围、权限以及自由裁量权已经扩大。[3] 从其他国家的经验来看，在环境司法化的过程中，法院在解释、适用、执行甚至发展环境法方面发挥着越来越重要的作用。自 1979 年我国第一部环境法颁布以来，虽然环境污染与生态破坏引

---

〔1〕 参见刘超：《环境行政公益诉讼诉前程序省思》，载《法学》2018 年第 1 期。

〔2〕 徐全兵：《检察机关提起行政公益诉讼的职能定位与制度构建》，载《行政法学研究》2017 年第 5 期。

〔3〕 See Solomon, Peter H., *Judicial Power in Russia: Through the Prism of Administrative Justice*, 38 Law & Society Review 549(2004).

发了诸多侵权与纠纷,但是由于环境诉讼自身在取证和证明上的各种难度,司法,特别是法院并未充分发挥其救济私权、追究责任和定分止争的应有作用,司法"缺位"的现象较为普遍。[1] 这主要表现在进入法院的环境案件少,占比环境纠纷总量过低;法院受理的环境案件数在所裁判的各类案件总量中的占比过低;进入司法程序的环境纠纷败诉多、胜诉少,执行难度大。[2] 自我国专门化的环境法庭建设以来,环境司法化的趋势也越来越明显,环境司法缺位的情况正在发生扭转。

我国的环境司法化主要通过三个方面来实现:法院,特别是最高人民法院独立性和专业性的提高、环境司法专门化即环境法庭的设立,以及环境公益诉讼制度的建立。环境司法的专门化又进一步包含组织载体的专门化、审判模式的统合化以及审判人员的专门化。[3] 首先,最高人民法院(有时候与最高人民检察院)通过发布司法解释、出台相关司法指导意见、发布典型案例、发布司法意见等方式及时而迅速地回应我国环境政策变化和立法机会,大大提高了其在国家法律和政策制定中的政治与法律影响力,并进一步深刻影响了环境治理和司法权的行使。[4] 例如,我国虽在《环境保护法》《民事诉讼法》《行政诉讼法》中规定了公益诉讼制度,但是并未详细规定诉讼的具体规则。对此,最高人民法院、最高人民检察院专门就社会组织、检察机关提起的环境民事公益诉讼和行政公益诉讼的专门审判程序和裁判规则发布了司法解释,为法院适用法律、审理案件提供详细的指导。除此之外,最高人民法院、最高人民检察院还就诉讼过程中的一些特别问题,如环境保护禁止令、惩罚性赔偿等发布司法解释,对法律的模糊性作出解释,对法律的空白作出补充。

其次,与一般案件相比,环境案件的审理往往涉及多个行为主体和多

---

〔1〕 参见杨解君:《"法治"怯场之后——以环境治理困局的突破为分析对象》,载《中国地质大学学报(社会科学版)》2012 年第 6 期。

〔2〕 参见杨朝霞:《环境司法主流化的两大法宝:环境司法专门化和环境资源权利化》,载《中国政法大学学报》2016 年第 1 期。

〔3〕 参见张宝:《环境司法专门化的建构路径》,载《郑州大学学报(哲学社会科学版)》2014 年第 6 期。

〔4〕 See E. C. Ip, *The Supreme Court and the Making of Public Policy in Contemporary China*, 7 Michigan Journal of Public Affairs 1(2010).

种法律及多个法律关系,具有一定的专业性(环境民事案件中的侵权因果关系认定、损害后果评估均涉及技术性,环境行政更是具有一定的专业性)、综合性(同一环境案件往往涉及民事、行政、刑事多重法律关系与法律程序适用)、公私益交叉性(案件可能同时涉及私益损害和生态环境公共利益的损害),因此将环境案件移交给更有能力、更专业的专门化审判组织,可以更好地解决纠纷。我国从2007年开始在云南、贵州与无锡等地探索建立专门的环境审判组织。2014年,最高人民法院设立环境资源审判庭,此后,全国各地的环境审判组织,包括环境资源审判庭、合议庭、巡回法庭和基层环境法庭如雨后春笋一般建立起来。截至2023年10月,我国共成立了环境资源专门审判机构、组织2813个。[1] 值得注意的是,这些专门的环境审判组织通过对诉讼资格、审判模式和权益救济、责任承担方式等问题的规则创新,极大地影响了环境案件审判的实践。[2] 除此之外,在环境公益诉讼领域,法院也在公益诉讼专项资金、环境保护禁止令、惩罚性赔偿的适用、跨行政区划集中管辖等问题上体现了环境资源审判专门化对环境司法化的影响。

最后,环境司法化在环境公益诉讼领域表现得更为明显。环境公益诉讼,是指为保护环境公共利益而提起的诉讼,主要指环境民事公益诉讼和环境行政公益诉讼两种基本形态,有的学者认为也应当包括生态环境损害赔偿诉讼。相比于传统以救济私益为目的的环境私益诉讼,公益诉讼在保护环境公共利益、填补和监督行政机关、助力履行环境公共政策、推动社会和政治变革等方面具有显著优势。早在我国法律对环境公益诉讼作出明确规定之前,实践中就已经开始了相关的探索。实际上,环境法庭成立之后的任务之一,便是探索与发展环境公益诉讼的审判规则。2012年8月修订通过的《民事诉讼法》率先在第55条明确规定"对污染环境、侵害众多消费者合法权益等损害社会公共利益的行为,法律规定的

---

[1] 张军:《最高人民法院关于人民法院环境资源审判工作情况的报告》,载中国人大网2023年10月21日,http://www.npc.gov.cn/npc/c2/c30834/202310/t20231021_432326.html。

[2] See Alex Wang & Jie Gao, *Environmental Courts and the Development of Environmental Public Interest Litigation in China*, 3 Journal of Court Innovation 37(2010).

机关和有关组织可以向人民法院提起诉讼”,打破了环境公益诉讼无法可依的局面。然而,由于对何为“法律规定的机关和有关组织”存在诸多争议,实践中并没有出现大量的公益诉讼案件。2014 年《环境保护法》明确授予了“依法在设区的市级以上人民政府民政部门登记、专门从事环境保护公益活动连续五年以上且无违法记录”的社会组织提起环境民事公益诉讼的起诉资格。2015 年,最高人民法院颁布了《关于审理环境民事公益诉讼案件适用法律若干问题的解释》,明确了诉讼资格、审理程序、法院权限、法律责任以及移送执行等公益诉讼的核心规则。2017 年《民事诉讼法》作出修改,赋予检察机关提起环境民事公益诉讼的权利;2017 年《行政公益诉讼》作出修改,赋予检察机关提起行政公益诉讼的权利。随后,最高人民法院与最高人民检察院颁布多个司法解释,确立了检察民事公益诉讼与行政公益诉讼的具体诉讼规则。至此,我国的公益诉讼制度格局基本形成。

(二)环境司法化中的法院角色

正如前文所述,最高人民法院颁布的环境公益诉讼司法解释不仅为相关案件的审理提供了详细的审判规则与裁判标准,重新定位了法院自身在环境公益诉讼中的地位,也重塑了其间司法权与立法权和行政权的关系。需要说明的是,虽然行政权的司法监督主要指的是法院通过审理行政诉讼案件对行政机关的监督,但是法院在整个公益诉讼体系中的角色会深刻影响司法权与行政权的关系,并进一步影响司法的监督方式,因此此处对法院角色的分析将不局限于环境行政公益诉讼。

通过前文分析,可以看到,在一些案件中,法院正在代替环境行政监管者成为一个“准监管者”。[1] 一方面,法院在案件审理过程中具有主动而广泛的权力,例如,法院可以向原告释明变更或者增加诉讼请求,可以根据需要调查收集证据,可以为了维护公共利益委托鉴定人进行鉴定,可以以保护公共利益的名义拒绝确认原告认可的不利事实和证据,甚至在赔偿费用“难以确定时”也由法院合理确定。另一方面,环境行政机关

[1] 参见王明远:《论我国环境公益诉讼的发展方向:基于行政权与司法权关系理论的分析》,载《中国法学》2016 年第 1 期。

在环境民事公益诉讼中是一种缺席和沉默状态（我国的环境民事公益诉讼并不存在要求环境监管部门勤勉执法的诉前程序，相反，司法解释要求法院在受理公益诉讼案件后要通知环境监管部门），对公益诉讼既无实质介入之权，也无配合执行之责，这进一步增强了法院在公益诉讼中的权威。从本质上讲，法院在环境公益诉讼审判和执行过程中都发挥了环境公共利益捍卫者的角色。〔1〕 在司法实践中，一些法院还"创新性"地创设了公益诉讼的责任承担方式，如劳役代偿、异地修复、技改抵扣等责任形式。〔2〕 在森林资源民事案件司法解释中也存在允许当事人通过认购经核证的林业碳汇方式，替代履行森林生态环境损害赔偿责任的规定。〔3〕 然而，笔者认为，这种以公共利益之名的司法"创新"突破了环境民事公益诉讼相关法律所规定的责任形式，体现了司法权的强化和扩张倾向，〔4〕带来了对司法角色以及司法干预界限的担忧与思考。

关于司法制度的类型，达玛什卡提出在不同的司法体制下，司法可以大致划分为"纠纷解决型司法"和"政策实施型司法"。〔5〕 在纠纷解决型司法体制中，司法的核心功能是解决纠纷，而法官要严格依照法律裁判或遵循先例，保持其中立性。在政策实施型体制下，司法的核心只能是落实甚至形成公共政策。而法官要在司法裁判中重视社会公共利益与政策判断，并在政策判断上保持一定的灵活性。"纠纷解决"和"政策实施"是任何一个司法制度都具备的两大基本功能，只是在不同的国家有所侧重。我国的司法制度属于典型的侧重于"政策实施型"，实践中，我国的司法机关不仅承担审判、纠纷解决等基本任务，而且承担社会治理的功能，肩负维稳、扶贫、普法、环保以及社会综合治理等任务。〔6〕 我国的司法机关既

---

〔1〕 参见巩固：《环境民事公益诉讼性质定位省思》，载《法学研究》2019 年第 3 期。

〔2〕 参见巩固、陈瑶：《以禁令制度弥补环境公益诉讼民事责任之不足——美国经验的启示与借鉴》，载《河南财经政法大学学报》2017 年第 4 期。

〔3〕 参见最高人民法院 2022 年发布的《关于审理森林资源民事纠纷案件适用法律若干问题的解释》。

〔4〕 参见徐以祥、王宏：《论生态修复性司法》，载《人民司法（应用）》2016 年第 13 期。

〔5〕 参见［美］米尔伊安·R. 达玛什卡：《司法和国家权力的多种面孔：比较视野中的法律程序》，郑戈译，中国政法大学出版社 2004 年版，第 24、145 页。

〔6〕 参见李拥军：《司法改革中的体制性冲突及其解决路径》，载《法商研究》2017 年第 2 期。

要依法依规作出司法判决，更要关注判决的社会后果以及判决的执行。[1] 在解决环境纠纷时，法官需要处理环境利益与经济利益的冲突，促进可持续发展，实现社会正义，维护社会稳定。换句话说，司法机关除了追求法律效果外，还要追求社会和环境效果。[2] 这意味着司法并不只是运用法律判断是非的过程，更是贯彻落实社会治理目标的过程，法官不只是消极的裁判者，还应当积极主动为经济发展提出建议、保驾护航。[3] 然而，法律效果与社会和环境效果之间常常会存在冲突，追求后两者便会对前者构成减损。因此，这就极为考验法院如何发挥其司法判决与司法治理的双重角色，既要避免司法缺位，又要避免司法任性。

本书认为，当前法院在环境公益诉讼中的职能的合理定位亟待理论廓清与实践校准。一方面，需要承认，司法裁量权在法院面对复杂性环境纠纷、法律关系或缺乏细致的裁判依据时具有一定的功能价值。换句话说，裁判权的适度弹性并非症结所在，如何建立规范、合理、适度的司法裁量权行使机制才是关键。另一方面，需要看到司法裁量权的非规范化扩张可能产生的弊端。过度的司法裁量权意味着司法权在某些政治或政策意味比较浓的领域会过多介入环境规制过程，甚至代替规制机关作出决定，导致司法权与行政权职能错位。[4] 以结果为导向的裁判逻辑可能加剧司法行政化倾向，走向以“结果考量”为基础的“技术官僚取向”。[5] 此外，法院在审判过程中考虑法律之外的因素以及过度参与公共行政也

---

〔1〕 参见杨建军：《“司法能动”在中国的展开》，载《法律科学（西北政法大学学报）》2010年第1期。

〔2〕 参见姚莉：《当代中国语境下的“能动司法”界说》，载《法商研究》2011年第1期。

〔3〕 参见吴英姿：《司法的限度：在司法能动与司法克制之间》，载《法学研究》2009年第5期。最高人民法院《关于全面加强环境资源审判工作为推进生态文明建设提供有力司法保障的意见》要求“充分发挥人民法院审判职能作用，为推进生态文明建设提供有力司法保障”。

〔4〕 这一现象在环境民事公益诉讼领域表现得尤为明显。在案件受理、证据收集和认定、法律责任履行、生态环境修复费用的确定方面，司法权都进行了积极的转换和扩张。参见王明远：《论我国环境公益诉讼的发展方向：基于行政权与司法权关系理论的分析》，载《中国法学》2016年第1期。

〔5〕 参见余军、张文：《行政规范性文件司法审查权的实效性考察》，载《法学研究》2016年第2期。

可能损害人大立法和行政部门对环境法的执行实施。[1] 在维护环境公共利益的问题上,若司法机关超越司法权的边界,侵入立法权、行政权的领域,不仅无法达到公益诉讼本身所追求的目标,也将削弱制定法和司法判决的权威。同时,这一司法立场与司法态度在救济环境公共利益方面具有内在的局限性:一是由于公共利益具有高度的不确定性,导致公益诉讼的启动者、公共利益的判断者均难以确定;二是公共利益的认定和维护取决于不同利益之间的权衡、协调,而司法机关并不具备这样的能力和技术。[2]

因此,法院的角色应当首先定位为监督者而非执法者或公共利益维护者。司法机关应当主要通过履行监督职责来督促行政机关依法履职。在维护环境公共利益方面,应当坚持行政机关负有首要义务,司法机关仅是补充作用,其无法取代行政机关的专业性、完整性、效率与灵活性。司法机关只有在环境规制失灵时才可以介入,并且其介入方式也并非直接代替行政机关进行决策或采取行动,而是督促政府依法履行职责。这一定位也得到了最高人民法院、最高人民检察院《关于检察公益诉讼案件适用法律若干问题的解释》的认可。根据该司法解释,法院在环境行政公益诉讼中可以作出的判决方式包括确认行政行为违法、责令采取补救措施、责令重新作出行政行为、限期履行和判决变更。除因行政处罚明显不当可以判决变更外,其余的判决方式均未赋予法院直接作用环境侵害民事主体的权力,而是通过判决负有环境监管职责的行政机关以依法履职的行政责任来间接达到维护环境公益之目的。[3]

在面对复杂的环境问题和法律关系时,可以探索司法裁量权的规范行使路径。首先,需要意识到,司法裁量权的弹性空间是对法律适用僵化性的必要调适,因此,法院按照法律规范进行合法合理的司法审查是行使裁量权的基本前提与要求。在此基础上,法院可以在不违背基本的权力

---

[1] 参见胡静:《环保组织提起的公益诉讼之功能定位——兼评我国环境公益诉讼的司法解释》,载《法学评论》2016 年第 4 期。

[2] 参见章志远:《行政公益诉讼热的冷思考》,载《法学评论》2007 年第 1 期。

[3] 参见何江:《论环境规制中的法院角色——从环境公益诉讼的模式选择说开去》,载《北京理工大学学报(社会科学版)》2020 年第 1 期。

分工、法律原则与法治精神的前提下,适度对存在解释空间的法律规定进行解释或适用,发挥其补充作用。其次,法院司法裁量权行使的关注点应该放在完善具体的裁判规则或程序规则上。例如,法院更应该专注如何完善诉讼资格的相关规则、支持起诉与诉前程序、行政机关不依法履职的判断标准,以实现诉讼程序优化以及与行政机关的良性互动。最后,法院应该注重发挥指导性案例的参考作用,加强司法说理的广度与深度,提高司法裁判的权威性和可信度。

(三)法院作为监督者的司法审查

接下来的问题便是,作为监督者的法院应当如何在环境行政诉讼中发挥其监督角色。无论是一般的行政私益诉讼还是公益诉讼,其所针对的具体环境监管决定都具有鲜明的技术性和利益多元性,如何对这些具有技术性和利益多元性特点的规制措施进行司法审查,我国现有法律并未提供清晰的标准或规则指引。

从理论角度而言,对环境监管措施的司法审查既要发挥其监督环境行政权力的功能,又要保持适当的司法节制。一方面,环境规制涉及高度科技或管理专业性,司法审查应尽量克制,不予干涉,承认并尊重行政机关的自由裁量权和规制选择。耶林说:"面对法律和事实的混合问题,面对法律和科技的绞结,法院很难肩负起对技术标准进行司法审查的重担。"[1]我国的法官多毕业于法律院校或具有法科背景,很少接受过专门的环境方面的技术培训,环境行政管理方面的实践经验也大多不足,因此在环境规制审查方面,其审查权限和制度能力受到了一定限制。在风险规制方面尤甚。[2] 有学者建议,在司法审查时应排除对技术性问题与政策性问题的司法审查。[3]

---

〔1〕 Joel Yellin, *Judicial Review and Nuclear Power: Assessing the Risks of Nuclear Catastrophe*, 45 George Washington Law Review 969(1977). 转引自宋华琳:《制度能力与司法节制论——对技术标准的司法审查》,载《当代法学》2008 年第 1 期。

〔2〕 参见宋华琳:《制度能力与司法节制——论对技术标准的司法审查》,载《当代法学》2008 年第 1 期。

〔3〕 参见宋亚辉:《社会性规制的路径选择:行政规制、司法控制抑或合作规制》,法律出版社 2017 年版,第 239 页。

另一方面,对行政机关的尊重并不意味着将技术问题完全留给行政机关和鉴定机构,只把法律问题留给法院。为了避免行政权在"科技专业性"掩盖下的滥用,应当利用法院的中立性来监督规制机关的行政权力,着重从程序上审查行政机关的决定是否构成恣意、专断或不合理,防止法与技术之间成为司法的无人之境。这既包括要借助法院的司法审查来防止规制机关被规制俘获而出台或制定与法律法规相冲突的解释规则、规制标准,[1]也包括对涉及技术问题的规制决定进行严格的程序层面的司法审查,如审查技术标准和鉴定意见作出程序是否合法,专家的选择是否符合规定的程序、是否充分进行了公众参与(公众范围的确定或公众代表的选择是否合理、公众参与的方式是否恰当和科学,以及公众意见是否被慎重考虑并予以反馈等)、是否充分考虑所有信息,等等。

需要注意的是,法院并非科学家或技术专家这一角色对司法审查的影响不宜被过度夸大。法官并不需要成为某一问题的专家才能进行司法审查,其可以借助于现行诉讼制度中的专家证人、鉴定报告等完成审查任务。法官亦可以借助技术标准、规范性文件及行政函件等方法来审查技术性问题,使科技专业性问题变得可理解,把原本的科技专业性内容转化为广义的法律解释和适用问题。[2]

---

〔1〕 参见宋亚辉:《环境管制标准在侵权法上的效力解释》,载《法学研究》2013年第3期。

〔2〕 参见金自宁:《科技专业性行政行为的司法审查——基于环境影响评价审批诉讼的考察》,载《法商研究》2020年第3期。

第六章

环境监管不能的法治纾解:环境监管的风险回应与治理转向

现代社会的环境问题具有公共性、高度专业性、技术性与风险性、不确定性与复杂性以及广泛的利益冲突性等特点。同时,不确定性与确定性相互交织、代内正义与代际正义的挑战相互叠加、地区性与全球性环境问题相互影响,都增加了环境行政任务面临的艰巨性与复杂性。传统环境行政手段与工具已经远远不能满足应对复杂环境问题的实际需要。一方面,传统环境监管制度需要改变其完全建立在确定基础之上的损害预防,而转向时刻决策于未知的不确定性风险治理。另一方面,需要引入环境治理机制,以应对纷繁复杂的环境问题,补充传统政府环境监管之不足。

第一节　面向风险社会:环境监管体系的风险回应

在风险分类问题上,彼得·胡伯区分了公共风险与私人风险。其认为,"私人风险"指"那些分散制造的,地方化的,可受个人控制的风险。"而所谓"公共风险",指那些"集中或者批量生产、广为流通,且绝大部分都是处在单个风险承受者理解和控制之外、威胁到人类的健康和安全的风险"。[1] 私人风险主要依靠侵权法来处理,而处理公共风险更依赖于

〔1〕 See Peter Huber, *Safety and the Second Best*: *The Hazards of Public Risk Management in the Courts*, 85 Columbia Law Review 277(1985).

政府规制。环境风险中的气候变化、土壤污染、核辐射、危险化学品泄漏、基因突变以及生物安全问题等是典型的公共风险，这些风险具有技术性与专业性强、风险程度高且分布广泛的特点，其损害结果具有群体性、不确定性、延迟性以及因果关系判断的不确定性与不可验证性等特征，〔1〕因此，这些风险难以依靠私人侵权诉讼来规制，而是主要依赖于政府环境监管法律体系予以规制。然而，我国当前的环境监管法律体系侧重于损害防止与救济，无论是在基本原则还是法律制度设计层面都难以充分应对现代风险防控的复合性需求。反思、重构与制度创新是风险社会下完善环境监管制度的必然选择。

一、环境监管之法律原则的风险回应：风险预防原则的反思与拓展

（一）风险预防原则的法律规定

在风险丛生的现代社会中，决策者常常需要"决策于未知"。风险预防原则作为一种应对不确定性的选择，已经被诸多有关环境保护的国际公约、宣言和决议所采纳和规定。例如，早在 1982 年，联合国《世界自然宪章》就在国际条约层面首次明确认可了风险预防原则。之后的《里约环境与发展宣言》《气候变化联合国框架公约》《保护臭氧层维也纳公约》《生物多样性保护公约》等宣言和条约都明确规定了风险预防原则。有学者认为，该公约已经成为或正在成为具有一定约束力的国际习惯法的组成部分。〔2〕一些国家和地区甚至确立了其在规范性法律和司法适用中的重要地位，〔3〕以满足环境法实践的现实需要。例如，马斯赫里特《欧洲联盟条约》与《欧盟宪法草案》都规定在环境保护领域内欧洲共同体的政策应当"基于风险预防原则"。在澳大利亚，风险预防原则不仅在《环境

〔1〕 参见宋亚辉：《社会性规制的路径选择：行政规制、司法控制抑或合作规制》，法律出版社 2017 年版，第 138 页。

〔2〕 关于风险预防原则是否已经成为或正在成为一个国际习惯法原则，国际社会仍有争论。See Owen McIntyre & Thomas Mosedale, *The Precautionary Principle as a Norm of Customary International Law*, 9 Journal of Environmental Law 221(1997).

〔3〕 参见杜辉：《挫折与修正：风险预防之下环境规制改革的进路选择》，载《现代法学》2015 年第 1 期。

保护与生物多样性保护法案》中作为生态可持续发展原则的一部分被确定下来,还在环境法庭中被广泛使用,被原告用于挑战行政行为的合法性,或被行政机关用于证明自己决定的合法性。

我国《环境保护法》中并未明确规定风险预防原则。我国学者对风险预防原则的探讨更多是从环境法基本理论的角度加以阐释,或是对已有立法规定进行归纳总结。《环境保护法》第5条规定:"环境保护坚持保护优先、预防为主、综合治理、公众参与、损害担责的原则。"然而,对于何谓"保护优先",不同学者有不同的理解。有的理解为在经济发展和环境保护出现冲突时,应当优先保护生态环境。有的认为应该将其理解为一种风险预防原则,即在遇到环境风险科学性不确定的情形时,应以保护环境为优先原则。只有这样解释,才能与该条中"预防为主"这一实质学理上的预防原则(prevention principle)处于同一技术层面,且能形成功能互补,即以"预防为主"原则针对可在科学上确定的环境损害(environmental harm)、以"保护优先"原则针对暂时无法在科学上确定的环境风险(environmental risk)。[1] 然而,这只是学理解释,缺乏立法史的资料证明,也缺乏官方解释。因此,将保护优先原则等同于风险防范原则过于牵强,也无法让人信服。[2]

从其他法律规定来看,2009年发布的《规划环境影响评价条例》首次较为明确地体现了风险预防原则。第21条规定,"依据现有知识水平和技术条件,对规划实施可能产生的不良环境影响的程度或者范围不能做出科学判断的",审查小组应当提出不予通过环境影响报告书的意见。不同于国际社会对风险预防原则的定义,《规划环境影响评价条例》并未刻意强调不良环境影响的严重性和不可逆转性,因此,可以认为其事实上已经拓展了风险预防原则的适用情形。2018年发布的《土壤污染防治法》虽未提到风险预防原则,但是明确规定要进行风险管理,不仅要制定土壤污染风险管控标准,还要进行土壤污染风险的管控与修复。例如,第12

---

〔1〕 参见竺效:《论中国环境法基本原则的立法发展与再发展》,载《华东政法大学学报》2014年第3期。

〔2〕 参见李昌凤:《新时代我国环境法风险预防原则的制度建构》,载《行政与法》2024年第1期。

条明确规定:“国务院生态环境主管部门根据土壤污染状况、公众健康风险、生态风险和科学技术水平,并按照土地用途,制定国家土壤污染风险管控标准,加强土壤污染防治标准体系建设。”然而,该法并未界定何为土壤污染风险与生态风险。《新化学物质环境管理登记办法》将“科学、有效评估和管控新化学物质环境风险”作为立法目的之一,并通过申报、登记、信息披露、跟踪管理等具体措施来预防和控制新化学物质可能产生的环境风险。该法对环境风险进行了界定,“环境风险,是指具有环境或者健康危害属性的化学物质在生产、加工使用、废弃及废弃处置过程中进入或者可能进入环境后,对环境和健康造成危害效应的程度和概率”。但这一定义也未强调风险的大小,只强调风险贯穿新化学物质的生产、使用和废弃的全过程。《生物安全法》直接将“风险预防”规定为维护生物安全的一项原则,并以专章规定“生物安全风险防控体制”,规定了生物安全审查制度、批准和备案制度、研究开发活动分类管理制度等。除此之外,《大气污染防治法》第 78 条、《核安全法》第 14 条、《水污染防治法》第 32 条也简单提到要进行风险管理。

由以上法律规定可知,虽然我国近几年的立法已经在尝试规定风险预防的核心内容,但是对何为风险预防原则,我国的环境立法,特别是作为环境基本法的《环境保护法》仍然缺乏明确的立法表述,司法实践中也尚未形成适用风险预防原则的成熟做法。这容易导致我们对风险预防原则的探讨、认知和解释脱离法律文本的约束和限制,也脱离来自司法实践的本土化理解。[1] 同时,在环境基本法对风险预防原则缺乏明确规定的背景下,各个领域的单行立法中各自规定了风险预防的措施,不仅浪费了立法资源,导致生态环境法律体系的支离破碎,也影响了风险预防与治理的效果。[2] 更重要的是,立法的笼统性、模糊性规定还将导致行政机关在风险规制中的裁量权无限扩大。因此,首先,要确立风险预防原则为环境法基本原则的法律地位,为风险社会背景下行政权力干预不确定性生

---

〔1〕 参见柯坚:《环境法原则之思考——比较法视角下的共通性、差异性及其规范性建构》,载《中山大学学报(社会科学版)》2011 年第 3 期。

〔2〕 参见李昌凤:《新时代我国环境法风险预防原则的制度建构》,载《行政与法》2024 年第 1 期。

态环境风险、强化其环境风险规制任务提供法律指引。其次,要进行风险预防原则的规范性建构,严防行政权以风险不确定为由拒绝行动或以风险预防为由恣意行政。

(二)风险预防原则的反思与拓展

1. 风险预防原则的解释困境

事实上,对于风险预防原则的含义、内容、适用和后果在理论上还有诸多争论。[1] 其核心的争议焦点包括何种性质的风险可以启动风险预防原则、可能造成损害的证据达到了何种程度可以进行预防、预防措施应当如何采取,以及举证责任由谁承担。[2] 对这些问题的回答将会产生干预阈值和强度完全不一的风险预防原则。一个被较为普遍接受的定义来自联合国《里约环境与发展宣言》第 15 条:"为了保护环境,各国应按照本国的能力,广泛适用预防措施。遇有严重或不可逆转损害的威胁时,不得以缺乏科学充分确定证据为理由,延迟采取符合成本效益的措施防止环境恶化。"[3]也就是说,启动风险预防的风险须为严重或不可逆的,造成损害的证据需要达到合理怀疑,且要采取符合成本效益方法的风险预防措施,行政机关仍要承担举证责任。这一定义设置了较为严格的风险预防启动条件,既能防止过度干预私主体的权利和行为自由,又能预防那些重大风险。这一定义也被《气候变化框架公约》和多数国家的法律所接受,成为各国应对不确定风险的重要依据。即便如此,这一定义本身也充满"不确定性"。例如,何为"严重或不可逆的损害或威胁"?这是一个典型的不确定法律概念,如果这种损害或威胁可以确定,则会在一定程度上排

---

[1] 参见陈海嵩:《风险预防原则理论与实践反思——兼论风险预防原则的核心问题》,载《北方法学》2010 年第 3 期。

[2] 参见赵鹏:《风险、不确定性与风险预防原则——一个行政法视角的考察》,载沈岿主编:《行政法论丛》第 12 卷,法律出版社 2009 年版。

[3] 风险预防原则的经典定义源自联合国《里约环境与发展宣言》第 15 条原则:"In order to protect the environment, the precautionary approach shall be widely applied by States according to their capabilities. Where there are threats of serious or irreversible damage, lack of full scientific certainty shall not be used as a reason for postponing cost-effective measures to prevent environmental degradation."

斥风险预防原则的适用；如果其不能确定，如何确保行政机关的风险预防行为既不是干预不足（underregulated）的也不是过度干预（overregulated）的？这在本质上涉及行政法比例原则的适用问题。又如，举证责任是否适用于风险预防领域？传统的举证责任适用于对已经发生的事实进行证明责任的分配，而在风险预防领域，真正的事实尚未发生，所讨论的事实只是对未来的预测。因此，所谓的举证责任无论分配给谁来证明风险存在或行动安全，都是不可能完成的任务。[1]

2. 风险预防原则的解释与拓展

以上这些问题的产生，一方面源于风险应对对传统行政法以及政府干预权力的挑战，另一方面则是因为倾向于将风险预防原则规则化，即倾向于制定基于某种确定性的行动方案或行为选择。然而，风险预防是作为行政机关的一项行动原则提出来的，灵活性、模糊性、抽象性和指导性是该原则的核心特点和功能。正如我们讨论可持续发展原则时不会具体讨论采用何种行动方案一样，风险预防原则也不能陷入具体的决策细节和行动方案里。仔细分析风险预防原则的定义，我们可以发现该原则主要包含三个核心要素：一是强调一定程度的风险危害，二是旨在处理科学的不确定性问题，三是认为不确定性不能成为拒绝行动或延迟行动的理由。[2] 也就是说，风险预防作为一个原则，并不要求特定的决策内容，而是要求风险决策者将知识和信息的限度以及因此限度而带来的“不确定性”考虑在内。[3] 这也意味着风险预防成为决策的理由并规范、引导和指导决策过程。在此基础上，风险预防原则需要从以下三个层面进行解释与重构：

首先，风险预防原则不应该局限于行为引发风险（行为→风险）这一逻辑，也可适用于风险影响行为（风险→行为）这一情景。在实践中，风险

〔1〕 参见［英］伊丽莎白·费雪：《风险规制与行政宪政主义》，沈岿译，法律出版社 2012 年版，第 59~62 页。

〔2〕 参见唐双娥：《环境法风险防范原则研究——法律与科学的对话》，高等教育出版社 2004 年版，第 140 页。

〔3〕 参见金自宁：《科技不确定性与风险预防原则的制度化》，载《中外法学》2022 年第 2 期。

预防原则常常被用于回答在行为具有不确定后果时该如何决策的问题，并未涉及在行为的外部环境风险具有不确定性时应该如何行动这一问题。风险预防原则的模糊性和灵活性有助于通过对其自身核心内涵的把握使符合特定价值或规范目的的内容进入法律内部。[1] 其中，“严重的、不可逆转的危害”既可以作为拟议行为的可能后果存在也可以作为拟议行为的实施环境而存在。只要能实现保护人类健康和环境的目的，风险预防原则并不关心风险和行为之间到底是影响还是被影响的关系。即使是对风险预防原则持强烈批评态度的凯斯·孙斯坦教授也认为，虽然风险预防原则的实施方式和手段十分粗糙和模糊，其所设立的保护人类健康和环境免受不确定风险侵害这一目的仍然值得追求。[2] 因此，未来环境监管制度的改革应当以风险规制为核心，打破已经形成的仅对拟议行为的风险进行评估的狭隘路径，扩展风险预防原则的适用领域，为外生性环境风险的评估和规制提供法律原则上的指导。

其次，关于风险的知识、信息和经验并非静态的、不变的，而是随着科技的发展与实践的深入不断发展与丰富。这意味着关于风险预防的决策也不能一成不变，而应该随着知识、信息和经验的发展动态调整，不断改善事前预测结论与环境行政决策结果。一些学者借鉴生态学领域的适应性管理（adaptive management）理论来改革现有的“毕其功于一役”的决策模式，以克服不确定性知识带来的挑战。适应性管理是一个由决策者、利益相关者和科学家共同参与的迭代学习和知识生产过程，在这个过程中，决策者会测试假设，并根据经验、实际变化和后续结果的监控和评估来调整行为、决策和行动。[3] 基于对生态环境动态变化的有限认知，环境风险决策需要采用结构化的反复过程，通过系统的观察和学习来减少不确

[1] 参见吕忠梅：《超越与保守——可持续发展视野下的环境法创新》，法律出版社2003年版，第131～133页。

[2] See Cass R. Sunstein, *Beyond the Precautionary Principle*, 151 University of Pennsylvania Law Review 1003(2003).

[3] See George H. Stankey, Roger N. Clark R. & Bernard T. Bormann, *Adaptive Management of Natural Resources: theory, Concepts, and Management Institutions*, General technical report PNW-GTR-654. U. S. Department of Agriculture, Forest Service, Portland, USA.

定性,并在后续决策过程中根据监测与评估结果不断调整决策。[1] 然而,适应型决策模式并不是解决一切不确定性问题的灵丹妙药,其应优先适用于不确定性与变动性比较显著、可控性比较大,决策具有调适的可能性,并且负面后果比较轻的环境监管领域。[2] 在这个过程中,决策者需要有边学边做、从做中学(learning by doing)的心态。[3] 需要注意的是,适应型决策因其灵活性,也有可能导致被监管者的责任义务处于变动之中,危及行政相对人的信赖利益与正当期待。因此,需要运用公众参与、司法审查等制度来实现对环境行政决策的合法性控制。[4] 同时,由于现有环境规制制度较为依赖基于科技和知识确定性的事前预测,缺乏对环境风险不确定性的动态考量,而风险的变动性和复杂性要求现有的环境规制制度不断发展完善,以回应不确定性环境风险的规制要求。例如,在应对气候变化问题上,可以考虑改革现有的环境规制制度以更好地应对气候风险。加拿大、美国、中国等诸多国家的法律、政策与实践均要求在环评制度中考虑气候变化风险。这一融合法(integration),既在现有制度中纳入风险因素考量,也回应了风险预防原则中关于"符合成本—效益措施"的内在要求。

最后,风险预防的决策过程需要重视公众参与以及风险信息的交流与沟通。风险本身既具有科学理性也具有社会理性。一方面,包括政府在内的人们对于风险的认知虽然是有限的,但是风险的识别与判断仍然是一个充满科技专业性的活动。乌尔里希·贝克认为,当人类知识达到其限度时,如何应对特定风险的知识并不存在,因此在这个意义上风险领域并不存在所谓的专家。[5] 然而,贝克同样提到,风险"需要借助科学的

---

[1] See Holly Doremus et al., *Making Good Use of Adaptive Management*, 1104 Center for Progressive Reform White Paper 1(2011).

[2] See Robin Kundis Craig & J. B. Ruhl, *Designing Administrative Law for Adaptive Management*, 67 Vanderbilt Law Review 1(2014).

[3] See Holly Doremus, *Precaution, Science, and Learning While Doing in Natural Resource Management*, 82 Washington Law Review 547(2007).

[4] 参见吴凯杰:《论环境行政决策的调适模式及其法律控制》,载《华中科技大学学报(社会科学版)》2021年第1期。

[5] 参见[德]乌尔里希·贝克:《风险社会》,张文杰、何博闻译,译林出版社2018年版,第17页。

‘感觉器官’,如理论、实验、测量工具,才变得‘可见’或可解释”。〔1〕凯斯·孙斯坦认为,“风险规制建立在理性和科学的基础上,强调专家力量,成立超级规模的政府规制机构,赋予超规格的规制权力和资源,解决专业性、突发性、复杂性和不确定性的风险挑战”。〔2〕因此,对现代环境风险的识别和判定仍然依赖具有特定知识或资质的专家运用科学技术以及专业方法加以有效度量。〔3〕例如,虽然在气候变化领域仍然有诸多的科学不确定性,但是在气候变化产生的原因以及应对路径上,气候专家或该领域的科学家当然比一般公众拥有更多的知识。因此,风险预防原则并不是否定了科技知识在决策中的作用,反而是提出了更高的要求。专家在决策过程中的参与也可以极大地避免民粹主义的发生。

另一方面,风险本身具有一定的社会理性或者社会建构性。从民主的角度而言,只有公众才能够决定要在什么样的风险中生存与生活,以及其所能接受的风险的水平,因此公众充分参与风险决策尤为重要,也可以在一定程度上防止专家被利益集团或政府部门所俘获。费雪主张一种“基于过程、程序、商谈的风险规制主义范式”,即将民主协商、公众参与、多元治理等理论嵌入风险规制过程,建构制度化的程序机制、协商机制和信息机制。〔4〕实践中,我国往往单纯依靠专家理性来进行风险决策,而专家可能因被利益俘获、持有对立观点或提出违背常识的观点而面临公众的质疑与不信任,因此更要加强专家与公众之间的信息沟通与交流。同时,风险的社会理性意味着受影响的公众对风险认知常常源于一定的价值判断、知识结构、主观感受、财产利益、自身经历或舆论环境等多方面的因素。例如,经历过洪水之灾的人很显然要比未经历过的人更容易高估洪水风险发生的概率;居住在变电站附近的居民很显然更容易对辐射

---

〔1〕[德]乌尔里希·贝克:《风险社会:新的现代性之路》,张文杰、何博闻译,译林出版社2018年版,第25、6、14~16、17、19页。

〔2〕参见[美]凯斯·R.孙斯坦:《风险与理性——安全、法律及环境》,师帅译,中国政法大学出版社2009年版,第123页。

〔3〕参见李昌凤:《新时代我国环境法风险预防原则的制度建构》,载《行政与法》2024年第1期。

〔4〕参见[英]伊丽莎白·费雪:《风险规制与行政宪政主义》,沈岿译,法律出版社2012年版,第109页。

影响产生恐慌。在此基础上，公众可能形成与专家意见相异的环境风险认知结论，即科学理性与社会理性之间会存在一定矛盾。由于我国风险治理中长期存在风险信息沟通机制建设相对滞后的问题，社会理性与科学理性之间的结构张力不断累积，引发部分民众对专家和政府的风险认知能力的信任危机。因此，未来风险预防需要进行充分的信息公开、更加重视风险沟通与交流，改善风险信息的不对称，弥补风险认知的分歧，化解不信任危机，这是作出理性风险决策的关键。在这一程序基础上作出的风险决策，不仅可以提高决策的正当性，实现各主体风险及利益的公平合理分配，[1]也可以提高决策的可执行性。

二、环境监管之法律制度的风险回应：以环评制度应对气候变化为例

（一）气候风险的法律规制：超越传统环境监管的法治诉求

作为一个"超级难题"[2]，学界提出的气候变化应对策略或规制路径往往聚焦于单纯的风险预防与风险治理，[3]缺乏与现有环境法律框架和治理体系的连接。纵然气候变化规制与传统环境污染规制存在上文提到的种种区别，其也并非完全是环境污染规制的例外。气候变化规制离不开我国在环境规制领域已经探索出的成熟法治经验，甚至要有所超越。因此有必要讨论我国当前的环境监管体系为应对气候变化风险所提供的法治基础，并在此基础上探讨现有环境监管制度通过改革和转向应对气候变化的可行性及路径。

作为一个新兴的环境风险议题，气候变化所带来的挑战不仅是传统

---

〔1〕 参见卢少军、余晓龙：《环境风险防范的法律界定和制度建构》，载《理学学刊》2012年第10期。

〔2〕 See Richard J. Lazarus, *Super Wicked Problems and Climate Change: Restraining the Present to Liberate the Future*, 94 Cornell Law Review 1153(2009); Kelly Levin et al., *Overcoming the Tragedy of Super Wicked Problems: Constraining Our Future Selves to Ameliorate Global Climate Change*, 45 Policy Science 123(2012).

〔3〕 参见李艳芳、田时雨：《不确定性与复杂性背景下气候变化风险规制立法》，载《吉林大学社会科学学报》2018年第2期。

环境管制及其有效性的问题,还包括国家整体环境政策与法律的重新考量,以及对各种不同利益诉求的权衡、妥协和选择。鉴于此,学界的主流观点是制定一部综合性的气候变化应对法,〔1〕以明确应对气候变化的管理体制、应对原则、制度措施以及权责分配。然而,与传统立法旨在通过未来成本保护当代利益不一样,气候变化立法则是要求以当代之成本保护未来之利益,〔2〕因此其无论从科学层面、政治层面、经济层面还是法律层面,都充满挑战。〔3〕此外,由于气候立法所涉领域极其广泛,部门庞杂,利益关系繁复,制定一部兼具稳定性、灵活性和前瞻性的综合性法律需要具备极高的立法智慧与立法技术。同时,气候立法还需处理好与"碳达峰""碳中和"这一技术性、政治性和社会性目标的关系,不能因为目标的政治性而遮盖立法的规范性和体系性。总之,综合性立法的制定需要一个国家在政治、经济、法律和社会等多个层面的合力,并非一朝一夕之事。从短期来看,我国可以由国务院制定应对气候变化的行政法规,明确应对气候变化的国家义务、各级政府和生态环境主管部门在应对气候变化方面的监管职责,在此基础上确立企业的温室气体减排义务和相应法律责任。这可以划定政府应对气候变化的权力边界,也能够为强制要求企业减排、参与碳排放交易市场或者信息公开提供法律依据。

无论是制定综合性的气候变化应对法还是行政法规,气候变化的法律规制离不开我国环境法已经形成的法制框架以及改革开放 40 多年以来所获得的法治经验。首先,我国的环境立法不断回应着环境问题的自然生态整体性和社会整体关联性。〔4〕典型例证如以保护整个长江流域

〔1〕参见李艳芳、张忠利、李程:《我国应对气候变化立法的若干思考》,载《上海大学学报(社会科学版)》2016 年第 1 期;王江:《论碳达峰碳中和行动的法制框架》,载《东方法学》2021 年第 5 期。事实上,国家发改委曾在 2012 年左右启动了气候变化应对法的立法议程并公布了草案,但截至本书写作时尚未进入全国人大常委会的立法计划。

〔2〕See Richard J. Lazarus, *Super Wicked Problems and Climate Change: Restraining the Present to Liberate the Future*, 94 Cornell Law Review 1153(2009).

〔3〕See Richard J. Lazarus, *Super Wicked Problems and Climate Change: Restraining the Present to Liberate the Future*, 94 Cornell Law Review 1153(2009).

〔4〕参见柯坚:《我国〈环境保护法〉修订的法治时空观》,载《华东政法大学学报》2014 年第 3 期。

的生态系统为使命的《长江保护法》与《黄河保护法》。由于一般环境议题的科技复杂性、广泛利益冲突以及国际利益关联性等特点在气候变化领域都有所放大,这要求我们对环境法的实体价值和程序功能进行检视,并据此强化其回应多元利益冲突以及科技不确定性的能力。〔1〕 作为基本法的《环境保护法》应保持其对现实生活世界的开放性及其与现实生活世界的沟通与互动,〔2〕打破环境污染与生态破坏的传统二分,面向包括气候变化在内的新型环境风险,重思立法目的、扩大事理基础、关注在应对气候变化过程中的利益冲突与价值分歧,增强法律程序回应不确定性和复杂性的制度能力。事实上,当前以解决环境立法的割裂状态为出发点的环境法典研究日趋成熟。其中,超越传统的污染控制与生态保护二分结构,设置与污染控制编和生态保护编相并列的绿色低碳发展编已是学界共识。〔3〕 该编不仅要在观念立场上进行从局部到整体的转变,亦要在适用对象上实现从单一环境要素到多元环境要素及其支撑的经济系统的转变,以期为回应气候变化提供综合性、系统性的制度安排。〔4〕

其次,近几年来,通过环保督察、环保约谈、垂直监管以及环评区域限批等措施,我国环境法治逐渐从关注环境保护的企业义务转向政府义务,进而转向更严苛的政府环境责任。气候风险的法律回应应该在此基础上详细规定各级政府应对气候变化的职权范围和责任方式。我国《环境保护法》中虽规定了各级地方政府的环境质量负责制,但存在各级地方政府的环保事权划分不够明确、监督和问责力度不足、中央政府的环保职责有待明晰等一系列问题。相关应对气候变化的立法应进一步完善并尽量避免这些问题。

再次,与传统环境问题一样,应对气候变化难以通过对私主体施加注

---

〔1〕 参见柯坚:《我国〈环境保护法〉修订的法治时空观》,载《华东政法大学学报》2014 年第 3 期。

〔2〕 参见柯坚:《事实、规范与价值之间:环境法的问题立场、学科导向与实践指向》,载《南京工业大学学报(社会科学版)》2014 年第 1 期。

〔3〕 参见张忠民:《环境法典绿色低碳发展编的编纂逻辑与规范表达》,载《政法论坛》2022 年第 2 期。

〔4〕 参见杜群、张琪静:《〈巴黎协定〉后我国温室气体控制规制模式的转变及法律对策》,载《中国地质大学学报(社会科学版)》2021 年第 1 期。

意义务并要求其承担损害赔偿责任的私法方式来实现。相反，这主要依靠政府通过预防性公法手段来确定减排目标、设定排放总量、进行事前排放评估。甚至，以发挥企业减排积极性、降低监管成本为目的的碳交易市场也必须以政府设定了合理稀缺的碳排放配额为前提。这意味着，那些基于公法干预的环境法基本原则和法律制度，如风险预防原则、污染者负担原则、环评制度等，都可以应用于温室气体的控制，需要讨论的是如何对这些原则和制度进行解释或完善，以更好地涵盖气候变化要素。以现行环境法律制度应对气候变化不仅可以降低变革成本，其已经形成的权责分配、行政程序和监督机制也可以有效制约行政机关在气候变化领域的无序扩权。

最后，我们需要认识到，一般环境议题的科技复杂性、广泛利益冲突以及国际利益关联性等特点在气候变化领域都被一定程度放大，这事实上又要求我们对环境法的实体价值和程序功能进行检视。[1] 环境法不仅需要落实国际环境法的原则与价值，识别气候变化影响下需要法律保护的利益，同时亦需要通过多元规制、适应性管理等机制强化法律程序回应多元利益冲突以及科技不确定性的能力。

（二）气候风险的法律规制：环评制度中气候风险的内化

人类活动与环境响应之间并不是一种简单的线性关系，而是复杂的、动态的非线性关系。人为原因导致的环境风险的介入，使人类与自然环境的关系模式更加复杂和多元，并且越来越具有不确定性。[2] 这意味着环境问题的预防既不能仅依赖于孤立的单个项目环评，也不能一劳永逸地依赖于特定时段内对周围环境的静态认知。环评制度的改革应当抓住这种复杂关系的特性和变化趋势，厘清环境风险的介入方式，正视其对传统的风险预防原则、规制目标以及环评程序带来的挑战，提升环评制度对风险的预防和规制能力。

---

〔1〕 参见叶俊荣：《气候变迁治理与法律》，台北，台大出版中心2015年版，第34页。

〔2〕 See Carl Bruch, *Adaptive Water Management: Strengthening Laws and Institutions to Cope with Uncertainty*, in A. K. Biswas et al. eds., Water Management in 2020 and Beyond, Springer, 2009, p. 105.

首先,人类的拟议行为可能产生环境风险。规划/项目→周围环境(环境风险)这一关系模式是环评制度长久以来关注的焦点。其中,环境风险因为对“环境”这一定义的重新解释被当作传统生态环境的一部分,从而内化于一般的环评过程。我国的环评制度已经将此类风险纳入规制范畴,如《建设项目环境风险评价技术导则》明确了对有毒有害和易燃易爆物质的生产、使用、贮运等项目所产生的可预测性环境风险的评价和管理。其次,当环境风险作为外生性因素而存在时,其关系模式为环境风险→周围环境→规划/项目→周围环境(环境风险),即其既可能在环境风险与项目之间循环往复,也有可能与第一种关系模式产生叠加。周围环境对外生性环境风险的暴露程度和敏感程度决定了环境风险对规划/项目所在地的环境质量状况、脆弱性和承载能力的影响大小,并进一步影响规划/项目的可行性论证、替代方案的选择以及后续的环境影响评估。

在这两种关系类型中,环评制度的优化路径有所不同。在第一类关系中,风险的预防多通过具有强制性和约束力的责任义务、证据规则和技术强制实现。[1] 行为规范的设置和责任的重新分配被认为是尽可能实现环评风险预防功能的黄金法则。例如,通过立法强制要求产生特定温室气体排放的企业进行碳排放环评。然而,由于科学所代表的事实理性与法律规范所代表的价值判断之间的张力,无论环评的风险规制如何完美,都难免存在无法规制的风险、遗漏的风险和剩余风险,[2]甚至引发其他风险或替代风险。[3] 这些风险的客观存在会进一步成为影响其他规划/项目环评的外生性风险。因此,在第二类关系中,环评应当对这种外生性风险进行识别并进行相应的评估,以减少其对拟议行为的影响。这

---

〔1〕 参见杜辉:《挫折与修正:风险预防之下环境规制改革的进路选择》,载《现代法学》2015 年第 1 期。

〔2〕 剩余风险(residual risk)即根据最佳可得技术和信息采取了适当的风险减少和管理后仍然无法避免的那些风险。See Aine Gormley, Simon Pollard, Sophie Rocks, "*Guidelines for Environmental Risk Assessment and Management*", *Prepared by Defra and the Collaborative Centre of Excellence in Understanding and Managing Natural and Environmental Risks*, Cranfield University, 2011, p. 43.

〔3〕 规制某种风险的结果是增加了另外一种新的风险。参见[美]凯斯·R. 孙斯坦:《风险与理性——安全、法律及环境》,师帅译,中国政法大学出版社 2005 年版,第 1~5 页。

两种环境风险的介入方式均要求坚持风险预防原则,在此基础上进行环评制度的改革和风险治理的转向。

把环境风险纳入评估范围意味着环评制度在评估对象上实现了扩展,这明确了确立风险规制在环评制度中的地位以及切入方式。一般而言,风险规制(risk regulation)过程至少包括风险识别(risk identification)、风险评估(risk assessment)和风险管理(risk management)三个基本步骤,[1]可以简单归纳为"哪些是风险"、"风险大小如何"和"规制哪些风险以及如何规制"三个问题。风险识别是政府、污染企业、专家和公众利用自己的识别方式和工具辨别风险源、风险可能发生的时间地点以及风险承受者的过程,其为风险评估奠定基础并设定边界。[2] 风险评估往往由具有某类风险知识的专家主导,通过理性分析和计算工具对风险以及风险可能导致的不利影响进行评估。其为风险规制的决策和执行提供科学上的依据,并不涉及对风险的价值判断。风险管理则是决策者依据风险评估的技术支撑和科学依据设定规制目标,进行价值权衡,并作出规制措施选择。[3] 理想的风险规制过程是这三个步骤的相互配合和层层递进。然而,如果我们承认环境风险具有科学和价值的双重属性,就要承认在定义何为环境风险以及界定风险边界时,环境风险制造者、承受者以及规制者之间往往存在巨大的冲突。在评估环境风险时,专家根据定量分析和规则导向所进行的风险评估往往与公众依赖直觉和经验进行的评估存在差异和冲突,因而难以得到公众的认同和支持,也难以实现工具合理性和价值合理性的有机结合。[4] 同时,由于环境行政规制者的风险意

---

[1] See Aine Gormley, Simon Pollard, Sophie Rocks, "*Guidelines for Environmental Risk Assessment and Management*", *Prepared by Defra and the Collaborative Centre of Excellence in Understanding and Managing Natural and Environmental Risks*, Cranfield University, 2011, p. 9.

[2] 根据沈岿的观点,公众是一个抽象的概念,指向一个利益主张不见得一致、价值立场多层次化或多元化的群体。参见沈岿:《风险规制与行政法新发展》,法律出版社 2013 年版,第 127 页。

[3] 参见刘超:《环境风险行政规制的断裂与统合》,载《法学评论》2013 年第 3 期。

[4] 参见戚建刚:《风险规制过程合法性之证成——以公众和专家的风险知识运用为视角》,载《法商研究》2009 年第 5 期。

识、目标设定和措施选择往往处于政治利益、社会环境、媒体舆论以及公众压力的多重影响之下，[1]风险评估所代表的科学理性很难在风险管理所代表的利益平衡和选择中得到应然的传递和完整的体现。这种张力可以通过各种环评技术导则与环评法律法规之间的割裂窥见一二。

这种割裂和张力的存在虽然具有一定的客观性，不可能完全消除，却可以通过风险的信息沟通、排序以及环评程序的完善得到一定程度的缓解。环境风险作为环评制度的一个新增规制对象，意味着在环评的项目筛选阶段就要引入公众的风险知识，以此形成在风险敏感项目的选择上，公众、拟议行为人与政府之间充分信息交流和互动的局面。因为只有公众有权力决定自己在一个什么样风险水平的社会中生活。[2] 为公众风险知识进入风险规制过程提供明确的实体保障和程序依据，即明确风险规制中的公众参与权，实为必要。[3] 各方形成的风险共识将有助于识别外生性环境风险的来源、大小和介入方式，并以此判断某一项目是否需要启动环评程序。这事实上大大提前了传统环评程序中公众参与的介入时间，也扩大了公众参与的范围，[4]进而改变了环评制度中各参与主体的力量对比。那些会对周围环境产生显著环境风险的项目，以及那些对周围环境风险敏感程度较高的项目，或者那些像常州外国语学校项目一样虽然对环境的负面影响并不显著，但是受外环境影响比较大的项目，也需要启动环评程序对风险影响进行全面或专项环评。这要求建设项目环评的分类管理除了应当根据项目对环境影响的大小进行区分外，还要以项目对环境风险的敏感程度为依据。敏感程度比较高的，如一般的科教文卫建设项目，也应当编制环评报告书或报告表，就外环境或环境风险对规划/建设项目进行全面或专项评价，以增强项目的可行性论证。

---

[1] 参见叶俊荣：《环境政策与法律》，中国政法大学出版社 2003 年版，第 99~102 页。

[2] 参见[德]乌尔里希·贝克：《风险社会》，张文杰、何博闻译，译林出版社 2018 年版，第 29 页。

[3] 参见戚建刚：《风险规制过程合法性之证成——以公众和专家的风险知识运用为视角》，载《法商研究》2009 年第 5 期。

[4] 我国《环境影响评价法》规定的公众参与阶段是规划的环境影响报告书草案报送审批前或者在报批建设项目环境影响评价书之前。参与的对象是规划或建设项目对环境的影响。

首先,应当要求对产生温室气体的项目进行碳排放评价。作为一项预防性法律手段,我国环评制度通过赋予生态环境部门环评审批权、规定企业的环评义务以及赋予公众参与权等方式,力求实现环境决策科学性和民主性的统一。根据《环境影响评价法》的规定,国务院有关部门、设区的市级以上地方人民政府及其有关部门,对其组织编制的综合性规划和专项规划应开展环评;对环境产生影响的建设项目,无论影响大小,亦要根据分类管理的标准履行相应的环评程序。规划环评主要关注规划实施可能对生态环境产生的系统性、长期性、累积性影响,其所涉及的行业范围、产业规模要远远大于单个建设项目,其所产生的温室气体排放量亦极为可观。因此,在规划环评中纳入温室气体的考量不仅可以从源头提高政府决策的减排能力,也是政府履行气候变化应对义务的重要方式。此外,我国温室气体排放的主要来源与要进行建设项目环评的行业范围存在高度重合。温室气体排放主要来自能源、工业、交通、建筑、农业和土地利用五大部门。其中能源和工业部门占比最大,合计排放超过了 80%。而根据 2021 年生态环境部颁布的《建设项目环境影响评价分类管理名录》,能源(包括煤炭、石油和天然气以及有色金属和黑色金属等)开采和加工业,以及各类制造业多数需要履行环评手续、编制环评报告书和报告表。因此,理论上完全可以根据环评法律法规,要求排放特定数量温室气体的建设单位进行碳排放环评,实现一般污染物与温室气体的协同监管。

面对减污降碳的双重压力,生态环境部发布了一系列加强气候变化与环境保护协调的文件,从政策层面要求将气候变化纳入规划与项目环评。其中,特别要求以"高耗能、高排放"(以下简称"两高")行业为主导产业的园区规划环评应增加碳排放情况与减排潜力分析,并且"两高"项目环评要统筹开展污染物和碳排放的源项识别、源强核算、减污降碳措施可行性论证及方案比选,提出协同控制最优方案。[1] 与此同时,生态环境部发布《关于开展重点行业建设项目碳排放环境影响评价试点的通知》,要求浙江、重庆、广东等七省市作为试点地区,选取《建设项目环境影响评价分类管理名录》规定需要编制环境影响报告书的建设项目作为试

〔1〕 参见生态环境部《关于统筹和加强应对气候变化与生态环境保护相关工作的指导意见》(环综合〔2021〕4 号)。

点项目，探索将碳排放纳入环评制度。各试点省份也陆续发布相关规范性文件，对如何开展碳排放评价进行规定。例如，浙江省生态环境厅发布《浙江省建设项目碳排放评价编制指南（试行）》，拟对二氧化碳排放当量大于0.26万吨（或综合能耗达到1000吨标煤以上）并编制环评报告书的重点行业建设项目开展碳排放评价试点工作，试点范围包括钢铁、火电、建材、化工、石化、造纸、印染、化纤8个行业。这些政策与地方试点意味着中央和地方均开始探索通过环评实现气候变化治理的巨大潜力。

除了政策上的探索，碳排放环评更需要法律层面的回应或变革。环评作为一项法律制度，在我国具有否决规划的程序性效力以及否决建设项目的实体性效力。一旦要求特定规划和建设项目将碳排放纳入环评，必将深刻影响政府相关部门以及建设单位的环评义务、环评责任以及相关利益。因此法律的相关变革需要考虑制度的执行成本和社会影响，在确保行政目标实现与减损行政相对人利益或增加相对人行政负担之间寻求适当的平衡。[1] 作为环评制度基石的《环境影响评价法》需要通过法律修改将气候变化作为规划和建设项目环境影响评估的内容之一，明确开展碳排放评价的对象范围、评价内容、评价效力以及审批程序等框架性内容。更具体的内容可以分别在《规划环境影响评价条例》与《建设项目环境保护条例》中予以规定。就规划而言，可以优先选择以上政策中所确定的重点行业开展专项规划的碳排放评价，对已经设置碳排放总量目标的行业要评估其目标落实或实现的可能性。在效力上仍然延续其程序效力，即如果没有包含碳排放评价的规划环评，规划审批部门不得审批该规划。建设项目环评实施分类管理，因此可以通过修改《建设项目环境影响评价分类管理名录》来确定需要开展碳排放环评的项目范围，优先选择需编制环评报告书的"两高"项目实施碳排放和污染物排放的评估。在评价内容上，建设项目的碳排放环评应主要关注项目的碳排放强度、碳排放调查评估的可靠性、减排潜力以及减排措施的有效性等。在评价效力方面，碳排放评价作为环评的内容之一，其评价结论是环评审批部门判断项目合法性的依据。在缺乏相应评价内容或评价结论不支持该项目的情形

---

〔1〕 参见王社坤：《论我国碳评价制度的构建》，载《北方法学》2022年第2期。

下,环评审批应当具有否决该项目的效力。但在判断具体建设项目是否具有减排潜力,减排措施是否有效、是否符合所在区域的气候目标时,环评审批部门拥有一定的自由裁量权。

其次,应当重视对规划/项目所在环境的风险评估。这是在我国规划环评相对薄弱的情况下,识别和减轻建设项目之间累积性环境影响和风险的最后一道防线。风险评估是一个科学事实,应当充分遵循科学规律,避免受到社会、文化等因素的过度干扰。正如实在法学者所认为的,在进行风险制度设计之前,首先必须把风险放在一个科学—技术进路上并独立于社会和文化过程进行测量。[1] 这对我国在风险评估过程中尽量避免掺入行政偏好和社会意愿等非科学性因素是一个很好的提醒和纠正。由于完全消除所有类型和内容的环境风险几乎不可能,而且在特定的环评制度中,能够对各种风险进行规制和治理的行政资源和法律资源是有限的,[2]通过"周围环境状况调查和评估"这一环评步骤进行风险规制的目标设定应当符合成本—效益分析并具有社会可接受性。风险规制的责任主体应当以风险的整体性和系统性分析为基础,依据风险评估的结论,优先选择那些科学性、相关度和紧迫程度较高的外部性风险进行规制。风险规制对象和手段的选择既要反映风险评估结论的科学理性,又要具有实现公共利益最大化的价值合理性。由于环境风险本身所固有的科学不确定性以及规制风险所涉及的多元价值判断,[3]如何有效结合这两者,成了弥合风险规制过程的内在割裂以及增强风险规制措施合法性的关键路径。同时,风险规制对象的选择和排序过程也是损害和风险的分配过程,因此需要在评估结论、规制方案和分配方案之间进行综合比较和利益衡量,实现环境风险分配的实体正义和程序正义。[4] 这一过程同样要求在政府部门、专家、公众、环保组织之间进行有效的风险信息沟通

---

[1] 参见彭飞荣:《法律与风险:基于卢曼"二阶观察"方法的观察》,载《清华法律评论》2011 年第 1 期。

[2] 参见刘超:《环境风险行政规制的断裂与统合》,载《法学评论》2013 年第 3 期。

[3] 参见金自宁:《风险规制与行政法治》,载《法制与社会发展》2012 年第 4 期。

[4] 参见秦天宝:《风险社会背景下环境风险项目决策机制研究》,载《中国高校社会科学》2015 年第 5 期。

和充分的利益讨论,特别是要确立利益相关人和受影响公众的重要参与地位。[1] 此外,建立针对环境风险的动态监测和评估机制有助于及时把握风险的状态和生态环境的变迁。因此,在具有潜在累积性环境影响的不同规划和建设项目之间建立风险信息的共享和沟通机制对于风险规制至关重要。

环境风险的社会背景提出了不断更新环境法律,以制度措施应对环境风险的客观要求。环境法律不仅应当通过风险预防原则为环境风险的行政规制进行指引和限定,以增强行政决策的合法性和合理性,更应当通过有效的制度衔接为风险控制的社会合作提供有效的法律保障机制。[2] 在这个意义上,环境风险的规制是一个复杂的系统性过程,是整个环境法律体系需要共同面对和解决的问题。所以无论环评制度多么完善,其对风险的预防和规制能力都是有限的。就外生性环境风险而言,环评法律制度具有一定的被动性,即其对该风险的有效评估和控制依赖于产生该风险的规划或建设项目的风险管理能力,依赖于相互影响的项目之间环评信息的完全共享,而这是我国现阶段以风险的分散规制为特点的环评法律制度所难以实现的。

第二节 建立环境治理体系:对环境监管不能的系统性回应

一、从环境监管走向环境治理:治理理念的引入

正如前文分析所述,当政府垄断性承担公共任务出现各种局限性,有条件地向市场与社会转移部分公共任务成为必然。治理理念与治理模式是在20世纪90年代由西方政治学提出的。鲁伯强调,新政治经济学的发展、传统规制模式的内在缺陷及其改革措施共同推动了新治理模式的

〔1〕 See Terry Cannon, *Vulnerability*, "*Innocent*" *Disasters and the Imperative of Cultural Understanding*, 17 Disaster Prevention and Management 350(2008).

〔2〕 参见许旭荣:《风险社会对法律的拷问——"风险社会的形成与法的确定性"研讨会综述》,载《华东政法大学学报》2009年第6期。

诞生。[1] 奥斯特罗姆提出了针对公共事务管理的多中心治理理论，认为针对公地悲剧或囚徒困境等公共事务治理难题，解决方法并非只有政府干预或市场产权两种非此即彼的方式，而是可以在“国家—市场”二元架构之上引入社会性主体。[2] 在国内学界，柯坚认为，治理是当代社会民主化背景下政府、社会与市场的多中心治理的社会管理思想和方法，是一种破解直接民主和代议制民主二难选择问题的新型社会公共事务治理模式。[3] 俞可平老师认为，治理是指官方的或民间的公共管理组织在一个既定的范围内运用公共权威维持秩序，并在各种不同的制度关系中运用权力去引导、控制和规范公民的各种活动，以最大限度增进公共利益，满足公众需要。[4] 治理的内涵可以通过对其特征进行概括总结而更为清晰。

鲁伯认为，治理模式不再是单纯的命令—控制型规制，或私人化规制，而是将公共机构、市场机制、非政府组织或市民社会融合在一起，形成了一个灵活的、综合的公共规制模式。其进一步详细总结了治理模式的几个主要特点：(1)非官方因素和专家的参与；(2)利益相关者的合作；(3)多样性和竞争性的规制工具选择；(4)去中心化与辅助性规则；(5)灵活性与非强制性增强；(6)强调规模式的适应性和动态学习。[5] 俞可平则试图通过比较治理与统治来理解治理。治理(governance)这一概念与政府统治/管理(government)有两个基本的区别：一是治理与统治都需要权威，但是权威的来源不同。政府统治的来源是政府及其公权力，而治理的权威来源并不一定是政府机关，可以是公共机构，也可以是私人机构，还可以是公共机构和私人机构的合作。二是政府统治是一个自上而下的权威管理过程，而治理是一个上下互动的管理过程，它主要通过合作、协

[1] See Orly Lobel, *The Renew Deal: The Fall of Regulation and the Rise of Governance in Contemporay Legal Thought*, 89 Minnesota Law Review 342(2004).

[2] 参见[美]埃莉诺·奥斯特罗姆：《公共事物的治理之道——集体行动制度的演进》，余逊达、陈旭东译，上海三联书店2000年版，第31页。

[3] 参见柯坚：《环境法的生态实践理性原理》，中国社会科学出版社2012年版，第144页。

[4] 参见俞可平：《治理与善治》，社会科学文献出版社2000年版，第5页。

[5] See Orly Lobel, *The Renew Deal: The Fall of Regulation and the Rise of Governance in Contemporay Legal Thought*, 89 Minnesota Law Review 342(2004).

商、伙伴关系，确立认同和共同目标等方式实施对公共事务的管理。[1] 由此可知，治理试图改变传统的以政府为中心、以政府行政管制为单一手段的环境保护监督管理模式，要求重新划定政府公共权力、市场自由与公民权利的边界，赋予传统监管模式下不具有决策影响力的主体一定的决策权，使环境保护、食品安全等公共事务成为政府及其行政机构、市场主体以及社会公众共同关注的对象。

环境监管向环境治理转向具有内在必然性。这是由环境监管本身的局限性决定的。环境问题的复杂性和利益多元性以及环境风险的不确定性要求政府决策权力结构需要不断地从封闭走向开放。在原来的政府—企业这一单向线性关系中，监管机构通过制定严密而精细的技术标准和法律规则处于监管结构中的主导地位。然而这一政府监管范式在风险行政和契约行政的背景下有其内在的局限性。政府往往难以掌握完全的信息（无论是监管事务还是监管对象），也并不总是为了公共利益采取行动（因为存在部门利益或行业利益），同时也并不总是拥有足够的监管能力（在权力行使、人事以及财政等方面存在局限）。[2] 因此，行政监管权在某些领域退出，并允许作为市场主体的企业通过交易规则获得一定的自我规制空间。随着环境问题复杂性和风险不确定性的增加，政府面临更大的监管压力和挑战，因此需要引入环境公共治理（environmental governance）理念，允许利益相关者以及社会公众和第三方机构成为治理结构的一部分，通过合同、信息共享、规制授权和合作商谈等方式与政府、企业形成一种良性的互补和互动。

具体而言，一方面，环境决策涉及广泛的利益冲突。私人健康与财产权益、私人环境利益、群体环境利益以及环境公共利益之间常常相互交织或存在冲突，这些利益冲突单靠公权力主导的环境监管是难以解决的，解决的出路只能是引入充分而深入的公众参与，形成公共协商机制，通过沟通来交换各方的意见，依靠公共理性最终形成解决方案。协商不是简单的信息交流，而是复杂的利益衡量，协商行政亦不是形式法治和规范

[1] 参见俞可平：《治理和善治引论》，载《马克思主义与现实》1999 年第 5 期。

[2] 参见张宝：《环境规制的法律构造》，北京大学出版社 2018 年版，第 207 页。

取向的行政,而是实质法治和功能取向的行政。[1] 另一方面,环境决策常常要求面对高度的风险不确定性,决策于未知之中。政府的风险认知和治理能力都是有限的,同时,环境风险本身又涉及价值判断与主观认知,因此面对传统行政管制的局限性,环境公共治理通过吸纳专家、利害关系者、行业协会、环保组织或者一般民众提供的信息或者知识,打破行政机关在知识、权力和决策过程中的垄断地位,削减政府风险规制所面临的因信息不对称而带来的决策困境。[2]

简言之,环境公共治理强调的是一种多元性、开放性、参与性与回应性的治理机制与决策结构。多元性是治理的核心特征之一,强调的是治理规范与治理主体的多元化。规制治理规范不仅包括法律,还包括协议、软法和标准等;规制治理者既有政府,也有企业、行业协会、公众、环保组织等。开放性与参与性要求行政机关在环境治理过程中不再独享环境决策的权力,而是允许环境专家的专业知识以及利益相关者、环保团体与社会公众的利益诉求可以在决策过程中得到充分交流与表达,并就环境公共事务进行平等对话、公平博弈和协商合作,从而实现环境治理中各种利益诉求和价值主张的均衡与共赢。在环境公共治理模式下,各主体之间的良性互动和有效合作不仅可以促进环境资源开发、利用和保护的生态实践理性的达成,而且还有助于形成环境公共治理的社会合力,推动环境与资源开发、利用和保护的社会公共治理目标的实现。[3] 然而,由于具体交流规则和决策规则的不完善,这种开放性致使政府与社会之间的界限变得模糊,行政机关不得不依赖自由裁量进行环境风险决策,这又进一步产生了权力滥用与规制俘获的可能性。[4] 回应性则要求行政机关的决策要不断回应环境风险的不确定性、风险知识的发展性以及环境问题的复杂多变性,建立多种治理工具相互配合与协调的工具箱。因此,环境

[1] 参见王勇:《自愿性环境协议:一种新型的环境治理方式——基于协商行政的初步展开》,载《甘肃政法学院学报》2017年第3期。

[2] 参见金自宁:《风险规制与行政法治》,载《法制与社会发展》2012年第4期。

[3] 参见柯坚:《环境法的生态实践理性原理》,中国社会科学出版社2012年版,第145页。

[4] 参见董正爱:《环境风险的规制进路与范式重构——基于硬法与软法的二元构造》,载《现代法学》2023年第2期。

治理绝不意味着传统权力—权利关系以及法律规则的消解,而是对其干预方式提出了新的要求。

2019年11月26日,中央全面深化改革委员会第十一次会议审议通过的《关于构建现代环境治理体系的指导意见》提出"构建党委领导、政府主导、企业主体、社会组织和公众共同参与的现代环境治理体系"这一基于多元主体共同参与的新型环境治理模式,以期最大限度发挥政府机制、市场机制和社会机制在环境治理中的协同治理效应。该指导意见强调要以推进环境治理体系和治理能力现代化为目标建立健全领导责任体系、企业责任体系、全民行动体系、监管体系、市场体系、信用体系、法律政策体系,落实各类主体责任,提高市场主体和公众参与的积极性,形成导向清晰、决策科学、执行有力、激励有效、多元参与、良性互动的环境治理体系。因此,环境治理体系的建立首先需要以治理理念为指导,从对立走向合作;其次治理主体要从单一走向多元,以回应治理理念核心特征之多元性、开放性与参与性;最后治理手段也要从单一走向多元,从简单走向复合,以回应治理理念之多元性与回应性特征。

二、从环境监管走向环境治理:治理主体的多元化

在治理模式下,行政任务的实现可以有多种形式,除了政府以公权力的方式实施外,可以利用市场主体、行业或组织、私人或团体来实施,最终实现"公共事务有效治理、公共利益全面增进"的目的。[1] 这一治理模式也能有效回应环境公共信托理论对委托主体以及环境公共利益的结构性重视。在王曦老师所建立的环境治理框架中(见图6-1),环境治理中的主要关系包括三大类,即以地方党政机关为代表的规制者与以企业等可能带来环境问题的各种主体为代表的规制对象之间的规制关系;以立法机关、上级党政机关、检察机关、新闻媒体、社会组织、公民个人、法院等为代表的监督者与以地方党政机关为代表的规制者之间的督政关系;以立法机关、上级党政机关、检察机关、新闻媒体、社会组织、公民个人、法院等为代表的监督者与以企业等可能带来环境问题的各种主体为代表的规

---

〔1〕 参见薛澜、张帆、武沐瑶:《国家治理体系与治理能力研究:回顾与前瞻》,载《公共管理学报》2015年第3期。

制对象之间的督企关系。在环境治理过程中,这三大类政治关系的各类主体依照法律、党纪政纪和环境伦理为保护环境的目标而发生各种互动。[1] 本书在高度认同这一治理框架与治理关系的基础上,着重分析环境治理法律框架中的各方主体,即政府及其环境监管部门、被规制企业、社会组织以及公众在环境治理中所扮演的角色。

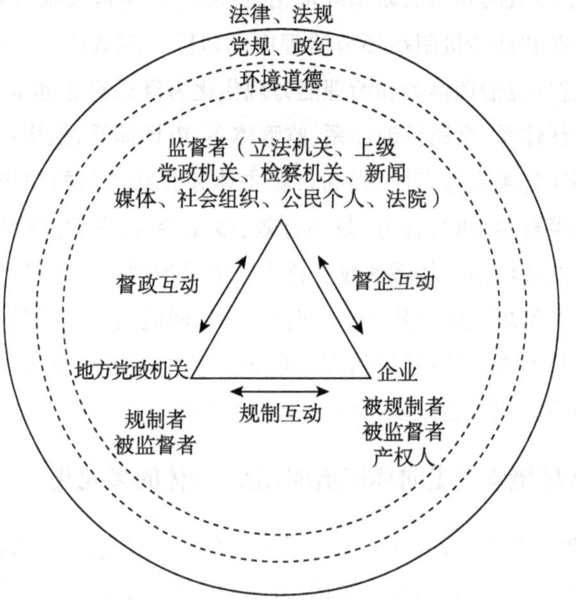

图 6-1　中国环境治理概念模型

(一)政府在环境治理中的主导地位

在传统的政府监管以及市场规制中,政府一直占据垄断性主导地位。治理体系的发展并不意味着政府的隐退或衰微。相反,治理体系更关注的是政府在环境治理过程中角色、介入边界、手段与程度的变化。政府的环境监管在环境治理体系中仍然具有核心地位,发挥基础性作用。政府的基础性作用突出地表现为环境法律法规的制定与执行、环境监管体制的改革与优化、环境信息公开、环境保护宣传教育、环境监察与环境执法、

---

[1] 参见王曦:《中国环境治理概念模型:一个新范式工具》,载《环境保护》2020 年第 Z2 期。

落实环境法律责任以及为企业、社会组织和公众参与环境治理提供相应的制度设计与安排等。[1] 首先，在环境治理体系中，基于科层体制的权威治理在一定程度上需要强化，从而避免多元主体参与带来的耗散、低效与失序。[2] 但是这种强化并非通过对抗性、垄断性的单方干预来实现，而是通过制定科学合理的环境法律、严格的环境执法来提高自身权威的可接受性与可信度来实现。其次，无论何种环境治理的形态，政府必须担负起确保任务完成以及维持品质与功能性的责任。[3] 作为环境资源事务的受托人，政府是保护环境公共利益的监督者、最终担保者与责任人，因此需要对企业以及社会各主体的自我规制或合作治理等机制进行把关或兜底，以确保这些方式或手段不会损害环境公共利益。最后，政府进行环境监管的领域、手段与程度均需要进行调整，从单向的命令—控制模式转向合作、引导、激励等手段，以激发市场主体与社会主体对环境公共利益的考量与关注。例如，在排污权交易这一市场机制中，政府仍有义务确定排污配额的数量、分配规则并维持交易秩序。但政府也应尊重市场的内在规律，不应干预交易价格的形成。又如，在政府与企业签订自愿环境协议时，政府应积极转换身份，从拥有权威的公权力实施者变为与企业具有一定平等地位，为企业提供一定的引导或服务，以及需要接受协议约束的主体。

当前政府主导环境治理的关键问题是尚未合理区分可以直接干预的领域或事项。对于一些可以市场规制或社会规制的事项，政府却错误地实施了政府规制。而对于很多需要政府规制的事项，却出现规制不足的现象。例如，在生态环境损害赔偿的问题上，我国《环境保护法》《民事诉讼法》等法律已明确规定环保组织可以针对环境污染与生态破坏提起环境公益诉讼。在此基础上，我国还通过制定相关政策与司法解释，进一步赋予省级、市地级人民政府作为赔偿权利人可以针对违法企业提起生态

---

〔1〕 参见詹国彬、陈健鹏：《走向环境治理的多元共治模式：现实挑战与路径选择》，载《政治学研究》2020 年第 2 期。

〔2〕 参见詹国彬、陈健鹏：《走向环境治理的多元共治模式：现实挑战与路径选择》，载《政治学研究》2020 年第 2 期。

〔3〕 参见高秦伟：《社会自我规制与行政法的任务》，载《中国法学》2015 年第 5 期。

损害赔偿诉讼的权利。这一制度创新虽强化了政府环境治理责任,但在实践中可能导致行政权与司法权的关系错位,与环境民事公益诉讼形成制度张力,也挤压了社会组织参与环境治理的空间。相反,在实现"碳达峰""碳中和"目标以应对气候变化这一问题上,政府却表现出明显的规制不足。我国的碳减排主要依赖于碳排放交易这一市场机制,然而碳交易的运行依赖于两个重要前提:其一,企业具有控制碳排放的法律义务;其二,政府对碳排放总量的确定以及配额的分配。对于这两个问题,我国尚未有法律作出明确规定,导致了碳交易市场运行的基本前提与规则的缺失。因此,在转向环境治理时,需要充分讨论与梳理环境治理事务中政府干预的原则、领域与空间。本书提出以下粗浅的判断原则:(1)与环境公共利益的直接关联性;(2)市场主体的数量以及竞争的成熟度;(3)环境事务的专业性程度;(4)环境风险的大小;(5)政府直接进行环境监管的后果。此部分内容将在第七章进行详细分析。

(二)企业在环境治理中的主体地位

在传统以政府公权力为主导的政府监管模式下,企业往往被视为造成生态环境恶化的罪魁祸首,而环境监管的使命便是由作为环境治理唯一主体的政府制定严格的环境法律和环境标准,通过具有惩罚性和威慑性的法律责任机制对企业的排污行为进行规制。政府与企业长期处于一种紧张的对抗关系之中,忽略了企业作为市场主体可能会基于自身的发展需求和利益诉求,积极主动地采取环境治理的措施。[1] 因此,在转向环境治理模式时,需要认识到,企业是集"主体"与"客体"于一身的关系主体,既可以作为被规制客体成为政府规制的对象,也可以作为主体主动成为环境规制的独立主体。奥斯特罗姆教授在其代表性著作《公共事物的治理之道》一书中指出:"自主组织和治理公共事务制度创新,为面临'公地选择悲剧'的人们,开辟了新的途径,为避免公共事务退化、保护公共事务、可持续利用公共事务,从而增进人类的集体福利提供了自主治理

〔1〕 参见吕梦醒:《现代环境治理体系中企业环境责任制度的构建》,载《荆楚法学》2023年第2期。

的制度基础。"[1]根据这一理论,企业可以从传统的受管制者、受规制者和被动守法者向积极参与者、自我规制者和主动守法者等角色转变。[2]企业的这种内在的独立性和主动性,意味着企业可以基于自身利益主动承担企业环境治理的主体责任,采取一定的经济、技术、社会的可行措施,最大限度地实施清洁生产和减少污染物排放。[3]

从守法动机理论的角度分析,企业自觉或自愿遵守法律法规甚至采取超越基本法律要求的自愿行为往往基于三种动机:(1)经济性动机。经济动机理论假设企业是追求利润最大化的理性行为者,只有在符合企业最佳经济利益的情况下才会守法。[4] 如果违法的预期收益超过制裁的预期成本,企业就会选择违法。违法的成本通常等于违法行为被发现的概率乘以制裁的严重程度。[5] (2)规范性动机。这一理论假设企业是遵纪守法的行为者,它们遵守法律不是出于对法律制裁的恐惧,而是出于一种遵守法律的道德责任感。[6] 企业认为,一个经由合法和正当程序制定出来的法律就应该被遵守。[7] 换句话说,企业守法来自企业对法律的实质和程序以及执行法律的政府权威的内化道德判断。[8] (3)社会性动机。对这一动机的分析基于这样一个前提:企业是社会行为者,它们遵

---

[1] [美]埃莉诺·奥斯特罗姆:《公共事物的治理之道:集体行动制度的演进》,余逊达、陈旭东译,上海译文出版社2012年版,第10页。

[2] 参见梁甜甜:《多元环境治理体系中政府和企业的主体定位及其功能——以利益均衡为视角》,载《当代法学》2018年第5期。

[3] 参见王清军:《自我规制与环境法的实施》,载《西南政法大学学报》2017年第1期。

[4] See Gary S. Becker, *Crime and Punishment: An Economic Approach*, 76 Journal of Political Economy 169(1968).

[5] See Gary S. Becker, *Crime and Punishment: An Economic Approach*, 76 Journal of Political Economy 169(1968).

[6] See Tom R. Tyler & John M. Darley, *Building a Law-abiding Society: Taking Public Views about Morality and the Legitimacy of Legal Authorities into Account when Formulating Substantive Law*, 28 Hofstra Law Review 707(2000).

[7] See Timothy F. Malloy, *Regulation, Compliance and the Firm*, 76 Temple Law Review 451(2003).

[8] See Vibeke Lehmann Nielsen & Christine Parker, *Mixed Motives: Economic, Social, and Normative Motivations in Business Compliance*, 34 Law and Policy 428(2012).

守法规是为了赢得与它们有重要互动的其他人的尊重和认可,这些人包括其他被监管者、行业协会、消费者、利益相关者和相关公众。[1] 这些守法动机并不是相互排斥的,一个企业在不同的阶段可能有多种或混合的守法动机。[2] 在此基础上,企业作为环境治理体系中的积极参与者、自我规制者和主动守法者,其内在动机既有可能源于法律强制性规定以及相应惩罚措施的被动自愿,也有可能来自企业基于对法律的道德性认知以及追求社会评价或声誉的主动自愿。无论基于何种动机,企业以上角色的转变都是企业承担其环境治理主体责任的重要表现。

(三)社会公众及环保组织在环境治理中的参与权利

在环境治理结构中,公众及社会组织的参与具有极其重要的意义。承认作为委托人的公众特定的参与权利也是环境公共信托理论的题中之义。第一,鉴于环境问题的特点,公众参与通过提供信息与表达利益诉求,可以提高政府环境决策的民主性和科学性。第二,在一个合法且正当的公众参与程序中,公众意见可以得到充分表达,无论政府最终是否采纳了公众意见,都可以在一定程度上避免邻避运动或群体性事件。第三,作为一种社会力量,公众参与可以对政府与企业进行监督,对抗政府的规制俘获与企业对环境利益的忽略,促使其依法履职与遵守环境法的规定。第四,环保组织可以代表环境公共利益针对政府不作为或违法作为,或针对企业的违法行为提起环境公益诉讼,成为保护环境公共利益不可缺少的力量。真正的公众参与是通过建立利害关系人的理性对话机制来实现的,而这必然需要以赋予公众参与权利为基本前提。公众是一个范围相当广的概念范畴,因此需要对其参与权利进行类型化区分,根据不同的权利类型完善不同的参与程序。同时,在我国当前的公众参与制度设计中缺乏代表环境公共利益的主体与参与机制,因此需要建立公共利益的代表机制。

---

[1] See Søren C. Winter & Peter J. May, *Motivation for Compliance with Environmental Regulations*, 20 Journal of Policy Analysis and Management 675(2001).

[2] See Vibeke Lehmann Nielsen & Christine Parker, *Testing Responsive Regulation in Regulatory Enforcement*, 3 Regulation & Governance 376(2009).

1. 公众参与权利的类型化区分

美国法院在运用公共信托原则进行审判时确立了对政府行为的严格审查标准，其中之一便是要求政府部门允许行政决定程序中有广泛的利害相关人有效参与。公众参与是环境公共信托理论的必然要求，[1]也可以有效制约私主体与政府违法处置信托财产与信托利益的行为。围绕环境公共利益的实现这一核心目的，一方面，需要确立环境利益的法律保护地位，以扩大利害关系人的范围；另一方面，需要确立环境公共利益的代表机制，以保障不具有利害关系的公众或组织能充分代表公共利益参与决策。现代行政过程往往涉及多元的利益冲突，因此公众参与的程序设计是实现利益的协调与平衡，进而实现行政合法性的重要因素。从某种意义上说，公众参与就是对政府行政行为的一种监督。作为规范环境公众参与的国际公约《奥胡斯公约》规定了公众环境参与的三项具体权利：环境知情权、环境参与权、诉诸司法救济的权利。我国《环境保护法》第五章以专章形式规定了信息公开与公众参与，其中第 53 条明确规定了公众在环境保护中享有知情权、参与权和监督权。对于知情权的规定，我国立法与《奥胡斯公约》相差不大，不同主体的知情权亦无实质差别，均指公民有权获得政府和企业的环境信息。但是参与权和监督权的规定则较为不同，不同主体之间的权利差异亦十分明显。首先，《环境保护法》第 56 条规定参与权时，仅规定了环评中"受影响公众"的参与权，这一参与权本质上仍然是基于传统私益的公众参与，其救济仍需诉诸《行政诉讼法》的相关规定。其次，参与权的核心内容包括参加行政程序的权利、表达意见的权利、意见被慎重考虑的权利。但是我国《环境保护法》并未对这些权利内容以及其他领域的参与情形作出详细规定。再次，《环境保护法》第 57 条规定的公众对行政机关和企业违法行为的监督是通过规定举报权来实现的，而举报权行使的主体范围则极为广泛，任何单位和个人都享有检举和控告的权利。然而，这却不是一项可以通过诉诸司法进行监督或者对违反知情权和参与权进行救济的权利。最后，第 58 条所规定的环保组织可以提起环境公益诉讼的权利也并非基于对环保组织知情权与参与权的

[1] 参见侯宇：《美国公共信托理论的形成与发展》，载《中外法学》2009 年第 4 期。

监督,而是对污染企业损害环境公共利益的起诉权。

解读这一看似矛盾的规定的关键在于认识到公众本身是一个充满着利益区分和冲突的复杂构成,而不是一个单一的利益共同体。根据利益主体的性质,可以大致分为个人利益、可分的特定多数利益、不可分的特定多数利益(共同享有、集合性/集团性),以及不特定、不可分的公益等类型。[1] 因此,有必要对"公众"进行内部划分。根据其与行政行为的关系,可以简单划分为"有利害关系的公众"和"无利害关系的公众"两种不同的类型。二者在权利主体、权利内容、实施机制、救济制度等方面都有着本质区别。[2] 有利害关系的公众主要是基于自身的人身和财产权益等私益参与环境行政决策,享有行政正当程序的相关权利,并且享有实体法上的请求权。[3] 例如,《行政许可法》明确规定行政许可作出前行政机关应当告知利害关系人享有听证权。而利害关系人可以申请撤销违反法定程序作出的行政许可决定。[4] 而无利害关系的公众基于对环境公共事务的关注,代表公共利益参与环境行政决策,因此此种可以代表公共利益的权利主体的范围、权利内容和救济方式需要法律的明确授权。同时,这种非利害关系人的参与权利需要有法律规定的程序制约,保证其既能有效参与又不会随意参与,以实现公众参与与行政效能的平衡。[5] 2018 年修订的《环境影响评价公众参与办法》规定"建设单位应当依法听取环境影响评价范围内的公民、法人和其他组织的意见,鼓励建设单位听取环境影响评价范围之外的公民、法人和其他组织的意见"。可见,我国在立法中已经开始尝试区分有利害关系的公众参与和无利害关系的公众

---

〔1〕 参见林倖如:《多边行政法律关系——论第三人利益之认识及其程序法上之地位》,载台湾行政法学会主编:《行政法学作为调控科学》,台北,元照出版有限公司 2018 年版,第 257 页。

〔2〕 参见徐以祥:《公众参与权利的二元性区分——以环境行政公众参与法律规范为分析对象》,载《中南大学学报(社会科学版)》2018 年第 2 期。

〔3〕 参见徐以祥:《公众参与权利的二元性区分——以环境行政公众参与法律规范为分析对象》,载《中南大学学报(社会科学版)》2018 年第 2 期。

〔4〕 参见《行政许可法》第 47、48、69 条。

〔5〕 参见徐以祥:《公众参与权利的二元性区分——以环境行政公众参与法律规范为分析对象》,载《中南大学学报(社会科学版)》2018 年第 2 期。

参与,只不过尚未对具体的参与权利与参与程序的差异进行规定。

2. 建立环境公共利益的代表机制

在认识到不同公众群体的利益差异之后,接下来的问题便是,到底谁可以代表环境公共利益参与环境行政决定,制衡行政机关的权力?受建设项目影响的公众或居民可能具有一定的捍卫环境公共利益的动力,因为其环境利益和人身财产等私益受保护的程度严重依赖于环境公共利益受保护的程度。但是建设项目对环境利益和人身财产等私益的影响可能是潜在和累积性的,并不易被公众所察觉。相反,建设项目附近的居民有可能因为经济利益或短暂的经济性好处而被项目开发商"俘获"。例如,在怒江水电项目环评中,一些受影响的公众为了换取更高的征地价格和移民补偿,在公众参与过程中支持水电站项目的建设。[1] 同时,实践也证明,这种同时承载私益和公益诉求的公众参与并不必然导致理性的结果,也不必然增进公共利益。[2] 公众出于对环境风险的恐慌、对政府决策的不信任以及对污染企业的反感常会产生不理性的邻避运动或群体性事件,进而迫使政府作出不利于公共利益保护的决策。

我国最高人民检察院发布的司法解释认同检察机关可以作为公益起诉人提起公益诉讼,但是根据我国宪法和法律的规定,检察机关作为司法机关,其主要职责是提起刑事公诉。因此,检察机关作为法律监督机关,主要职责是对其他司法机关适用法律的行为和行政机关的执法行为进行监督。除此之外,符合特定条件的环保组织被《环境保护法》明确授予了提起环境民事公益诉讼的原告资格,也可以代表环境公共利益。环保组织代表环境公共利益具有一定的正当性。环境公共利益是多主体或多群体利益、多层次利益的组合,会涉及不同代表利益的冲突,因此环保组织的参与有利于各种利益的充分表达,也能够纠正单纯依靠行政机关的形

[1] 参见曲奇、建刚:《守护怒江的力量》,载新浪网,https://finance.sina.com.cn/roll/20040722/1303891956.shtml。

[2] 参见陈海嵩:《环境保护权利话语的反思——兼论中国环境法的转型》,载《法商研究》2015 年第 2 期。

式在保护公共利益方面的缺陷或不足。[1] 从建立社会监督机制的角度出发，建立环保组织作为公益代表人的机制具有可行性。

相比分散的以及利益具有冲突性的利害关系人，以单纯维护环境公共利益为目标的环境保护组织在代表公益上具有一定的优势。一方面，环保组织因其专业性和组织性，可以克服因单个公民个体的分散性和非专业性带来的参与缺陷。另一方面，赋予环保组织基于保护环境公共利益的起诉权，可以更有效地监督行政机关。在前述怒江事件中，"绿色流域"等环保组织为维护怒江生态而坚持不懈地抗争，最终迫使怒江工程停工。[2] 也正是基于环保组织的种种优势，我国《环境保护法》第 58 条规定了符合特定条件的环保组织针对污染环境、破坏生态、损害社会公共利益的行为提起诉讼的权利。从公众参与的本质以及《环境保护法》第五章规定的逻辑来看，这里的环境公益起诉权应当理解为对政府和企业违法行为的起诉权。然而，出于对环保公益诉讼制度设计的审慎考量等原因，随后颁布的最高人民法院《关于审理环境民事公诉讼案件适用法律若干问题的解释》将《环境保护法》第 58 条限制为仅针对污染环境和破坏生态的私主体行为，即排除了环保组织通过提起行政公益诉讼对政府行政行为进行监督的权利。在前文分析环境行政公益诉讼时，笔者已经提到应放宽诉讼资格，打破检察机关对于环境行政公益诉讼的垄断性起诉权，赋予环保组织起诉资格，此处不再赘述。

在规定环保组织环境公共利益代表人之前，应当在立法中首先明确其信息知情权与参与权。这是监督政府行政行为，避免行政机关作出损害环境公共利益决定的预防性权利。依据我国《社会团体登记管理条例》的规定，我国环保组织实施属地化管理和竞争性原则。也就是说，环保组织原则上在所登记的行政区域内从事环境保护活动，并且一个行政区域内只能有一个环保组织。当然，这种对环保组织设立和运行的严格限制对环境公共利益的实现形成了制约，但是从侧面也为行政机关作出行政

---

[1] 参见胡静：《环保组织提起的公益诉讼之功能定位——兼评我国环境公益诉讼的司法解释》，载《法学评论》2016 年第 4 期。

[2] 参见唐建光：《怒江大坝工程暂缓背后的民间力量》，载新浪网，https://news.sina.com.cn/c/2004-05-20/15043285303.shtml。

决定时向环保组织披露相关信息以及开展公众参与提供了可能性。环保组织代表的环境公共利益、利害关系人代表的人身和财产私益以及自身的环境利益以及建设项目的经济利益之间,势必存在诸多冲突和矛盾,但只有充分地参与、平等地对话,才能实现利益的平衡。

三、从环境监管走向环境治理:治理工具的多元化

随着环境问题复杂性的增加和绿色商业的兴起,规制者试图避免直接干预企业的环境行为,转而通过信息、程序、授权、商谈、合作等相对间接和抽象的方式促进企业形成提升环境表现的内部反思结构。[1] 具体而言,在传统行政管制与市场机制之外,出现了大量以环境信息披露、内部环境管理、第三方治理、环保协议、协商制定规则等为代表的第三代环境规制(或治理)工具。[2] 这些不同的规制与治理工具意味着不同的规制与治理规则。科林·戴夫提出用透明性(transparency)、可及性(accessibility)和一致性(congruence)三个维度来分析不同的规制规则。[3] 这对我们分析、评价不同规制工具具有一定的参考意义。同时,这些新型规制工具对政府的行政功能、权力结构、规制方式和责任机制提出了深刻的挑战,其广泛适用也需要具备特定的社会、制度和法律环境,[4]因此,不同的治理工具可能需要法律与政府予以不同改革或回应。每种规制工具都有其优势与问题,规制目标的实现往往不能依靠单一的规制或治理工具,而需要多种工具的综合和协调。有学者提出智慧规制(smart regulation)的理念,即要讨论如何更好地综合利用政府、市场以及社会的力量以更有效地实现所设定的治理目标。[5] 例如,在可行的范围内,优先选择需要较少政府干预的治理工具;根据规制反应和结果来建立

---

〔1〕 参见谭冰霖:《论第三代环境规制》,载《现代法学》2018年第1期。

〔2〕 参见谭冰霖:《论第三代环境规制》,载《现代法学》2018年第1期。

〔3〕 See Colin S. Diver, *The Optimal Prescision of Administrative Rules*, 93 Yale Law Journal 65(1983).

〔4〕 参见谭冰霖:《论第三代环境规制》,载《现代法学》2018年第1期。

〔5〕 See Neil Gunningham, *Environment Law, Regulation and Governance: Shifting Architectures*, 21 Journal of Environmental Law 179(2009).

一个金字塔式的工具选择。[1] 但无论如何进行工具选择或组合，都需要排除对特定规制工具的偏好或偏见，考虑政府的规制能力、工具本身的能力以及制度实施等因素，以实现规制选择的最优化。[2]

从环境监管到环境治理的转型，本质上是政府干预方式的变迁，因此，下文将依据政府在环境治理工具中的干预程度来逐个分析主要的几种治理工具。政府的信用信息工具是环境治理中政府干预程度较重的治理工具，政府会基于信用信息的分类采取分别监管措施或者进行联合奖惩，也可以利用信用信息的共享实现对市场或社会主体的间接规制。政府与企业合作治理，以及政府、企业与社会合作治理两种治理工具中政府的干预程度变弱，多通过授权、协商以及合作等方式实现治理目标。在企业自我规制与私人规制中政府的干预程度最弱，主要发挥规则制定者与担保者的角色，而治理目标的实现则依赖市场与社会主体。事实上，环境污染税费与资源税费、排污权交易、环境保险以及生态补偿等经济激励型规制手段也是一种常见的规制手段，但由于其在现有文献中讨论较多，此处不再赘述。

（一）信用与信息工具

信用是一个内涵非常丰富的词汇，可以用于多个场景与领域，例如，作为市场信用工具的个人/企业贷款信用、作为司法信用工具（如法院发布的“失信被执行人名单”）、作为个人品格可依赖性的道德品格、作为法律原则的诚实信用，以及作为政府利用公民、法人和其他组织的公共信息进行规制与治理的工具。[3] 政府规制与治理中的信用工具，即政府在履职过程中，通过具有权威性、可量化、可公开的信息对特定主体的守法或履约表现进行记录、评价、分类、公开与管理，以达到特定的治理目标。[4] 政府作为信用工具的主要主体，往往通过信用信息的分类与共享公开进

[1] See Neil Gunningham, *Environment Law*, *Regulation and Governance*: *Shifting Architectures*, 21 Journal of Environmental Law 179(2009).

[2] 参见应飞虎：《规制工具的选择与运用》，载《法学论坛》2011 年第 2 期。

[3] 参见王瑞雪：《政府规制中的信用工具研究》，载《中国法学》2017 年第 4 期。

[4] 参见王瑞雪：《政府规制中的信用工具研究》，载《中国法学》2017 年第 4 期。

行分类监管与联合惩戒，因此其本质上仍然是一种政府主导的监管工具。通过对企业或其他组织纷繁复杂的信息进行归类以及符号化，信用工具可以简化与优化监管过程，为政府高效监管奠定信息基础，也为社会主体、市场主体和广泛公众拥有更大的自主选择权提供信息支持。[1] 同时，信用信息在不同部门或机构之间的共享也可以连接不同的监管主体（如环境信用在环境部门、税务部门以及发展改革部门之间的共享可以促进不同监管主体的联动）与治理主体（如政府监管部门、行业组织、银行、证券等金融机构），促进多元治理工具（前述主体会根据信用采用不同的应对策略，如环境监管部门会进行分类监管、税务部门可能会减免税收、发展改革部门可能会优先审批或不予审批、行业协会可能会有内部联合奖惩等）的综合性使用。信用信息也可以促使被评价的企业或组织积极提高自身环境守法状况或环境管理水平。其虽然并不直接产生、变更或消灭企业的权利和义务，但是通过分类监管与联合惩戒，信用信息可以极大影响企业的形象声誉、经济机遇以及利益结构，进而促使企业积极调整自身环境表现。[2]

我国环境法已经对信用工具作出了很多有价值的规定。《环境保护法》第 54 条规定，“县级以上地方人民政府环境保护主管部门和其他负有环境保护监督管理职责的部门，应当将企业事业单位和其他生产经营者的环境违法信息记入社会诚信档案，及时向社会公布违法者名单”。《环境影响评价法》在允许建设单位自己进行环评文件编制的同时规定了环评信用作为规制工具，将环评编制单位与编制人员的相关违法信息记入社会诚信档案，并纳入全国信用信息共享平台和国家企业信用信息公示系统向社会公布。原环境保护部在 2014 年发布了《企业环境信用等级评价办法》，根据企业的环境表现，分为环保诚信企业、环保良好企业、环保警示企业、环保不良企业四个等级，依次以绿牌、蓝牌、黄牌、红牌表示。同时，这些评价结果在同级发展改革、国有资产监管、商务、人民银行等有关主管部门，银行、证券、保险监管机构，监察机关及其他有关机构以及有

---

〔1〕 参见［美］卡斯·桑斯坦：《简化：政府的未来》，陈丽芳译，中信出版社 2015 年版，第 xix 页。

〔2〕 参见谭冰霖：《论第三代环境规制》，载《现代法学》2018 年第 1 期。

关工会组织、有关行业协会之间共享。更进一步地，企业的环境信用会直接影响其能否纳入政府采购目录与补贴名录、是否符合银行业金融机构的贷款条件，影响企业的环境污染责任保险费率以及行业组织内部的奖惩结果等。这些影响成为环评的最强“杀伤力”所在。除此之外，2019 年国家发改委发布《关于引入第三方信用服务机构协同参与多领域及特定领域行业信用建设和信用监管工作的函》，要求充分发挥专业化信用服务机构在信用建设和监管中的积极作用，推动行业信用评价市场化。

然而，信用工具在简化信息，提高环境监管效率方面的优势也恰恰是其缺点。企业的环境表现是一个受多种因素影响的复杂行为综合体，简单地进行环保诚信、良好、警示以及不良的等级划分并不能有针对性地反映企业在履行环境义务中的问题。例如，《企业环境信用等级评价办法》是对企业在污染防治、生态保护、环境监理、社会监督四个方面共 21 项具体信息的总结分析，如果一个企业在环评方面存在违法行为，但在信息公开、自行监测、环境内部管理、生态保护等其他方面表现良好，那么无论是将其认定为环保良好企业还是警示企业，都不能完整地概括该企业的环境守法表现，也不能为行政机关的执法监督或纠正违法行为提供有针对性的、准确的信息。这一进步涉及信用工具的适用条件或适用领域的问题。本书认为，环境信用工具并不能在所有的环境领域中适用，滥用这一工具，不仅无益于解决原本存在的监管难题，还会削弱企业的市场活力。

在法律为企业规定了明确的强制性义务以及法律责任的领域，应当优先适用传统行政监管手段。但在法律规定较为模糊或者与环境公共利益并不直接相关的问题（如清洁生产、自行检测、供应链管理等）上，以及相对人数量繁多、信息可量化程度高的监管领域，可以通过综合评价企业的环境表现给予其等级评价，进行分类管理，并在贷款、行业奖惩、政府采购、绿色债券发行等问题上充分考虑等级评价的结果。

正如前文所述，信用工具并不直接决定企业的权利或义务，但是会间接影响企业的各方面利益，因此不能被任意设定和实施。除以上提到的适用条件外，还必须有相应的法律依据、恰当的程序设置以及完善的救济机制。[1] 我国关于环境信用的法律依据中，法律层面虽有规定，但是内容较为笼统，只是简单规定进行信用管理或纳入信用平台，缺乏具体规则的规定。在具体规定方面，法律依据主要以规范性文件为主体，而规章以上的行政立法较少。但规范性文件可否直接设定信用等级这一间接影响企业权益的行为尚存在疑问。在程序控制与救济方面，也建议给予被评价主体陈述和申辩、听取公众意见、审核确定相对人等级、共享与公示行政评级结果、等级动态调整以及在权益被损害时进行司法救济的机会，等等。[2]

（二）政府与企业合作治理

政府与企业合作治理本质上是一种公私合作治理，是指国家不再单独、强制且垄断地处理相关事务，而是转变为政府与私部门共同行动、互相补充，从而完成公共任务、实现公共利益的一种模式。从主体看，可以包括政府与企业合作治理以及政府、企业与社会等多主体的合作治理。此部分主要以自愿性环境协议为例来分析政府与企业的合作治理。自愿环境协议又被称为“环境保护协议”或“环境行政协议”，是指政府与各方利益主体，如利害关系人、企业、群众性自治组织、行业协会以及社会公众等，为达到环境治理的具体目标而订立的协议。其中，政府与企业或行业协会订立协议的情形占绝大多数。自愿性环境协议本质上是一种合作治理手段，也是充分发挥企业污染治理主体作用进行自我规制的重要表现。在订立过程中，政府与单个企业或集体企业之间进行自愿沟通、协商，在不违背法律的强制性规定和不损害环境公共利益的前提下互相妥协、让步，达成合意，确立双方在解决某一环境问题中的权利义务关系，以实现特定的环境管理目标。[3] 其核心特征在于强调政府与企业身份平等、动态博弈以及共同行动，因而在根本上区别于传统行政监管模式中政府与

---

〔1〕 参见王瑞雪：《论行政评级及其法律控制》，载《法商研究》2018 年第 3 期。

〔2〕 参见王瑞雪：《论行政评级及其法律控制》，载《法商研究》2018 年第 3 期。

〔3〕 参见梁甜甜：《多元环境治理体系中政府和企业的主体定位及其功能——以利益均衡为视角》，载《当代法学》2018 年第 5 期。

企业的对立关系。[1] 相比于传统的环境监管,环境行政协议的优势在于“构建性强和遵从度高,是政府平等合意行为与排污企业内部自律行为的有机统一,意在达成公私主体间的协商合作,实现政府的‘组织瘦身’、‘成本削减’与‘规制缓和’,将排污企业的‘竞争性’、‘实验性’和‘多样性’等因素导入实现环境公益的过程,以便更好地促进环境治理事业的发展。”[2]

自愿性环境协议在美国、欧盟与日本得到较广泛的使用,覆盖了多个领域,包括能源、工业、气候变化、废物管理和空气污染等。美国的环境补偿项目(supplemental environmental project)与日本的公害防止协定是较具典型性的代表。在美国,自愿性环境补偿项目作为针对违法行为的执法诉讼和解的一部分,是由违法者开展的为受影响的社区或环境提供切实的环境或公共健康效益的项目。该项目与正在解决的违法行为密切相关,但往往超出了联邦、州或地方法律的要求。包含环境补偿项目的和解协议一般会包含最终和解罚款,以保留和解的威慑价值。[3] 在日本,公害防止协定是指为了促进企业自主进行环境保护,在大企业集中的地区,以当地市或镇的申请为基础,县、市或町政府与主要企业签订的不受法律规制的协议。[4] 协定中一般会约定企业承担严于法律所规定的环境保护义务,如安装一定的公害防治设施、允许政府和居民进入现场检查、保障信息公开等,并由政府给予企业金融信贷等方面的政策优惠。[5]

我国当前环境立法中对自愿性环境协议的规定几乎空白,只在《清洁

---

〔1〕 参见梁甜甜:《多元环境治理体系中政府和企业的主体定位及其功能——以利益均衡为视角》,载《当代法学》2018 年第 5 期。

〔2〕 梁甜甜:《多元环境治理体系中政府和企业的主体定位及其功能——以利益均衡为视角》,载《当代法学》2018 年第 5 期。

〔3〕 See United States Environmental Protection Agency, *Supplemental Environmental Project*, EPA Gov. (May 9, 2024), https://www.epa.gov/enforcement/supplemental-environmental-projects-seps.

〔4〕 参见胡云红:《日本自愿式环境协议实施评析及对我国环境保护管理的启示》,载《河北师范大学学报(哲学社会科学版)》2012 年第 2 期。

〔5〕 参见黄海峰、葛林:《日本自愿性环境协议的实施及其对中国的启示》,载《现代日本经济》2014 年第 6 期。

生产促进法》与《节约能源法》中有笼统的模糊性规定。立法的缺乏与我国当前强制性行政管制的绝对主导地位不无关系。在推动这一新型环境治理手段的使用时,要注意的是自愿性环境协议的推行需要具备一定的制度与社会环境。根据域外经验,自愿性环境协议的有效实施一般需要满足以下几个关键因素:(1)应当有一个基本的环境法规执法与守法水平,包括企业能根据法律要求实现达标排放,政府环境行政部门依法严格执法;(2)企业需要足够的环境管理水平,以便能实施协议,并且要有足够的政策或经济诱因;(3)环境保护协议的内容应当是公开透明的,相关数据是可核查的,以避免规制俘获或腐败问题;(4)公众意识和对工业界的压力要足以改善环境表现。[1] 随着我国开展生态文明建设以来环境法治水平的提高,以上几个条件虽然还存在诸多问题,但是已经初步具备:环境法制已经趋于完善,管理体制改革也已展开,政府执法与企业守法水平都有大幅度提升;清洁生产、ISO 14001 环境管理体系、绿色供应链、环境标志等带有自愿性的环境管理工具在大型企业中得到广泛使用;企业环境信息公开成为常态,企业排放监测、报告、核查制度也不断通过立法予以规定和完善;公众与环保组织的环境意识与参与能力不断提升。因此,未来深入推行自愿性环境协议已经具备了相应的制度与社会条件。

事实上,早在 2003 年,在国家发改委的指导和美国能源基金会的支持下,山东省经贸委和济南钢铁集团总公司、莱芜钢铁集团有限公司签署了我国第一个自愿节能协议。此后,在政府的推动下,自愿环境协议在石油化工、钢铁、电力、水泥、机械等大耗能行业与企业之中得到一定程度的推广,成为实现政府节能减排目标甚至落实政府能源政策的重要工具。近几年,自愿性环境协议也逐渐往污染防治领域拓展。例如,自 1994 年制定后经历多次修订的《上海市环境保护条例》第 44 条也规定了环境污染防治协议制度,明确在特殊的情形下,生态环境部门可以与相关排污单位签订污染防治协议。但是,通过实践,自愿性环境协议也暴露出了一些不足,例如,其运用范围较为狭窄,主要是自愿性节能减排协议。除此之

---

[1] 参见王勇:《自愿性环境协议在我国应用之可行性研究》,载《环境与发展》2016 年第 1 期。

外,更是存在着实施配套的监督与保障机制不健全、缺乏灵活的决策与运行机制及畅通的谈判机制、协议的公开度和透明度不够、缺乏协议执行的连续性信息披露、公众及环保组织的第三方监督作用无从发挥等问题。[1] 但其必然是在市场经济日益成熟、企业自主能力不断增强的背景下政府与企业合作模式的重要发展方向。

这些问题与我国当前环境监管中所呈现的问题高度相似,均涉及强制性责任与激励性机制的结合使用、信息公开与社会监督等问题。未来在推行自愿性环境协议时,首先,需要厘清其适用范围。自愿性环境协议的本质是"在未经许可的情况下试图以私法合同取代公法命令",[2] 因此,可能涉及增加、变通执行甚至替代当前已有立法规则的情况,故而无论是其适用领域还是协议内容均必须在职权法定与契约自治之间寻求妥适平衡。[3] 自愿性环境协议依赖于政府在特定环境问题上具有灵活的规制裁量权,依赖于政府与企业之间有畅通的信息沟通与谈判机制,因此其在政府与企业之间具有相对平等的对话空间、相对一致的环境目标或较低的"合谋"风险,在企业的强制性法律义务相对模糊、政府的监管权亦不明晰或有较大裁量权的领域具有较高的适用可行性,如提高能源使用效率、清洁生产与循环经济、超过环境标准的环境表现提升以及环保信息与技术共享等。[4] 那些尚未设置或难以设置强制性企业义务的领域,如削减温室气体排放,也可以实行自愿性环境协议。我国《清洁生产促进法》第 28 条规定,那些不需要实施强制性清洁生产审核的企业,"可以自愿与清洁生产综合协调部门和环境保护部门签订进一步节约资源、削减污染物排放量的协议"。《节约能源法》第 66 条也原则性地规定了国家可以采用节能自愿协议实现节约资源能源的目的。

其次,为了更好地促使企业主动参与并实施自愿性环境协议,应当包

---

[1] 参见王勇:《自愿性环境协议在我国应用之可行性研究》,载《环境与发展》2016 年第 1 期。

[2] See Richard B. Stewart, *A New Generation of Environmental Regulation*?, 29 Capital University Law Review 21(2001).

[3] 参见谭冰霖:《环境规制的反身法路向》,载《中外法学》2016 年第 6 期。

[4] 参见生延超:《环境规制的制度创新:自愿性环境协议》,载《华东经济管理》2008 年第 10 期。

含技术支持与资金激励的内容，并明确不履行协议或违反协议的后果或法律责任。《清洁生产促进法》中规定，实施自愿环境协议的，由县级以上人民政府给予资金支持。《节约能源法》也提出，国家要运用财税、价格等政策支持自愿性协议减排。同时，为了确保协议的履行，协议中亦应该规定不能履行协议或未能完成协议目标时的不利后果，在一些环境协议中，不履行协议可能只是失去一定的资金支持或补贴，但是在另外一些环境协议中，不履行协议或违反协议可能会产生受到行政处罚的不利法律后果。需要注意的是，自愿性环境协议不能违反法律的禁止性规定或者豁免企业的强制性法律义务，否则将构成对基本环境法治的破坏。为了避免企业与政府损害环境公共利益的"合谋"或者政府被规制俘获，环境协议的制定过程应当广泛吸收公民、法人、行业协会、第三方机构以及包括环保组织在内的社会组织等主体参与。自愿性环境协议应当向社会公开，接受社会监督。

（三）政府、企业与社会合作治理

政府、企业与社会的合作治理即环境治理的公私协作。环境公私协作，是指以对环境污染的治理、生态环境的修复，以及环境公共产品、公共服务供给为目的，在公共部门与私人部门（包括企业等市场主体与社会组织、社会公众或公民个人等社会主体）之间所形成的责任共担、风险分担、互利互倚的合作关系。[1] 环境保护的公私协作是契约行政发展的产物，也是实现环境保护从政府管制到公共治理转型的一种重要工具。环境公私协作模式下，政府必须加强同私人部门的合作、协调与互动，通过让渡部分环境规制权力给私人部门，将部分环境治理任务市场化；通过引入市场竞争机制刺激环境公共服务的优化，以充分利用社会资源、社会资本的优势来补充环境治理任务的履行及环境公共服务、环境公共产品的供给。[2] 政府可以在一定的限度内将规制权力委托或授权给具备特定技

〔1〕 参见吴隽雅：《论环境公私协作的法律规制》，载《南京工业大学学报（社会科学版）》2016年第2期。

〔2〕 参见吴隽雅：《论环境公私协作的法律规制》，载《南京工业大学学报（社会科学版）》2016年第2期。

术、能力或资质的社会第三方主体,由其对企业的环境行为、数据或资质进行认可或确认。此外,第三方主体也可以接受企业委托提供特定的技术服务,或进行环评,环境污染治理以及生态环境修复等技术活动。第三方主体的介入意味着需要将原本由政府独占的规制权限分享给私人主体,将原本由企业亲力亲为的环境义务通过购买服务的方式进行部分转移。这种治理工具改变了政府与企业之间单一的权力—义务结构,以具有独立地位的市场主体为杠杆,缓解了政府的规制压力与企业的守法困境,是一种政府、企业与社会合作治理或公私协作的典范。从某种意义上讲,第三方参与治理一定是市场竞争充分以及社会评价成熟的产物。这一合作治理的具体形式可以包括第三方认证、第三方核查、第三方检测与评估以及第三方治理。

第三方认证,是指由企业自愿委托依法设立的第三方认证机构对企业是否符合超越法定要求的某项环保标准进行评估,规制者对评估结果予以采信和承认,并允许企业在市场活动和社会活动中使用认证标志。[1] 例如,ISO 14001 环境管理体系标准是一种标准化、系统化、科学化的环境管理体系。企业通过该管理体系的认证不仅可以提高自身环境管理水平,还可以将之作为一种信号机制向各利益相关者传递某种积极的、可以信赖的信号。这种积极的信号有助于利益相关者与企业之间更容易地达成交易,从而提高交易效率,降低交易成本。[2] 又如,碳中和认证是一种由第三方机构开展的评估和认证过程,用于确认企业、组织、项目或产品已经采取了适当的节能减排措施来减少温室气体排放,并通过碳抵消项目(如植树造林、购买碳汇、CCER 等)来平衡其剩余的碳排放,从而达到碳中和的状态。这一认证在满足供应链和相关政策法规要求的同时,还可提升企业的市场影响力和社会声誉。

第三方核查,是指由第三方机构对被规制者是否遵守法律法规的要求进行审核或检查,并向规制者提供专家意见或核查数据,由规制者根据

[1] 参见谭冰霖:《环境规制的反身法路向》,载《中外法学》2016 年第 6 期。
[2] 参见张兆国、张弛、曹丹婷:《企业环境管理体系认证有效吗》,载《南开管理评论》2019 年第 4 期。

核查结果进行相应的监督与处罚。[1] 核查的内容一般是企业需要履行的法律义务，因此如果产生数据不实或造假问题，企业与接受委托的第三方机构都应当承担相应的法律责任。第三方核查在企业污染物排放与温室气体排放领域使用得较为普遍。例如，《碳排放权交易管理暂行条例》第12条规定了省级人民政府生态环境主管部门应当对重点排放单位报送的年度排放报告进行核查，确认其温室气体实际排放量。但同时也规定"省级人民政府生态环境主管部门可以通过政府购买服务等方式，委托依法设立的技术服务机构对年度排放报告进行技术审核。重点排放单位应当配合技术服务机构开展技术审核工作，如实提供有关数据和资料"。核查机构需要对其出具的技术核查意见承担相应责任，不得篡改、伪造数据资料，不得使用虚假的数据资料或者实施其他弄虚作假行为。违反者将承担相应法律责任。

第三方监测与评估，是指企业自愿利用第三方主体的技术力量与专业知识为政府或企业提供服务。典型例证如环境监测机构的监测与环评机构的评估。对所排放的污染物以及对建设项目所产生的环境影响进行评估本是法律规定的一种企业义务。但随着环境问题的复杂化以及相应技术要求的提高，现行法律允许企业通过购买第三方技术服务的方式对其污染物排放进行监测，或对其产生的环境影响进行评估。《水污染防治法》第100条规定，"因水污染引起的损害赔偿责任和赔偿金额的纠纷，当事人可以委托环境监测机构提供监测数据。环境监测机构应当接受委托，如实提供有关监测数据"。《环境影响评价法》第19、20条规定，建设单位可以委托技术单位对其建设项目开展环评。接受委托编制环评文件的技术单位对所编制的文件负相应责任。

第三方治理，是指政府责令或允许承担一定环境治理责任的企业通过付费方式委托专业环境服务机构代为环境治理。责令代为治理在性质上类似于行政强制执行中的代履行，一般适用于企业不履行其治理责任的情形。例如，依据《水污染防治法》第85、88、94条的规定，企业违法向环境中排放污染物或造成水污染事故的，应当限期采取治理措施，消除污

[1] 参见谭冰霖：《环境规制的反身法路向》，载《中外法学》2016年第6期。

染。“逾期不采取治理措施的，环境保护主管部门可以指定有治理能力的单位代为治理，所需费用由违法者承担。”《水土保持法》第 55 条和第 56 条规定，违反了法律规定，被责令限期清理或治理，但是违法企业逾期仍不清理或治理的，县级以上人民政府水行政主管部门可以指定有治理能力的单位代为清理或治理。这种形式的代为治理事实上是通过代履行制度为第三方参与环境公共利益保护提供了空间。允许代为治理则是现代社会污染物集约化、专业化处理的必然产物。例如，《水污染防治法》第 49 条规定，“城镇污水集中处理设施的运营单位按照国家规定向排污者提供污水处理的有偿服务，收取污水处理费用，保证污水集中处理设施的正常运行”。《循环经济促进法》第 11 条同样也规定政府可以委托有条件的行业协会等社会组织开展促进循环经济发展的公共服务。从以上规定可以看出，第三方主体既可以是社会主体也可以是市场主体。社会第三方治理更重视环境污染治理的社会性、公益性和公共性，强调社会组织的参与、协商、协调和合作。〔1〕 市场作为主体的第三方治理则更重视环境污染治理的专业性、技术性，强调专业治理机构与政府部门、污染企业之间的契约、协商、沟通与合作。〔2〕 2014 年，国务院出台《关于推行环境污染第三方治理的意见》，在规定相关方责任、规范合作关系、健全第三方治理市场等方面进行了初步探索。

正如前文所述，第三方独立主体的介入意味着政府规制权力的分享以及企业义务具体实施主体的变化，其参与治理的形式和运行机制并非完全凭其主观意志或者环境行政机关的自由裁量，需要有实体法上的规范渊源。〔3〕 因此，首先，法律需要对第三方参与治理的适用范围、程序、权限、责任形式等方面进行基本规定。其次，第三方参与治理是政府与市场、社会界限进行合理划分，市场充分竞争以及社会信誉高度发达的结果。我国当前多数第三方机构的独立性和专业性均受到质疑。例如，一

〔1〕 参见夏蜀：《规制第三方实施：理论溯源与经济治理现代化》，载《中国行政管理》2019 年第 6 期。

〔2〕 参见张锋：《我国协商型环境规制构造研究》，载《政治与法律》2019 年第 11 期。

〔3〕 参见杜辉：《论环境私主体治理的法治进路与制度建构》，载《华东政法大学学报》2016 年第 2 期。

些环评机构长期以来与一些环评审批部门有不正当利益关系,无法对建设项目的环境影响进行科学评估。所谓的第三方环境监测机构和技术核查机构也存在数据造假、篡改和伪造数据的情形。又如,企业会利用自愿认证的漏洞选择性披露环境信息,导致了"洗绿"(greenwashing)的问题。其本质是由信息不对称引发的市场失灵现象。这些都给政府、企业与第三方机构的合作治理带来了难题。因此,在第三方参与治理时需要继续促进市场的良性竞争,通过公开招标或竞争性谈判方式确定第三方主体,将服务能力与质量、运营方案、业绩信用、守法历史等列为招投标条件。通过市场充分竞争,淘汰业务能力差、恶意违法违规以及信用较低的第三方机构。最后,需要健全政府、投资者以及公众共同参与的监督制度。同时,第三方机构的准入、运行以及政府监管情况应向社会进行公开并接受社会的监督。

(四)企业自我规制

图依布纳的反身法理论(reflexive law)常被用来解释包括企业自我规制在内的社会自我规制。[1] 反身法理论认为,在功能分化的社会中,"法律体系只是一个自我指涉、自我复制的社会次级体系,它并不是倾向于直接介入其他的次级体系,而是通过提供程序上、组织上以及权限上的规范,促成其他社会体系实现民主的自我组织和自我规制。"[2]因此,反身法的主要功能在于通过促使社会系统积极地自我规制与学习,运用有效的内部控制结构,减少或降低单纯依靠外部控制失灵的风险,以实现国家公共任务或公共利益。根据这一理论,政府仍需为自我规制提供组织规范、程序规范、权限规范和沟通规范等方面的基本规定与支持,[3]具体包括为社会自我规制设定明确的、可控的目标;确认法治的基本内涵与要求,如权责对等、比例原则等;促使自我规制过程的公开与透明;保留政府

---

[1] See Gunther Teubner, *Substantive and Reflexive Elements in Modern Law*, 17 Law & Society Review 239(1983).

[2] 高秦伟:《社会自我规制与行政法的任务》,载《中国法学》2015 年第 5 期。

[3] 参见图依布纳、矫波:《现代法中的实质要素和反思要素》,载《北大法律评论》1999 年第 2 期。

公权力替代自我规制的可能性，特别当社会自我规制无法实现社会公益时。[1]

环境领域的自我规制要求将某些政府的环境监管职权委托或授权给企业实施，让企业在一定的条件下从一个被动的被规制者成为主动的自我规制者。作为一个自我规制者，企业并不是被动接受法律的约束，而是会基于对法律制裁的恐惧、对法律和执法权威的认可或出于社会责任，通过在法律框架内自行设定并实施环境标准，制定、修改与执行行为规则，完善内部管理制度（如自我审查、监测、认证、信息披露）等措施来进行自我约束，以最大限度地减少污染物排放，进行清洁生产，提升环境表现，从而实现环境保护的目标。首先，企业的自我规制意味着政府公权力干预的调整或退后，客观上减少了政府权力寻租或被利益集团规制俘获的可能性，也可以弥补环境法律法规的不足，在政府出现监管失灵时持续实现环境法的立法目的。其次，企业自我规制可以达到降低规制成本、优化环境治理的效果。由于企业拥有充分的信息，对自己的技术能力也有充足的认知，企业自我规制可以显著降低规则制定成本，降低政府规制中的信息、监督与执行的成本，提高自我规制的效率并推动创新。[2] 最后，企业往往会基于规避被监管风险、获取市场竞争优势或提升社会声誉的考虑而主动选择自我规制，其通过提升内部环境管理水平来回应政府规制、市场选择和社会评价的不同偏好。这样做，企业不仅可以获取来自规制机关在环保执法裁量、补贴政策、税收优惠等方面的诸多优待，还能增强自身的市场竞争力，并获得更好的社会认可度。[3]

自我规制的本质是政府利用市场主体或私人主体的自律性行为间接达成规制目的的手段，用以协助国家完成公共任务。[4] 因此，自我规制的方式以及政府介入自我规制的形态较为多样且处于不断发展变化之中。有域外学者对自我规制进行了更为细致的划分与分析。例如，玛格

[1] 参见高秦伟：《社会自我规制与行政法的任务》，载《中国法学》2015年第5期。

[2] 参见王清军：《自我规制与环境法的实施》，载《西南政法大学学报》2017年第1期。

[3] 参见杜辉：《论环境私主体治理的法治进路与制度建构》，载《华东政法大学学报》2016年第2期。

[4] 参见高秦伟：《社会自我规制与行政法的任务》，载《中国法学》2015年第5期。

特·普里斯特根据自我规制中政府的干预程度、规制权力的来源、公众参与的程度、负责的对象(向政府问责还是向企业问责)、规则的制定主体、制裁的主体与方式等十项标准将自我规制划分为五类:自愿型行为准则、法律型自我规制、企业主导型自我规制、被监督型自我规制以及规制型自我管理。[1] 乔迪·费里曼也以政府干预的程度将自我规制分为"被强制的自我规制"(mandatory self-regulation)与"自愿的自我规制"(voluntary self-regulation)。[2] 我国有学者将企业进行自我规制的方式划分为企业自我规制、行业自我规制和基于合同的自我规制。[3] 在环境治理领域,自我规制的典型例子如企业自行环境监测,自行信息公开,推动环境、社会和公司治理,内部环境管理,绿色供应链管理,自愿性环境协议等。其中,政府与企业之间签订的自愿性环境协议作为一种基于合同的自我规制,也是一种政府与企业之间的合作治理。在域外,欧盟的生态管理与审核体系(Ecological Management & Audit Scheme)与美国的国家环境表现跟踪计划(National Environmental Performance Track)都是企业自我规制的代表。

我国环境法律对企业自我规制也多有探索,如《环境保护法》第 42 条规定了企业环境保护责任制度,以及企业自行环境监测;第 47 条规定了企业应当制定"突发环境事件应急预案"。《环境影响评价法》第 19 条允许建设单位自行对建设项目开展环评,并要求国务院生态环境主管部门制定建设项目环境影响报告书、环境影响报告表编制的能力建设指南和监管办法。在进行"三同时"之环境污染防治设施同时验收时,要求企业进行自我验收,并向社会公开验收报告。《清洁生产促进法》第 27 条规定了企业清洁生产自行审核,第 28 条规定了自愿节能减排协议,第 29 条规定了清洁生产自行认证。2008 年,我国原环境保护部曾发布《关于深化企业环境监督员制度试点工作的通知》,要求污染企业建立环境规划与计

---

[1] See Margot Priest, *The Priviatization of Regulation: Five Models of Self-Regulation*, 29 Ottawa Law Review 233(1997).

[2] See Jody Freeman, *Private Parties, Public Functions and the New Administrative Law*, 52 Administrative Law Review 813(2000).

[3] 参见王清军:《自我规制与环境法的实施》,载《西南政法大学学报》2017 年第 1 期。

划制度、污染减排计划制度、环境综合管理制度、环境保护设施设备运行管理制度、环境监督管理制度、环境应急管理制度、企业环境监督员管理制度等内部环境管理制度。虽然该试点通知后被废除,但是实践中仍有不少保留。此外,绿色供应链也是我国实践中较为成熟的一种自我规制方式,作为采购方的企业不仅关注自身的环境影响和资源效率,更是要通过在合同中提高对供应商的环境合规要求以及环境管理要求来对供应商形成一定的约束力。总而言之,我国关于企业自我规制的法律规定虽然涵盖最主要的几种企业自我规制的方式,然而其仍然处于初步阶段,缺乏对适用条件、规制方式以及实施机制的厘清。而这恰恰是反身法理论下自我规制对法律系统的基本要求。

自我规制在具备以下条件时能得到有效推进:行业参与者相对较少;退出成本很高;有合作的历史;业界有监管方面的专业知识和资源;违规行为会受到惩罚;消费者重视合规;公平争端解决机制到位;具有公众参与或监督的空间。〔1〕在选择不同的企业自我规制方式时,需要根据公共任务与公共利益保护需求综合考虑有效性、效率、公开性、公平性以及可问责性等几个关键衡量因素。有效性看重的是能否实现规制目标,是否有相应的激励机制来实现对规则的遵守,以及有哪些履约机制。效率指的是在既定投入和已有知识状态的情况下,能否以尽可能低的成本实现规制目标。公开性涉及自我规制对被规制者、利害关系人或者公众的可及性和透明度。公平性处理的是责任、权利、利益和义务是否公平分配、相关决策是否在正当程序的基础上作出。问责性则涉及自我规制中的主体是否可以对自己的行为和决定负责。〔2〕

由于企业的趋利本性,借助法律框架及相应规则对企业自我规制进行干预必不可少。政府有义务对自我规制过程中订立的准则进行指导、协助、备案乃至审查,在某些情况下可以设置一定的自我规制规则,在自我规制异化或失灵的情况下,政府应该作为兜底性的力量介入自我规制

〔1〕 See Margot Priest, *The Priviatization of Regulation*: *Five Models of Self-Regulation*, 29 Ottawa Law Review 233(1998).

〔2〕 See Margot Priest, *The Priviatization of Regulation*: *Five Models of Self-Regulation*, 29 Ottawa Law Review 233(1998).

并进行相应的追责。[1] 在我国企业仍然存在大量常规性甚至行业性环境违法的背景下,在哪一领域、针对何种环境事务以及何时赋予企业自我规制的空间,更是考验着我国进行环境治理的智慧。未来仍需以提高企业环境守法意识、优化企业内部环境治理机制、明确企业进行自我规制的条件与要求为主要任务。

(五)通过诉讼的私人规制/治理

私人规制本质上是私主体基于市场或社会力量行使公权力或达到保护公共利益的效果,其广义上可以包括前面企业的自我规制。私人规制与自我规制的根本区别在于自我规制是市场主体或私人主体的自律行为,而私人规制还包括非政府主体针对其他主体而采取的可能会产生公共治理效果的行为。从私人规制的权力来源看,或基于侵权,或基于合同,或基于法律的规定或授权,或基于自身的使命或功能,通过规则和标准制定、监督法律、规则和标准的实施,以及认证和惩戒等,实施原本由政府或公权力实施的内容。[2] 美国学者罗格明确指出,侵权法与命令—控制一样,是另外一种规制工具(regulatory tool),可供政策提供者选择适用,以解决负外部性问题。[3] 这一观点认同私法责任中蕴含着治理社会的力量,或者说私法责任可以实现一定的共同的"普遍利益"。如果为非政府主体创设了适当的激励机制,利益的驱动会导向有效的规制或治理效果。私人规制通过调整风险行为的法律责任与诉讼成本,也可以像行政规制一样实现规制目标:一方面,通过改造实体法上的权利义务(如无过错责任原则的使用、惩罚性赔偿的拓展使用)重新配置私人的权利—义务结构,从而改变风险行为的"定价"与威慑程度;另一方面,通过改造诉讼程序(如诉讼资格的扩大、举证责任的倒置及诉讼费用的分配)来降低私人诉讼的实施成本,为私人使用诉讼工具来威慑潜在违法行为,实现规

---

〔1〕 参见谭冰霖:《环境规制的反身法路向》,载《中外法学》2016年第6期。

〔2〕 参见胡斌:《私人规制的行政法治逻辑:理念与路径》,载《法制与社会发展》2017年第1期。

〔3〕 See Kyle D. Logue, *Coordinating Sanctions in Tort*, 31 Cardozo Law Review 2313 (2010).

制目的提供基础。[1] 在私人规制模式下,司法制度要承担一定程度的公共规制职能。例如,有学者认为,法院应该积极改变其被动的角色,提高法院的事前决策能力,进一步扩大其司法审查的范围。[2] 有学者则认为,需要增强事后惩罚的力度,对引发大规模公共风险的行为,应当判决其承担更重的侵权责任,并使赔偿数额足以补偿该风险行为引发的所有社会成本。[3]

在我国环境保护领域,可以通过积极促进私人执法或环境诉讼来实现更有效的社会规制效果。在环境侵权诉讼这一私人诉讼中,虽然被侵权人提起诉讼是为了寻求个体的私益救济,但由于环境侵权行为的二元性特征,环境侵权责任的承担,如停止侵害、排除妨害、消除危险以及修复生态环境等,会产生救济环境公共利益的正外部性效果。环境民事公益诉讼旨在通过引入司法力量弥补环境行政执法之不足,使本无执法权的社会主体获得通过起诉追究违法者责任的"权力",使本不构成私权侵害的公共事务进入司法审查的范围,[4]进而使私人诉讼承担起"执行社会政策的角色"。[5] 因此,促进我国环境侵权与环境公益诉讼规则的完善,提高风险行为的成本或价格,可以起到良好的规制效果。在实体权利义务配置方面,我国的环境侵权通过实施无过错责任归责原则、确定生态环境侵权惩罚性赔偿机制等措施,大大提高了风险行为的成本。在诉讼程序方面,我国环境法允许不具有案件利害关系的环保组织提起环境民事公益诉讼,在环境侵权与公益诉讼中规定了举证责任倒置这一举证规则,并且允许通过诉讼费用的转移等来为生态环境被侵权人与环保组织提供起诉激励机制。需要指出的是,我国在无过错责任原则的落实、惩罚性赔偿规则的适用、举证责任倒置的规定以及诉讼费用分担等方面还存在诸

---

[1] 参见宋亚辉:《社会性规制的路径选择:行政规制、司法控制抑或合作规制》,法律出版社 2017 年版,第 103 页。

[2] See Joel Yellin, *High Technology and the Courts: Nuclear Power and the Need for Institutional Reform*, 94 Harvard Law Review 489(1981).

[3] See David Rosenberg, *The Causal Connection in Mass Exposure Cases: A "Public Law" Version of the Tort System*, 97 Harvard Law Review 849(1984).

[4] 参见巩固:《环境民事公益诉讼性质定位省思》,载《法学研究》2019 年第 3 期。

[5] 王福华:《民事诉讼的社会化》,载《中国法学》2018 年第 1 期。

多问题,有的规则设计不甚合理地让企业承担了过高的风险行为成本(如环境侵权构成要件中的无过错责任归责原则和举证责任倒置的叠加适用),有的则为私人执法设置了过高的诉讼成本(如环保组织高昂的诉讼费用问题)。因此,未来环境诉讼制度应在设置合理的风险行为成本以及私人执法成本之间取得平衡,既合理限制企业经营权,又为私人执法提供充分的激励机制。

除此之外,以环保组织为代表的社会组织也可以通过披露企业环境信息、制定环境标准等私人执法方式影响企业、市场以及环境公共利益的保护。例如,公众环境研究中心通过发布并运行中国水污染地图和中国空气污染地图两个数据库,进行“绿色选择”倡议,提高了环境信息公开的广度与深度,深刻影响了污染企业的行为选择。一些全球性的环保组织,包括政府间国际组织(UNEP),由政府、企业以及非政府主体共同组成的环保组织(IUCN、IPCC),以及纯粹的非政府环保组织(绿色和平)也不断深度参与到规则制定、监督与执行等一项或多项规制治理职能中,成为不可忽视的治理力量。

第七章

建立环境治理体系的规范困境与法治纾解

环境监管不能意味着不能将政府规制视为解决社会问题的万能解决方案,而是应该从行政控制走向规制治理,探求建立多主体参与、多层次协作、运用多元工具的环境治理体系。但是,在转向环境治理的同时,既不能走向去中心化或政府虚无主义的立场,也不能忽视对环境监管不力这一问题进行法治纾解的努力。因此,在监管不力与监管不能并存的双重压力下,需要对环境治理与环境监管的关系,尤其是环境治理与当前以环境监管模式为核心的环境法律体系的关系进行剖析与反思。一方面,需要对从环境监管到环境治理的发展变迁进行分析,发现代际发展背后的驱动力与规律,以及这一发展变迁对我国环境法治建设的影响;另一方面,需要查究环境治理在当前环境法律体系之下所面临的规范困境,并在此基础上寻找法治纾解路径。

第一节　从环境监管到环境治理:环境法的代际发展

一、环境法的代际发展:挑战、调整与超越

环境监管与环境治理的发展演变背后的核心即是环境法的代际发展。这种代际概念源于美国环境法学者对美国环境规制发展历程的描

述,近年来被中国学者在分析中国环境法的发展史时加以借鉴。自20世纪60年代以来,随着环境公害的大量出现以及公众环境意识的启蒙,传统以救济私益损害为核心的普通法以及以自由竞争为基调的市场经济无法充分、有效地保护环境公共物品,为预防环境损害,美国开始制定大量环境保护的成文法,通过立法将环境保护作为一种政府义务,并授权行政机关采取规制措施预防和阻止环境危害。美国的第一代环境规制或第一代环境法以命令控制为核心,通过设立专门的管理机关、制定标准或技术、设定禁限规范和行为义务,并对违反者施以各种制裁等方式对污染和破坏生态环境的行为进行规制。〔1〕 典型的代表手段如环境标准、环评制度、排污许可等。命令控制手段可以直接设定统一的标准要求、可接受的污染水平,并以公权力作为实施保障。这些手段均是一种单向度的干涉行政关系,即监管机构通过禁止、限制或者科以义务的方式对行为人的自由或财产作出限制,必要时可以采取强制措施,但同时监管机构也受到法律保留、正当程序、比例原则等传统行政法治原理的束缚。〔2〕 第一代环境规制具有显而易见的优势,包括"信息收集和估算成本的减少、更加统一和可预测的结果、相关决策更多地接受公众监督和公众参与、增加了规制接受司法审查的可能性、减少了规制机构因政治或科层压力而采取操作性行为的机会、减少了受规制主体采取妨碍行为的机会、减少了不同区域或不同受规制行业中的企业因竞争劣势而可能导致的社会问题和对法院的选择。"〔3〕所以,尽管环境规制手段随着社会发展千变万化,但是命令—控制手段依然在美国的环境法体系中占据主导地位。

然而,随着环境问题日益复杂,这种规制方式也遭受学者与实务者的批评。代表性学者如布鲁斯·阿克曼、史蒂芬·布雷耶和理查德·斯图尔特等。他们认为,首先,统一的标准没有反映环境保护的机会成本,忽

---

〔1〕 See Richard B. Stewart, *A New Generation of Environmental Regulation*?, 29 Capital University Law Review 21(2001).

〔2〕 参见张宝:《规制内涵变迁与现代环境法的演进》,载《中国人口·资源与环境》2020年第12期。

〔3〕 霍华德·拉丁、王慧、李梦琦:《环境规制的理想效率和现实效率》,载《南京工业大学学报(社会科学版)》2016年第2期。

略了不同冲突中的特殊情况,未能以“最低的成本”实现环境保护,也未能为企业自主提高环境表现提供充分的激励。其次,由于命令控制类手段以对公民或企业的行为或权利进行限制为主,受正当程序等行政法治基本原则的限制程度也比较高,可能需要经过冗长的行政复议和司法审查程序,使得规制过程过于僵化、低效、烦琐、成本高昂,容易陷入规制过度或者规制不足的困境。〔1〕最后,基于对企业最低排放水平所设置的要求也往往不能激励企业采取创新性的技术或管理行为,存在抑制创新、缺乏激励机制等问题。同时,这种规制手段高度依赖政府与企业之间的博弈,显得封闭而缺乏开放性,这不仅可能导致政府被规制俘获、出现偏私、利益寻租等行为,受利益集团影响,还可能浪费大量的资源,最终损害了环境公共利益。因此,学者们进一步指出,环境规制应该采用更加灵活的策略或者微调型的规制手段。〔2〕

这种学术争辩以及对命令—控制模式的反思恰好与美国共和党关于规制放松(regulation relax)改革的目的不谋而合,以市场机制为基础的间接规制手段逐渐被规制者所接受并采用。这种规制模式依然需要由政府设定规制目标与基本规则,在此基础上充分发挥市场主体的逐利动机,激励其主动采取有利于环境保护的措施。典型手段如环境税费、排污权/排放权交易,前者通过对企业的排污行为课以经济性负担激励其减少排放;后者则允许企业在不超过排放总量的前提下将富余排放配额进行转让获益。激励类环境规制手段依靠市场竞争和价格机制对污染排放进行定价,将环境影响的负外部性成本内部化,有利于激励企业主动减少污染排放。同时,这一规制手段也从依赖单向的政府监管转向依赖市场主体依据市场规则的交易行为,降低了政府行政监管的成本和压力。这种模式强调规制的灵活性和经济诱因的采用,被认为是命令与控制模式的补充

〔1〕 See Richard B. Stewart, *A New Generation of Environmental Regulation?*, 29 Capital University Law Review 21(2001); Bruce A. Ackerman & Richard B. Stewart, *Reforming Environmental Law*, 37 Stanford Law Review 1333(1985).

〔2〕 See Richard B. Stewart, *Regulation, Innovation, and Administrative Law: A Conceptual Framework*, 69 California Law Review 1256(1981).

和超越,也因此被称为"第二代环境规制"或"第二代环境法"。[1] 需要注意的是,在建立以市场为核心的规制体系时,政府的行政干预仍然必不可少。无论环境税费抑或基于配额的排放权交易,都可以看到政府干预的身影。例如,环境税费依赖于政府对企业减排成本的计算以及税率的设置,依赖于环境监管部门的监管;排污权交易则依赖于政府基于环境容量对排放总量的计算以及对配额的分配。然而,此阶段政府干预的限度、方式、强度等也发生了重大变化,更加尊重市场内在机制,强调政府的规则设定与企业主体责任的协调,使规制更加理性。政府规制的这一自我调适与发展也为环境治理理念与机制的出现奠定了基础。

第二代环境规制也遭遇一些挑战。首先,对"排污权"的性质存在较大争议。有学者认为,将经过许可进行的排污视为"权利"不合道德和法律原则,排污权交易将导致特定污染物流向某一区域尤其是低收入地区,导致"热点"效应,有违环境正义的基本价值追求。[2] 其次,在技术层面,其遇到的最大困境便是定价难题。对于环境税费,政府难以掌握充分信息,对企业的减排成本或污染治理成本进行准确计算。即便可以准确计算出污染的成本,环境税费手段也无法控制整个社会的排污总量。对于排污权交易这一市场机制,虽然政府可以确定整个社会的排污总量,但却难以预测交易价格。这些不确定性都为政府规制带来了困难。此外,排污权交易也面临企业参与程度低、排放数据的真实性较差、市场运行不规范等困境。随着气候变化、臭氧层消耗以及转基因生物安全等新型环境问题的出现,单纯依赖政府和市场的环境规制也呈现内在的局限性。政府的强制性监管与市场的激励性规制之间并非完美互补或合作。在治理理念影响下,环境规制引入了社会博弈方,主张采取多元手段,倡导公私协力,允许社会自我规制,从而走向由政府、社会与市场共同塑造规制过程的规制治理阶段,这又被称为第三代环境规制或第三代环境法。

第三代环境规制具有明显不同于前两代环境规制的特点。首先,环

---

[1] See Chevron U. S. A. Inc. v. Natural Resources Defense Council, Inc., 467 U. S. 837 (1984).

[2] See Simon Caney & Cameron Hepburn, *Carbon Trading: Unethical, Unjust and Ineffective?*, 69 Royal Institute of Philosophy Supplements 201(2011).

境治理的依据不再诉诸完整的环境法体系以及严密的行为模式—法律后果的规范结构，而是更依赖框架性立法，为政府、市场以及社会的权限划分以及介入方式设定基本原则与程序性框架。同时，一些原来不具有法律约束力的制度或协议，如自愿性环境协议、内部环境管理制度等，在实现环境公共任务方面发挥重要作用。其次，传统具有垄断性规制权的政府也不再固执于独享权力，而是在一定程度上向企业、公众、利益相关者或者第三方私主体授权或分享。最后，强调充分的信息公开与深度公众参与。第一代与第二代环境规制中虽然也有信息公开与公众参与，然而，都是为行政机关实施公权力服务的，旨在增强政府决策的合法性与正当性。第三代环境规制中的信息公开与公众参与则是通过赋权的方式为社会主体参与治理提供了可能性与路径。需要看到，环境治理亦有其自身难以克服的局限性，例如，环境治理对处理政府、市场与社会的平衡关系提出了极高的要求，对政府的规制能力、企业的自我规制水平以及公众的环境参与能力亦有相当的要求。

以上分析表明，政府行政规制首先起源于公共机构应对自由竞争、信息不对称等市场失灵问题的行政回应，通过强化政府在规则的制定、监督和执行过程中的作用，对市场主体的自由市场行为进行一定的限制，以实现国家干预和市场自由之间的良性互动。然而，当过度的行政规制逐渐暴露出僵化、碎片化、规制俘获以及激励不足等问题时，政府开始通过向市场与社会放权的方式实现规制治理的转向。〔1〕 这一不断加强干预或放松干预的规制历程实质上反映了国家干预主义和自由主义“此消彼长的折射”。〔2〕 环境规制的代际发展并不意味着后一种规制手段完全替代了前一种规制手段，相反，它们之间常常是一种互相补充、互相协调、协同增进的关系。这种代际划分也并非泾渭分明，第二代与第三代规制都以第一代直接规制为基础与保障。在面对一个特定的环境问题时，规制者内部常常存在到底何种手段能更有效地解决当下问题的争论。例如，在美国有名的谢弗林案中，争议焦点表面上看是关于何为固定污染源的定

〔1〕 参见王莉：《我国环境法律制度的结构性转向：从行政规制到规制治理》，载《山东师范大学学报（社会科学版）》2021 年第 6 期。

〔2〕 参见张宝：《环境规制的法律构造》，北京大学出版社 2018 年版，第 11 页。

义,是关于司法权与行政权的关系,但是在定义的背后是命令控制手段与市场手段的较量。[1] 将单个工艺设备界定为一个污染源并要求其在排放前获得排污许可,事实上是一种聚焦单个排放行为的命令控制—规制方式,而将整个工厂视为一个污染源并允许企业采取灵活的达标措施,意味着一种更为宽松的规制方式。有观点认为,经济激励和市场手段在降低成本、减轻监管压力以及促使外部性内部化方面比关注每一个污染源的命令—控制手段更有优势,也能赋予各地方政府更多的灵活性以提高守法水平。同时,在越复杂的环境问题上,这一手段相比于直接规制的优势也越明显。而有观点则认为,环境质量的改善还是需要更多地要求企业安装污染控制设施的技术手段,这一手段直接、明确、公平、具有可预测性。例如,在应对气候变化的问题上,到底是碳排放交易、碳税更有效还是直接的碳排放许可更为有效,也是学界讨论的焦点之一。

二、环境法代际发展之于中国:环境法治基础上的转型

理解以上环境法的代际发展对我国当下转向环境治理以应对环境问题的复杂性尤为重要。一方面,从环境法或环境规制工具代际发展的外在表现来看,我国与西方国家的发展历程具有一定的相似性。自 1972 年开始环境保护工作、1979 年开始环境保护立法以来,我国的环境法治经历了一个环境法制不断完善、环境监管机构不断升级以及环境监管制度与手段日益丰富与成熟的过程。自 1979 年《环境保护法(试行)》以来,我国颁布的各项环境法律法规基本上都以向政府及其环境保护职能部门授权为主要内容,以排放污染物的企事业单位为监管对象,以命令—控制式行政监管为手段。从某种意义上说,环境行政监管几乎构成了我国环境保护各项法律的全部内容。《环境保护法》一度被认为是一部"监督者监督之法",即赋予了各级政府及其生态环境相关部门监管企业的权力。[2] 随着我国经济体制改革,1990 年以后,以排污费(2018 年后改为环境税)、

〔1〕 参见何香柏:《环境规制的权力行使与制度约束——美国谢弗林案的借鉴》,载《法学评论》2019 年第 5 期。

〔2〕 参见吕忠梅:《监管环境监管者:立法缺失及制度构建》,载《法商研究》2009 年第 5 期。

排污权交易(现在主要是碳交易)、生态补贴、环境污染责任保险等为代表的环境经济手段也不断成熟,为激励企业自主采取环境治理措施提供了经济性动机。近几年来,以信用工具(如环境信用等级评价)、公众参与、环保组织公益诉讼为代表的第三代环境规制也崭露头角。从我国环境法发展的外在表现看,其历程似乎与发达国家的环境法发展历程较为相似,体现了我国环境法正在由单一的命令控制走向规制与治理相结合的方向转变,试图通过运用多元化的工具,来应对环境问题的复杂性挑战,从而实现保护环境和保障公众健康的立法目的。

另一方面,我国并未像西方国家一样经历"重商主义—自由竞争—管制—放松—管制"的发展历程。相反,我国存在非常浓厚的弱市场、小社会与强政府的传统。在改革开放以前,我国传统行政体制是国家行政权统率一切,几乎没有市场经济,也不存在国家与社会之间的明确区分。计划经济模式下,国家的身份定位是"全能政府",独断性掌握了所有资源(包括自然资源)所有权、使用权与分配权,在此基础上实行计划经济、制定一切交易规则、以身份划分社会群体、以票证制度控制经济关系、以行政化的社会保障制度来维系产品的供应,以命令、禁止等传统高权强制手段为实施保障。[1] 随着改革开放以及我国市场经济的发展,政府逐渐意识到其不可能垄断资源的分配以达成公共任务,因此逐渐开始向市场与社会让渡部分政府直接干预的领域或任务,市场主体与社会主体开始承担一定的公共治理任务。[2] 因此,我国的环境监管制度与工具的诞生并非像西方国家一样是自由市场在保护环境公共物品失灵后的另寻出路,而是政府强大公权力作用下的自然结果。随着政府垄断在自然资源管理领域的失灵,我国才逐渐允许市场与社会主体进入自然资源的开采、流转与管理中。我国环境法或规制工具代际发展的核心驱动力与西方国家并不一致。

在西方发达国家,环境治理是在经历了"政府失灵"和"市场失灵"之后针对环境公共物品提供所进行的一种探索与回应。就我国当下的发展

---

〔1〕 参见刘飞:《试论民营化对中国行政法制之挑战——民营化浪潮下的行政法思考》,载《中国法学》2009年第2期。

〔2〕 参见张宝:《环境规制的法律构造》,北京大学出版社2018年版,第221页。

阶段而言,市场逻辑所存在的问题不是单纯意义上市场自身内在缺陷而导致的失灵,而是如何完善市场得以公正、自由运行的基本机制与体制。政府干预也并非单纯意义上监管模式自身局限导致的无效,而是如何有效地规制政府的职能和行为规范。[1]

我国正处于环境法治建设的初步阶段,面临的优先任务仍然是在环境法制已经趋于完善的背景下,如何破解环境监管不力的困境,提高环境执法的法治化水平。因此,我国在确定环境治理的任务与定位时,与法治发达国家所处的历史阶段并不相同,并未出现适用法治主义时形式要件要求走向僵硬的局面,[2]因而缺乏关于环境管制模式与手段的缺点、批评、反思与调适的讨论。甚至,我国在市场经济尚未建立、政府与市场的关系较为混沌之际即引入了排污权交易这一市场机制,在企业基本守法水平低下、社会力量与公众参与极为薄弱之时引入了环境公共治理理念,因缺乏相应社会环境和制度基础的规制与治理机制的引入导致了环境监管不力与环境监管不能的混淆。学界与实务界花费大量时间追逐新概念、新理论与新手段,忽视了对最为基本也是最为关键的环境监管不力的探讨、追问以及反思,导致环境监管不力的问题长期没有得到法治纾解。同时,若忽略了对基本形式法治以及监管不力法治纾解的关注与追求,更容易产生治理陷阱,即在强调信任、平等、自我规制以及协商与合作的“光环”下,可能衍生权力与资源分配的滥用乃至腐败。[3]

故此,在环境风险常态化以及环境问题复杂化的今天,我们在探讨环境治理作为环境监管与规制的一种补充与发展时,需要认识到环境法治是迈向环境治理的基本要求,没有健全的环境法治就没有好的环境公共治理。环境法治可以为环境治理提供规则支撑、平衡多元目标并增强治理主体的可预见性。[4] 更进一步而言,环境治理的有效性以环境监管法

[1] 参见王岩、魏崇辉:《协商治理的中国逻辑》,载《中国社会科学》2016 年第 7 期。

[2] 参见朱芒:《中国行政法学的体系化困境及其突破方向》,载《清华法学》2015 年第 1 期。

[3] 参见江必新、王红霞:《社会治理的法治依赖及法治的回应》,载《法制与社会发展》2014 年第 4 期。

[4] 参见江必新、王红霞:《社会治理的法治依赖及法治的回应》,载《法制与社会发展》2014 年第 4 期。

治化,即科学的治理框架、严格的环境监管执法以及完善的法律责任作为前提与后盾。[1] 换句话说,环境监管法治化是迈向开放性、回应性环境治理的前提与后盾。因此,在发展多元化治理主体与治理任务时,要认识到法治的任务并非得以减轻,而是具体对象和工作重心发生了转移,要坚持对环境法治的基本追求和尊重,警惕和避免政府公权力滥用、利益寻租以及职责逃脱等一系列问题,在此基础上厘清政府公权力的运行区间以及其对私主体的干预方式,避免环境治理的未来构建脱离法治国家的基本目的与使命。

第二节 建立环境治理体系面临的规范困境

环境风险的涌现以及环境问题复杂程度的增加要求政府在依法进行传统环境监管的同时,还要承认权力的有限性并从某些领域退出,通过制定框架性规则、规制授权以及提供制度与责任保障的方式,为市场主体与社会主体参与环境治理提供空间以及保障。然而,从环境监管向环境治理的转向本质上是由传统的法治秩序向治理秩序转向,前者强调的是维护特定社会结构和秩序的形式理性或规范主义,而环境治理强调回应社会变革和应对转型风险的实用主义或功能主义。[2] 具体而言,规范主义强调法律的概念化和形式化特征,关注法律的规则之治,尤其重视发挥既有法律规则的裁判、规范控制和约束功能,以实现形式法治与控权价值。[3] 然而,规范主义所要求的法律应具有明确性(法律依据、权利义务及责任等)、行为应具有可问责性及可司法性等形式要件在处理不确定性环境风险以及复杂环境问题上呈现内在的局限性。相比之下,功能主义则因其强调法律在回应复杂的社会治理需求时的回应性、开放性与实用性而展现出极强的比较优势。其并不拘泥于法律的形式规范性和法律的

---

〔1〕 参见张宝:《规制内涵变迁与现代环境法的演进》,载《中国人口·资源与环境》2020年第12期。

〔2〕 参见杜辉:《面向共治格局的法治形态及其展开》,载《法学研究》2019年第4期。

〔3〕 参见[英]马丁·洛克林:《公法与政治理论》,郑戈译,商务印书馆2013年版,第85页。

体系化,[1]而是通过打破规范主义所依赖的封闭逻辑体系,建立一种以"事实方法"为基础,以"问题"为导向,以制度对解决问题的效能为标准的制度体系。[2] 然而,正是由于功能主义的以上特点,其具有天然的扩张和解构特征,容易脱离既有法律规则和体系的约束。[3]

规范主义与功能主义之间的内在差异与冲突在环境保护领域的体现便是环境治理转向的内在需求与现有以政府环境监管权为中心的环境法律体系的冲突。一个有效的治理体系必然包含规则/标准制定、监督与执行这三个要素,具体涉及治理的依据、对治理主体与治理行为的监督与控制,以及治理的保障机制三个方面,以下将分别对其与传统法律体系的张力进行分析。

一、治理依据与治理规则的法律困境

就治理主体参与治理的法律依据而言,我国关于行政权的发展在理论上以"法无授权不可为"为基本原则,依靠"以权利制约权力"和"以权力制约权力"等基本法权结构实现权利与权力的平衡,因此政府进行规制或治理的权力与职责均来自法律法规的明确规定。然而,环境治理要求打破政府—企业以及政府—社会这种二元对立格局,走向政府—社会—市场多元合作治理,市场主体与社会主体成为新的治理主体,发挥着原来法权结构中只有行政机关才能发挥的公共职能。在这个意义上,环境法、行政法等以行政权行使为核心的相关法律无法为市场主体与社会主体等环境治理主体提供足够的规范依据与知识供给。基于契约、合意或者自我意愿的环境治理无法获得法律意义上基于法律与民主的合法性与正当性,自然也就无法拥有相应的权威性、正当性与有效性。[4] 我国的一些

---

〔1〕 参见朱广新:《民法法典化的历程与特色》,载《中国法律评论》2020 年第 3 期。

〔2〕 参见韩新磊:《动产意定担保物权功能主义与规范主义的冲突与融合》,载《北方法学》2023 年第 3 期。

〔3〕 参见程玉:《在功能主义与规范主义之间:生态损害责任的体系性控制》,载《清华法学》2024 年第 3 期。

〔4〕 参见胡斌:《私人规制的行政法治逻辑:理念与路径》,载《法制与社会发展》2017 年第 1 期。

法律中虽然为授权性权力行使提供了一定的空间，但是这种授权主要还是限于不同层级的行政机关内部。例如，《行政许可法》第24条规定："行政机关在其法定职权范围内，依照法律、法规、规章的规定，可以委托其他行政机关实施行政许可。"这一规定客观上完全排除了私主体行使行政许可权的可能性。又如，我国当下在环评领域以及行政审批领域所实施的简政放权改革，即所谓的"放权"，也是由上级行政机关下放到下级行政机关。

我国环境法律虽然就前文提到的治理工具作出了一些规定，但是尚未明晰相应的治理规则。例如，我国当前环境立法中对自愿性环境协议的规定几乎空白，只在《清洁生产促进法》与《节约能源法》中有笼统的模糊性规定。虽然早在2000年年初我国就有自愿性环境协议的实践，但是其适用条件与协议的法定要件并没有明确的法律依据。就第三方主体参与治理而言，其依据目前仍然是政策主导，法律的规定相对零散与模糊，缺乏关于第三方主体参与治理的适用范围、程序、权限、责任形式等内容的基本规定。私主体的自我规制具有异化或失灵的风险，因此借助法律设定相应规则对自我规制过程中订立的准则进行指导、协助、备案乃至审查极为必要。《环境保护法》《清洁生产促进法》等法律虽然规定了一些企业可以采取自我规制的措施，但这些规定尚处于初步阶段，缺乏对适用条件、规制方式以及实施机制的厘清。

二、治理主体与治理行为的可问责性难题

就对治理主体与治理行为的监督与控制而言，如何审视规制与治理中的可问责性，成为传统环境法与行政法所面临的一个难题。可问责性是一种展示、解释与证明自身行为具有正当性的责任，以及展示、解释与证明如何履行可能源于政治、宪法、科层或合同的财政责任或其他职责。[1] 可问责性是良好治理的组成部分，与职责担当、透明度、可回答性

---

〔1〕 See E. Leslie Normanton, *Public Accountability and Audit: A Reconnaissance*, in Bruce L. R. Smith and D. C. Hague eds., The Dilemma of Accountability in Modern Government: Independence Versus Control, Palgrave Macmillan UK, 1971, p. 311.

和回应性有关。[1] 其是解释性的，有责任对采取的行动或措施加以说明；其也是修正性的，如果出现错误，应承担纠错的责任。[2]

我国环境法所设立的问责机制与强调多元主体与多元规则的环境治理存在一定的冲突。

首先，传统行政问责强调对政府公权力的监督与问责，或基于科层制对上级行政机关负责，或基于宪法由司法机关进行问责，难以涵盖公权力以外以协议、自愿以及合作为基础的环境治理行为，缺乏横向问责制以及向下级组织与公众的问责。例如，在生态损害赔偿制度中，作为赔偿权利人的政府与作为赔偿义务人的企业之间可以就生态环境损害赔偿事宜进行磋商并将磋商协议进行司法确认。这一磋商过程常常被认为是一种协商型环境治理，然而在磋商过程中，政府居于主导地位，行政权贯穿磋商制度的调查取证、提出磋商邀请、磋商程序建构、达成磋商协议等环节。双方磋商主体并非基于平等地位，赔偿权利人的公权力身份属性容易出现扩张和异化，甚至可能存在胁迫、威逼、施压以求达成磋商协议的情况。[3] 但是，并没有相应的司法机制可以制约赔偿权利人的权力行使进行制约。现行法律中的司法确认制度更毋宁是司法权对赔偿权利人行政权的保障，而非司法权对行政权的制衡和监督。[4]

其次，我国环境法亦强调基于法律规则对相对人的惩罚与威慑。行政罚款数额的提高和按日计罚措施的规定、单位行政违法双罚制、人身强制适用范围的扩大、惩罚性赔偿在环境案件中的适用、刑事责任的入罪范围扩大化等，无不反映了加重惩罚以遏制环境违法的思路。[5] 然而，这

---

〔1〕 参见[英]科林·斯科特：《规制、治理与法律：前沿问题研究》，安永康译，清华大学出版社2018年版，第15页。

〔2〕 See Nicholas Bamforth & Peter Leyland, *Accountability in the Contemporary Constitution*, Oxford University Press, 2013, p. 4-5.

〔3〕 参见张锋：《协商型环境风险规制机制的建构》，载《上海行政学院学报》2020年第6期。

〔4〕 参见张锋：《协商型环境风险规制机制的建构》，载《上海行政学院学报》2020年第6期。

〔5〕 参见刘长兴：《现代环境治理体系的法律责任体系及构造》，载《暨南学报(哲学社会科学版)》2022年第11期。

种以加重惩罚进行威慑的责任制度需要以企业的违法性与危害性为基础，难以回应非政府主体在违反环境治理协议、未实现环境公共治理目标或未能有效进行自我规制等非违法情形时的责任承担问题。

在一个复杂的环境治理网络中，由于主体结构的复杂性以及实现一致性目标的高难度性，区分不同主体的不同责任较为困难，这进一步产生了所谓"责任风险"与"治理失灵"。[1] 以对私主体制定的治理规则的监督为例，其几乎不涉及公共资金，不存在科层体系，也几乎不存在立法机关的监督，行政监督或司法审查有限或根本不适用，从而导致传统的公共问责机制发挥的作用十分有限。[2] 以司法审查为例，现行的司法监督秉持公私法二元界分，公法诉讼或公法救济侧重行政主体行政行为的合法性，强调限制和规范行政权力的行使，以救济受损的公共利益或者私人利益；私法诉讼或私法救济则以私主体的意思自治为出发点，通过解决当事人间权益的冲突，为受损主体提供损害填补。然而，环境治理结构是对纯粹公法或私法的超越，往往兼具公法属性与私法属性，因此传统司法救济难以有效发挥其作用。这种情况下，环境治理主体除基于协议或自愿而进行自我监督以及通过公开进行外在约束外，难以被有效地监督与控制，存在以行业利益或企业利益牺牲环境公共利益的风险。除此之外，行政法上的责任手段，如确认行政行为违法、责令采取补救措施、责令重新作出行政行为、限期履行和判决变更等，主要强调的是对行政行为的合法性进行司法审查的司法监督，也是围绕公法主体与公法行为建立起来的，难以适用于市场主体与社会主体的环境治理。

三、政府在治理机制中的干预界限不清

环境治理与我国当前法律体系的以上矛盾又进一步导致了政府监管权威与环境治理的张力：一方面，环境治理是对政府环境监管不能的一种回应与发展，但由于我国的市场机制和社会力量依然处于发展之中，因此

---

〔1〕 See Carol Harlow & Richard Rawlings, *Promoting Accountability in Multilevel Governance: A Network Approach*, 13 (4) European Law Journal 542(2007).

〔2〕 参见[英]科林·斯科特：《规制、治理与法律：前沿问题研究》，安永康译，清华大学出版社 2018 年版，第 78 页。

政府公权力在环境治理中的角色和作用相对强势。例如，前文已有分析的行业协会规制、企业自我规制，以及排污权交易市场等，都是由政府政策或公权力主动推动的。这些规制主体本身与政府有着千丝万缕的联系，受到政府干预较多，其独立性和自主性难以得到保障。[1] 另一方面，由于市民社会尚未成熟、自治传统不足、私主体信誉不良等原因，我国依赖行业、企业以及社会主体的环境治理存在失范可能性，这客观上又要求政府基于公共利益的需要必须进行干预。例如，前文提到，我国授权全国石油产品和润滑剂标准化技术委员会下设的石油燃料和润滑剂分技术委员会负责制定燃油质量标准。然而，该标准制定委员会基本上被石化企业界代表所垄断。根据该委员会于2024年7月发布的72名委员名单，绝大多数人都来自石油与化工行业或产业，无一人来自环保部门。[2] 石化企业在制定标准的过程中以自身的行业利益和企业利益为中心，忽视了燃油质量标准对大气污染的影响，成为我国大气环境质量恶化的罪魁祸首之一。为了回应此问题，2018年修正的《大气污染防治法》在第13条中规定，“制定燃油质量标准，应当符合国家大气污染物控制要求，并与国家机动车船、非道路移动机械大气污染物排放标准相互衔接，同步实施”，以尽可能矫正行业与企业作为治理主体时对环境公共利益带来的损害。

四、治理主体的保障机制缺位

就对市场主体与社会主体进行环境治理的保障而言，当前法律体系遵循了一种管控性思维，体现为对市场主体和社会主体的不信任以及对其行为的风险管控。当前我国的法律体系虽然通过政府放权，调整了政府与市场、中央与地方、国家与社会之间的权力—权利再配置，但是仍有诸多保留，具体表现为虽然对市场让权，但保留政府定价权；对地方放权，

---

〔1〕 参见胡斌：《私人规制的行政法治逻辑：理念与路径》，载《法制与社会发展》2017年第1期。

〔2〕 参见《关于全国石油产品和润滑剂标准化技术委员会第三届石油燃料和润滑剂分技术委员会换届及组成方案进行公示的通知》，载全国专业标准化技术委员会信息公示系统网站2024年7月15日，http://org.sacinfo.org.cn:8088/tcrm/html/9945.html。

但保留中心工作权;对社会确权,但保留组织准入权。[1] 这种政府的管控性思维在环境管理事务上表现得极为明显。例如,虽然政府通过大量政策文件积极推行碳交易市场,允许企业排放配额的自由交易,但却干预交易价格的形成。又如,以社会组织的成立与运行为例,我国法律虽然为村民自治和社区自治赋予了社会自我管理的空间,但是对其他社会组织依然设置了严格的准入与管理制度。我国社会组织成立与运行的法律依据主要是《社会团体登记管理条例》、《民办非企业单位登记管理暂行条例》以及《基金会管理条例》等,规定了社会组织的双重管理体制,即要求社会组织在民政部门登记之前找一个业务主管部门(国务院有关部门和县级以上地方各级人民政府有关部门、国务院或者县级以上地方各级人民政府授权的组织)进行挂靠。业务主管部门审查并同意后,才能申请成立社会团体。一方面,出于对社会组织潜在风险的制度性考量,部分政府或相关部门并不愿意成为社会组织的业务主管部门,阻碍了社会组织的成立及发展。另一方面,业务主管部门要负责对社会组织的日常活动与运营进行监督,在某种程度上可能影响社会组织的独立性。同时,社会组织的成立还需遵循非竞争性原则,即在同一行政区域内已有业务范围相同或者相似的社会团体的,登记管理机关将不予登记。这些法律规定或许基于特殊的制度设计考量或法律考虑,但在实践层面构成了对社会组织发展及参与环境治理的制度性壁垒,政府权力无法有效下放或转移给社会,可能会进一步加剧治理与法治的结构性矛盾。

第三节 完善环境治理体系的法治路径

前面提到环境监管与环境治理之间的张力本质上是规范主义与功能主义的冲突。然而,并不存在纯粹的规范主义或功能主义,因为脱离客观现实的形式法治或规范主义是没有生命力的,而不以规范化、法治化为基

[1] 参见何艳玲、汪广龙:《中国转型秩序及其制度逻辑》,载《中国社会科学》2016 年第 6 期。

础的功能主义最终将会落入人治主义的窠臼。[1] 环境治理与我国环境法律体系之间的张力以及环境治理与政府环境监管之间的张力将会长期存在,因此,如何缓解形式法治之需要与实现环境治理目标之功能主义之间的冲突,建立环境监管与环境治理的连接机制至关重要。下文依然从治理依据、执行与监督者三个层面进行分析,具体包括环境法律系统的自我革新、厘清环境监管与环境治理的关系、明确政府与法律在环境治理中的角色、完善非政府主体的责任机制以及增强环境治理主体的治理能力。

一、环境法律系统的自我更新

法律规范对于建立环境治理具有基础性重要意义。首先,在环境治理关系中,法律通过为环境治理规范的建构提供最基本的理念、宗旨、原则、基本规则以及核心制度框架,可以降低市场与社会系统的复杂性,使社会成员对外部环境和自身行为形成基本预判。[2] 其次,法律所内在的确定性、明确性、合理性和稳定性等特征,可以弱化多元主体参与治理的不确定性和风险,提供社会主体间互动所需的信任,[3]确保各参与主体在责任机制的约束下促进环境公共利益目标的实现。

我国环境法律体系需要建立开放性规范结构以及多元性制度工具,形成以传统法律规范为主、其他规则为辅的环境治理规则体系。基于传统环境法律封闭的规范结构所呈现的局限性,环境治理模式要求超越传统意义上公法与私法、正式法渊与非正式法渊、公权力主体与私主体、权力与权利等的形式二分法,探寻一种更关注社会结构和法律规则实质互动的、可持续的、开放的规范结构。[4] 法律可以通过赋予市场与社会治理主体的合法性和权威性,以及环境治理措施的正当性,确认非政府主体

[1] 参见王太高:《合法性审查之补充:权力清单制度的功能主义解读》,载《政治与法律》2019 年第 6 期。

[2] 参见江必新、王红霞:《社会治理的法治依赖及法治的回应》,载《法制与社会发展》2014 年第 4 期。

[3] 参见江必新、王红霞:《社会治理的法治依赖及法治的回应》,载《法制与社会发展》2014 年第 4 期。

[4] 参见杜辉:《面向共治格局的法治形态及其展开》,载《法学研究》2019 年第 4 期。

治理的合理限度，调动其参与环境治理的积极性，充分实现其正当的个性诉求，形成社会的法治共识，推动社会秩序有序的良性运转。[1] 因此，一方面，可以确立非政府环境治理主体采取治理行为的法律空间，根据不同形式的治理需要制定授权性、禁止性或约束性规范，允许符合法治基本精神与原则的市场规则、协商性协议、行业自律以及内部管理制度成为环境治理的依据。另一方面，在以上法律所允许的治理空间内，要推动以自上而下、命令—控制、行为—后果为特征的法律规范结构有条件地转向以平等协商制定规则、纵向命令与横向合作共存、刚柔兼具、责任共担等为特征的，更具有反思性、开放性的法律系统。

我国环境法典的编纂已提上立法议程。环境法典试图通过重新对环境法律规范进行体系化编纂，设置一整套调整权力结构、利益关系、义务设定的超大规模环境法规则体系，进而回应生态文明不同维度的功能需求。[2] 首先，环境法典编纂为在立法中实现多元共治的环境治理提供了良好的契机，通过克服原有环境立法"重惩罚、轻合作"的缺陷，可达到强化企业主体与社会主体的主体地位和主动作用的效果，真正从理念和制度上转向现代环境治理体系。[3] 例如，有学者建议在环境法典的总则中对有关环境治理主体进行规定，为私主体环境治理行为提供基本依据和指导性原则。[4] 实践中，以产权确定、交易市场、补偿、自我规制等为主的私法方式已在多个环境领域（如生态保护与绿色低碳发展）发挥治理效能的空间，弥补了传统命令控制式管制手段存在的缺陷。[5] 这些已经形成的环境治理实践急需以立法的方式进行确认。其次，我国适用环境法典的编纂模式有利于帮助环境法典形成一种开放的规范结构，在强化公

---

〔1〕 参见孟春阳、王世进：《生态多元共治模式的法治依赖及其法律表达》，载《重庆大学学报（社会科学版）》2019年第6期。

〔2〕 参见杜辉：《生态环境法典中公私融合秩序的表达》，载《法学评论》2022年第6期。

〔3〕 参见陈海嵩：《生态环境治理体系的规范构造与法典化表达》，载《苏州大学学报（法学版）》2021年第4期。

〔4〕 参见陈海嵩：《生态环境治理体系的规范构造与法典化表达》，载《苏州大学学报（法学版）》2021年第4期。

〔5〕 参见巩固：《环境法典自然生态保护编构想》，载《法律科学（西北政法大学学报）》2022年第1期。

法秩序、梳理已有规范的同时要在体系上对自治、任意性规范保持一定的开放，以利于把环境治理的新要素及时高效地纳入规范建制的考量范围，增强生态环境法典实施的弹性。[1]

就具体的制度工具而言，未来我国应适时调整以行政管制的垄断性地位为特点的环境法律制度体系的整体结构，打造面向治理任务的工具箱，以便高效率实现保护环境公共利益的目标。在环境治理理念的指导下，一方面，我国环境法律制度要降低行政管制的干预强度，缩小行政管制的干预范围。例如，“三同时”制度作为环评制度的一项落实手段，其诞生主要基于当时企业较低的环境守法意识与管理水平，因此在其实施后的一段时间内对帮助企业落实环评制度多有助益。然而由于其不加区别地要求所有建设项目都要设计安装污染防治设施，不仅干预了企业的经营自主权，与污染处理的社会化、专业化趋势不符，也给行政机关带来了极大的监管压力，因此可以适时废除，[2]以环评制度与排污许可证制度来实现对污染企业的排放监管。如此，可以适度降低政府环境规制的密度，增大企业自我规制的空间。另一方面，需要改变根据“事前预防—事中控制—事后应对”的规制逻辑实施环境法制度的范式，变为“目标导向、直接管控、激励诱导、事后应对类制度的类型构造”，[3]如此可以将实践中较为成熟的治理性制度，如绿色供应链、企业管理体系认证、信用制度等纳入环境法律体系，加强市场机制与社会治理机制回应环境复杂性问题的能力。

二、厘清环境治理的适用场域

厘清环境治理的适用场域，前提在于合理区分监管不力与监管不能，确定需要政府干预的情景或领域。首先，环境治理模式并不是对环境监

---

〔1〕 参见杜辉：《生态环境法典中公私融合秩序的表达》，载《法学评论》2022 年第 6 期。

〔2〕 关于“三同时”制度的存废，学界主要有“改良”与“废除”两种观点。对于这一问题的总结与探讨，参见唐绍均、蒋云飞：《论环境保护“三同时”义务的履行障碍与相对豁免》，载《现代法学》2018 年第 2 期。

〔3〕 参见吴凯杰：《法典化背景下环境法基本制度的法理反思与体系建构》，载《法学研究》2024 年第 2 期。

管模式的完全替代,而是一个包含政府环境监管在内的更开放、更多元的治理体系,是对当前环境监管模式的超越。因此,面对环境监管的局限性,我们应当对环境监管体系进行不断的反思与超越,而不是扬弃。环境治理如何转型、走向如何,还需要在实践中不断调整和检验。其次,要合理区分监管不力与监管不能。当前我国存在着环境监管不力与监管不能的双重困境。环境监管不力,包括政府在环境监管中的越位、错位、缺位,是进行环境治理转向前以及转向过程中需要重视与解决的问题。监管不力的问题需要以本书第五章提到的从管理体制到规范重述再到责任机制完善等多个路径来予以法治纾解。政府要严格按照法律要求依法行政,执行环境法的规定,提高自身权威的可信度。否则,若在监管不力的问题较为普遍的背景下转向更有弹性、纷杂、多元甚至存在竞争性利益冲突、缺乏科层体制内部监督以及司法审查的环境治理,将为政府摆脱自身法律职责大开方便之门,产生以监管不能为理由掩盖监管不力的现象。但同时,我们又不能等监管不力问题完全解决后才转向环境治理机制。换句话说,需要判断当前的公共任务没有完成或者公共利益受损是政府环境监管失职还是政府环境监管自身存在局限。只有在属于后者的情形下,才可以进一步考虑采用何种环境治理机制。

哪些环境问题或领域更适合政府行政监管,哪些更适合留给非政府主体进行环境治理,是一个艰难且复杂的研究课题,但我们仍然可以从既有研究中寻找到一种相对可行的分析框架。萨维尔在比较侵权责任与安全规制时,选取了四个因素来分析规制路径的选择,这四个因素为我们分析监管与治理的选择提供了一个可供参考的分析框架:信息成本、起诉动力、责任承担能力和执法成本。[1] 此后,又有众多学者对此问题进行了补充,提出了包括不确定性、法律的不完备程度、加害行为的可标准化程度、执法激励、规制俘获以及腐败等在内的因素,形成了一个关于规制路径选择的开放体系。[2] 据此,宋亚辉总结了行政规制的优势,具体包括

〔1〕 See Steven Shavell, *Liability for Harm versus Regulation of Safety*, 13 The Journal of Legal Studies 357(1984).

〔2〕 参见宋亚辉:《社会性规制的路径选择:行政规制、司法控制抑或合作规制》,法律出版社 2017 年版,第 23 页。

专业技术优势、规模经济优势、事前预防损害的优势以及时间维度上的灵活性优势,[1]并进一步提出,可以以专业优势来应对环境规制领域较强的技术性问题,以规模经济优势来应对广泛分布的事故风险,以事前预防损害的优势来应对具有潜伏期以及严重后果的损害,以时间维度上的灵活性来应对情势变化较快的环境问题。[2]

在借鉴以上框架理论的基础上,本书结合环境治理的特点以及环境治理工具箱的内容提出在判断政府是否应当通过公权力进行行政干预时,可以综合考虑以下因素:

(1)环境风险程度的高低以及是否具有较强的扩散性或群体性。对于风险程度较高的事项,规范密度可以相应增大;对于风险较低的环境管理类型,可以放弃事前许可而实施自我规制;对于风险程度中等的,则可以两者并用。[3] 例如,对那些对环境影响较小的建设项目不再进行环评审批,建设单位可以自行填写环评登记表并向环保部门备案即可。对具有扩散性和群体性的环境风险,行政规制因其规模优势可以优先介入。

(2)市场主体或社会主体的成熟程度。一般而言,市场竞争越充分、相关社会组织越多的领域或行业,越可以放权进行自我规制、合作治理或者委托第三方治理。而市场发育程度较低的领域可能依然主要依赖于政府直接介入。

(3)所涉环境事务与领域的专业性、技术性程度。如果涉及高度专业性或者新兴科技,政府可以鼓励企业利用自身技术和管理优势进行自我规制或由政府和企业合作治理。当非政府主体掌握相关领域的主要专业知识,且所调整的事务处于迅速变动之中时,由这些主体从事标准制定就

---

[1] 参见宋亚辉:《社会性规制的路径选择:行政规制、司法控制抑或合作规制》,法律出版社 2017 年版,第 181 页。

[2] 参见宋亚辉:《社会性规制的路径选择:行政规制、司法控制抑或合作规制》,法律出版社 2017 年版,第 194 页。

[3] See Colin Scott, *Self-regulation and the Meta-Regulatory State*, in Fabrizio Cafaggi ed., Reframing Self-Regulation in European Private Law, Kluwer Law International, 2006, p. 137-143.

显得较为适当。[1] 同时需要注意的是,为防止企业在这些高度专业性与技术性的领域中如入无人之境,政府需要为其设定基本的规则或框架,以防止企业滥用其技术优势,从而损害环境公共利益。

(4)政府直接监管后可能产生的后果包括:是否更容易导致腐败,以及是否会产生高昂的监管成本,等等。例如,针对企业的碳排放行为不宜设置碳排放许可,因为由于碳排放企业众多,无论是发放碳排放许可还是后续的监督检查,监管部门都将面临极大的监管压力以及高昂的监管成本。

(5)环境行为与环境公共利益的直接关联性、环境损害后果的严重性以及保护环境公共利益的紧迫性。治理事务与环境公共利益的直接关联性越紧密,政府越需要进行严格监管,以尽可能避免对环境公共利益造成直接损害。例如,那些排放后直接影响环境质量的行为,如危险废物的排放以及重金属污染物的排放,需要政府设定严格的排放标准或直接进行行为监管,以防对公共利益产生不可扭转与难以修复的影响。对于那些一旦发生损害,损害后果往往极为严重,或会对人身以及财产造成难以弥补的巨大损害的环境行为或风险,政府通常需要进行严格的环境规制。正如萨维尔所言:“当环境或健康案件导致严重的损害时,行政规制措施更具有优势”。[2] 例如,核废料的排放虽然具有一定的科技专业性,但是因其风险后果的严重程度,政府必须严格管控核废料的生产、排放与处置全过程。而那些并不会直接影响环境公共利益的领域,如企业内部的清洁化生产或能源效率提升,则可以主要依赖于非政府治理主体。

除了以上初步判断依据,还可以借鉴回应型规制的金字塔模型进行逐步尝试。即优先让社会各界发挥其主动自律的自我规制,再辅之以社会自我规制与政府干预的协作,最后才是政府直接管制。这不仅可以“解决国家管制普遍存在的燃眉之急与几乎无解的困境,亦即管制能力(专业、人力)不足的问题”,而且可以“协助打造国民可积极参与管制治理的

---

〔1〕 See David L. Weimer, *The Puzzle of Private Rulemaking: Expertise, Flexibility and Blame Avoidance in U. S. Regulation*, 66 Public Administrative Review 569(2006).

〔2〕 See Steven Shavell, *Liability for Harm versus Regulation of Safety*, 13 The Journal of Legal Studies 357(1984).

公民社会,在管制中深化民主”。[1]

三、明确政府在环境治理中的角色

环境治理的未来趋势并非否认政府在规制与治理中的核心作用,而是强调对其在规制与治理过程中的属性与作用进行重新思考与评价。[2]有学者将政府与法律的责任总结为激励责任、协调责任与担保责任。[3]本书认为,除以上三种责任外,框架与规则设定责任也十分关键。换句话说,环境治理转向绝非意味着政府的隐退,相反,政府环境保护的公权力可以为环境治理的实施提供有效的制度保障。

多元主体的有序参与需要政府设立行为框架和互动规则。框架与规则设定责任,指的是政府在以法律框架为基础对企业和社会实施环境治理时,制定相应规则,并在防范市场规制与社会治理失灵方面发挥主导作用。环境治理主体的治理行为要在法律框架之下运行,不得任意以自治规则抵消或取代法律规则,亦不得任意更改权责承担,即所谓“治理规则的法律优先性”与“治理框架的法律保留”。[4] 一方面,政府需要在法律框架内对市场与社会主体之间的商谈、合作、信息交互以及利益协调开展审查、咨询、引导、资助以及监督,此过程既要避免过度干预,也要避免利益输送,以确保环境治理公共目标的实现。另一方面,关于治理权力共享或转移、责任转嫁、对公民权利的限制与补偿等,法律必须有明确的授权或设定平衡准则,[5]不得与法律的强制性规定相违背,也不得损害环境公共利益或他人利益。

环境治理是包括政府、市场和社会多层次主体共同参与治理的过程,在实现特定的公共目标时,各主体的治理规则和利益诉求并不一定一致,

---

[1] 刘孔中:《“社会管制?”——以台湾“通讯船舶管理法”草案为例》,载《华中法律评论》(第3卷),华中科技大学出版社2008年版,第260页。

[2] 参见[英]科林·斯科特:《规制、治理与法律:前沿问题研究》,安永康译,清华大学出版社2018年版,第244页。

[3] 参见谭冰霖:《论第三代环境规制》,载《现代法学》2018年第1期。

[4] 参见杜辉:《面向共治格局的法治形态及其展开》,载《法学研究》2019年第4期。

[5] 参见杜辉:《面向共治格局的法治形态及其展开》,载《法学研究》2019年第4期。

甚至会存在诸多冲突。因此,政府与法律需要在各个主体以及各种规则与利益之间进行协调,通过提供必要信息、搭建对话平台、制定协商规则以及回应各方合理诉求等方式帮助多元治理主体之间达成基本共识,[1]从而降低行为成本,提高行为的实质效果。同时,为了提高非政府主体参与环境治理的积极性,政府与法律还需建立相应激励机制。

担保责任指的是政府具有保障环境规制与治理目标实现环境公共利益保护的最终兜底责任。政府并不因为治理结构的变革而降低自己的责任,它转变的只是责任的承担方式。[2] 一方面,治理主体向非政府主体的扩展,对政府的能力与责任都提出了更高的要求。政府的权威、诚信、责任机制、保障措施对于实现市场主体与社会主体的治理责任至关重要。另一方面,基于生态利益的公共性和私主体社会责任的缺乏,政府必须以环境公共利益为标准或目标对规制与治理主体进行监督、担保与救济,避免私主体在进行自我规制与治理时以牺牲环境公共利益为代价追求自身利益、集团利益或行业利益。

四、完善治理主体的责任机制

政府在治理中的规则设定、激励责任、协调责任与担保责任需要以责任机制作为保障,以防止政府以环境公共治理之名逃避监管职责。除了前面提到的在实体上界定政府公权力干预的条件与限度,更要在程序上增强政府干预在自我规制或参与治理事项上的透明度与可责性。同时,亦要重思司法对治理关系中不同主体治理或规制行为的审查方式与审查力度,保障环境公共利益不因自我规制或治理而有所减损。[3] 一方面,环境治理中政府公权力角色的变化以及多元主体的参与要求司法进一步提升其权威性和公信力,发挥其处理环境纠纷的最终裁决功能,解决环境治理中的追责难题。另一方面,环境治理结构的复杂性与治理规则的多元性要求司法机关发挥适度的积极性,根据协议、企业内部管理规则等非

---

〔1〕 参见谭冰霖:《论第三代环境规制》,载《现代法学》2018 年第 1 期。

〔2〕 See Neil Gilbert, *Transformation of the Welfare State: The Silent Surrender of Public Responsibility*, Oxford University Press, 2002, p. 210-211.

〔3〕 参见张宝:《环境规制的法律构造》,北京大学出版社 2018 年版,第 218 页。

传统法律依据对不同情形下的治理行为进行审查，防止开放、多元规制之治下治理主体对环境公共利益的损害。例如，司法机关应当根据行政干预的强度以及治理关系的不同来判断司法审查的重点是行政权的合法性、私主体行为的合规则性还是公私合作治理的合目的性。

如果非政府治理主体参与环境公共治理，一般也要承担相应的公共责任。然而，由于环境治理网络的复杂性与治理规则的多元性，环境治理主体的责任变得更加难以识别和划分，无法按照传统标准对某一主体进行法律问责，因此，政府与法律有必要建立多元化责任承担机制，提高非政府治理主体的可问责性。虽然在环境治理框架中，公与私的界限相对模糊，但是要求非政府主体承担基于维护环境公共利益而产生的治理责任，无论是法律责任、违约责任、社会责任还是其他软法责任，依然需要谨慎。一方面，非政府治理主体在进行自我规制或参与合作治理时需要进行信息披露，并意识到如果自己的规制或治理不合理，可能就会面临公众的批评、负面评价或者政府追责性权力的介入等消极后果。另一方面，需要根据不同的治理结构与治理关系来确定治理主体的责任，或基于在治理中的角色，或基于在治理中的权力与能力，或基于在治理中的获益。〔1〕具体而言，治理责任不仅要包括“谁承担责任”“对谁承担责任”“遵循什么样的标准来承担责任”“对何事项”“通过什么程序”“应当产生何种结果”等核心要素，更需通过法律规范将不同领域的责任配置精细化，令责任配置和可问责性的制度设计更加合理、合法、高效、规范。〔2〕合理的治理责任机制可以促进多元治理的良性互动而不是互相推诿，以便平衡从行政规制到规制治理的转向中可能引发的市场及社会秩序失衡问题。

此外，增强社会组织的自治性、独立性与公信力也是提高非政府主体治理能力以及可问责性的重要方面。非政府组织作为社会中介组织可以弥补政府“理性有限”“中立有限”“能力有限”“灵活有限”的缺陷。〔3〕自改革开放以来，无论是草根类非政府组织，还是国外环保组织在中国的分支机构，都已经在中国的环保领域活跃起来，扮演公众利益代言人的角

---

〔1〕 参见王瑞雪：《论行政法上的治理责任》，载《现代法学》2017 年第 4 期。

〔2〕 参见王瑞雪：《论行政法上的治理责任》，载《现代法学》2017 年第 4 期。

〔3〕 参见杜辉：《论制度逻辑框架下环境治理模式之转换》，载《法商研究》2013 年第 1 期。

色,促进环境立法、进行环境教育并为公众参与环境事务提供了组织化平台。2014 年《环境保护法》赋予环保组织代表环境公共利益提起环境公益诉讼的权利之后,更是为其深度介入环境治理提供了空间与依据。然而,环保社会组织存在自治性、独立性以及社会信任等方面的问题,有必要对社会组织的相关法律与管理制度进行改革。通过改革社会组织的准入和登记制度为社会组织赋权,强化对社会组织参与治理和公私伙伴关系的法律承认,建立合作、管理的法律框架。党的十八大提出“加快形成政社分开、权责明确、依法自治的现代社会组织体制”,这在某种程度上为重塑治理结构中政府和社会组织的关系,从控制转向赋权提供了政策方向。同时,社会组织应当加强自我监督和管理,重塑社会公信,提高参与环境治理行为的权威性和认同度。

第八章 结 论

环境监管,一个老生常谈却常谈常新的话题。自我国开始环境法治化历程以来,我国的环境法与环境监管正逐渐从边缘走向核心,成为党和政府需要关注的重要议题。环境监管体制的改革、环境监管权的扩张与强化以及环境司法的飞速发展都代表了我国在环境法治建设中的实质性努力。然而,实践中环境监管权力行使的混乱与无序依然存在,一些地方政府对其环境保护职责的漠视与推诿亦让人困惑。重罚主义并未带来企业守法的春天,环保约谈、环保督察虽对地方政府起到了一定的监督及约束作用,却未能解决地方政府消极怠责的根本问题。这背后反映了无论是体制改革、监管权的强化,还是环境司法的发展,均尚未箭中靶心。在此基础上,我们需要重新理解环境监管的理论基础以及制度逻辑。这两者决定了我们要以何种理论框架与思维方式来反思当前的监管困境以及选择法治纾解的路径。

环境公共信托理论而非委托—代理制理论应当成为我国政府环境监管的核心理论基础。这一理论对于我们重新认识我国政府的环境监管职责具有重要的意义,在某种程度上可以重塑我们对环境监管的目的、权力结构与制度设计的认知。环境公共信托理论的优势在于以环境公共利益的保护为起点设计整体权力/权利结构,可以打破我国环境监管体系中以政府与企业的对抗性关系为核心的制度困境,从政府监管—企业守法二元结构走向政府监管—企业守法—环境公共利益保护三元结构。在这一转向过程中,必须要引入环境公共利益代表人机制,或表达保护环境公共利益的诉求,或基于环境公共利益对环境监管权进行监督,或基于环境公共利益受损而请求损害赔偿。同时,这一理论可以为我们重塑环境公益诉讼指明方向,即环境公益诉讼的首要目的应当是督促政府依法履行其保护环境公共利益的法定职责。

环境公共信托理论的另外一个优势在于其对政府受托义务履行的关注。在此基础上,无论是环境保护的国家义务还是政府的环境职责都成为实现环境公共利益的主要途径。一方面,政府对其受托义务的确定性,即法律对政府受托义务的范围、履行方式以及责任作出清楚的规定。在地方政府的保护主义饱受诟病之时,一个尚未被充分讨论的基础性问题是地方政府的环境保护职责是否在规范层面清楚且可执行?《环境保护法》中虽然规定了地方政府的环境质量责任制,亦配有环境保护目标考核机制予以实施,然而,“哪一层级的地方政府对哪些环境事务负责”这一基本问题并不明朗,跨行政区域的环境问题由谁来负责、环境监管结果具有明显外溢性的成本—收益如何分担、全国性环境风险谁来应对、在没有环境质量标准的环境领域如何明确责任、环境质量与环境保护目标之间的龃龉如何化解等更为具体的问题在学界尚未引起足够的关注。在此前提下,简单将环境监管困境归咎于地方保护主义并通过监管权的上收与集中化改革并不是解决问题的灵丹妙药。权力与职责内容的厘清方为第一要务。另一方面,政府受托义务的履行取决于是否拥有良好的制度工具以及完善的监督机制。良好的制度工具可以充分地应对环境风险以及新型环境问题。完善的监督机制可以确保政府权力运作的规范化,减少运动式执法的空间。因此,无论是行政相对人与利害关系人提起的普通行政诉讼还是检察机关提起的行政公益诉讼,都应当充分发挥司法机关监督者的角色对行政行为进行合法性与合理性审查,以确保行政机关以保护环境公共利益为目的的义务履行。

除环境监管规范化这一问题,我国以损害防止为基础的环境监管在应对复杂环境问题与环境风险方面仍存在较大完善空间。监管不力与监管不能这一双重困局的共存与叠加成为我国生态文明法治建设的主要障碍。环境监管不能的回应需要我国的监管体系从损害防止转向风险预防,从政府权力的封闭与独断走向开放与合作,这一转向不仅是理念层面的更新,更是规范结构的调整、政府、市场与社会关系的重塑以及制度工具的创新。以自上而下的命令—控制式关系为核心的政府监管权有其自身的局限性,需要政府在法律授权的范围内允许企业与社会的自我规制,也要求政府、市场与社会之间建立合作治理的良性关系。这种环境治理模式强调的是回应社会变革和应对转型风险的实用主义或功能主义,其与传统环境监管强调维护特定的权力结构与秩序的形式理性有根本不同,因此必然在环境监管的法治纾解与环境治理转向之间产生一定的张力或冲突。一方面,环境治理强调一定程度上对僵化的法治形式主义的扬弃,走向政府权力限制更为灵活与自由的功能主义。另一方面,我国并未像西方国家一样出现僵化的法治形式主义,并未对环境管制模式的缺点、批评、反思与调适进行充分讨论。若忽略对基本形式法治以及监管不力法治纾解的追求,更容易产生治理陷阱,即在强调信任、平等、自我规制以及协商与合作的光环下,可能衍生出权力与资源分配的滥用乃至腐败。此外,当前存在的市场机制与社会力量相对较弱的问题亦会加剧这一张力。

解决这一张力的关键在于建立环境治理的规范体系,包括环境法律系统的自我革新、厘清环境治理的适用空间、明确政府与法律在环境治理中的角色以及增强环境治理主体的治理能力。我们需要认识到环境法治是环境治理转向的基本要求,在建立开放的规范体系以及发展多元化治理主体与治理任务时,要坚持对环境法治的基本追求和尊重,警惕和避免政府公权力滥用、利益"寻租"以及职责逃脱等一系列问题,在此基础上厘清政府公权力的运行区间以及其对私主体的干预方式,避免环境治理的未来建构脱离法治国家的基本目的与使命,最终促成"受到有效监督的政府"、"得到有效监管的市场"与"逐渐成熟的社会"之间的有机合作。[1]同时,我们亦需要承认,是否能建立这一看似美好的环境治理体系,在未来仍是一个不确定的答案,但是至少我们已经清楚如何去努力。

---

〔1〕 参见王岩、魏崇辉:《协商治理的中国逻辑》,载《中国社会科学》2016年第7期。